曹魏託孤 × 高平陵政變 × 渡江滅吳 × 賈后亂政……
在亂世中崛起的司馬家，從權臣登上帝位的政治謀略！

譚自安 著

晉朝權謀錄

— 亂世中的司馬氏三代霸業 —

從三國亂世到天下一統，晉朝的興衰史詩！

司馬氏三代權謀 × 曹魏王朝更替

從司馬懿到司馬炎，三代權臣在亂世中崛起，奠定晉朝一統的基業！

目錄

內容簡介

第一章
時勢造出的豪傑，戒急用忍的高手 —— 先說說司馬懿

　　第一節　世家子弟　被迫出山……………………………………010

　　第二節　低調做官　履險如夷……………………………………014

　　第三節　時來運轉　初試鋒芒……………………………………020

　　第四節　閃電奔襲　初獲兵權……………………………………025

　　第五節　利用失誤　剷除政敵……………………………………029

　　第六節　與諸葛對壘　堅守取勝…………………………………032

　　第七節　以寡圍眾　決戰遼東……………………………………042

　　第八節　計賺曹爽　成功奪權……………………………………045

第二章
一對權臣兄弟　兩個過渡人物 —— 司馬師和司馬昭

　　第一節　通過考核　順利接班……………………………………066

　　第二節　伐吳戰敗　承擔責任……………………………………070

　　第三節　連敗蜀吳　廢掉曹芳……………………………………075

　　第四節　帶病出征　功成身死……………………………………083

　　第五節　槍桿在握　步步為營……………………………………093

目錄

　　　　第六節　平定淮南　以德服人……………………098
　　　　第七節　再玩政變　曹髦被殺……………………110
　　　　第八節　出兵滅蜀　鍾鄧授首……………………118

第三章
人為藝術奪嫡的花花公子　種下亡國禍根的開國皇帝（上）

　　　　第一節　暗拉山頭　成功奪嫡（奪嫡的祕密武器）……126
　　　　第二節　大種禍根的開國之君………………………134
　　　　第三節　名將與名將的對壘…………………………144
　　　　第四節　終於出兵滅東吳……………………………153

第四章
人為藝術奪嫡的花花公子　種下亡國禍根的開國皇帝（下）

　　　　第一節　勝利之後的爭功……………………………166
　　　　第二節　花花公子的本色……………………………170
　　　　第三節　偷香偷出幸福生活…………………………180
　　　　第四節　終於逼死親兄弟……………………………187
　　　　第五節　朝政是這樣荒廢的…………………………193

第五章
呆子當皇帝　群奸搶大權

　　　　第一節　楊駿掌大權…………………………………202
　　　　第二節　劉淵的崛起…………………………………213
　　　　第三節　楊駿的敗亡…………………………………219

第四節　換湯不換藥……………………………………230

　　第五節　亮璀的垮臺……………………………………238

　　第六節　接著政變………………………………………248

第六章
一個醜女人在玩權術　一群男子漢在吞苦果

　　第一節　賈皇后的幸福時光……………………………254

　　第二節　庸才輪流上位…………………………………260

　　第三節　二王的榜樣……………………………………271

　　第四節　一次流產的政變………………………………278

　　第五節　太子終於墮落下去……………………………286

目 錄

內容簡介

　　本卷從司馬懿早年從政開始，到晉武帝司馬炎逝世結束，全面敘述了司馬氏的創業過程，對司馬氏祖孫三代的經歷都一一描述出來：司馬懿被迫加入曹營，多次在關鍵時刻，為曹氏度過難關。輔佐曹丕，在奪嫡大戰中，險勝曹植，並為剛剛即位的曹丕穩定局面，外卻強敵，很快就得到曹丕和曹叡父子的信任，而成為兩朝的託孤之臣。其後曹爽當政，司馬懿父子發動高平陵事件，計騙曹爽，奪得大權。司馬師、司馬昭兄弟繼承父親政治遺產，全面把持魏國朝政，廢除曹芳，平定淮南之亂，派兵滅蜀，既穩定魏國的局面，也更加鞏固了司馬氏的權力基礎。司馬炎在謀臣的策劃之下，成功奪嫡，成為晉國的開國之君，勵精圖治，終於滅掉東吳，一統中國。然而，一代開國之君，最終卻昏庸腐敗，種下了亡國禍根。其中對司馬氏三代人的性格也進行了生動細緻的刻劃：司馬懿深謀遠慮，伸展自如，既能出奇制勝，更善於藏鋒守拙，在與敵人的生死相搏中，永遠立於不敗之地；司馬昭知人善任，在處理鍾會事件上，拿捏之精，妙到毫巔，令人嘆服。司馬炎雖有身為一代雄主的資本，但花花公子本性，在滅吳之後，銳氣消盡，而變得目光短淺，任用非人，最後當斷不斷，為後來大亂大張其本。

內容簡介

第一章
時勢造出的豪傑，戒急用忍的高手
── 先說說司馬懿

第一章　時勢造出的豪傑，戒急用忍的高手──先說說司馬懿

第一節　世家子弟　被迫出山

本來不用再講這個歷史名人了。但講到晉代，就不能忽略司馬懿。如果沒有這個老先生，中國歷史就不會有晉朝，李白就不會寫出「晉代衣冠成古丘」這個句子。

在很多人的心目中，只要出現諸葛亮這個光輝形象，也就一定出現司馬懿這個反面人物。在大部分人的辭典裡，諸葛亮是與「足智多謀」連在一起的，而司馬懿卻是跟「陰險狡詐」混為一談。

可以說，他之所以成為很多人心目中的反派角色，完全是因為羅貫中讓他成為了孔明的主要對手。

當然，要是客觀來說，他是不是個壞人，誰也說不清。不過，有一點，大家的看法是一致的：他是個聰明絕頂的人──能把諸葛亮玩得吐血而死，那智商當然是沒得說了。

在那個像亂麻一樣紛爭的世界裡，有一個聰明的腦袋就是最大的資本，或者可以說，那時，聰明就是第一生產力。

身為三國時代的政治家，他免不了會有很多敵人。很多人都只把諸葛亮當成他的首席敵人，但我相信，他心目中的頭號對手並不是孔明。

他心目中的頭號敵人肯定是曹操。

下面我們先來看看司馬懿和曹操的關係。

首先他和曹操是員工和老闆的關係。

其次他和曹操也是潛在的對手關係。

他成為曹操的員工時，是二十九歲。

他是世家公子。他的老祖先是漢初的功臣，叫司馬卬，生於那個波瀾

第一節　世家子弟　被迫出山

壯闊的秦末時代，先後在趙國當過大將，也在項羽的陣營裡當高階主管，最後堅定地跟隨劉邦起義，屬於漢代的老一輩革命家。之後，司馬氏的子孫都世代當漢朝的高級員工，領漢朝的薪水，而且做得很順利，沒出現過站錯隊、表錯態的政治錯誤。世家的作用在那時是巨大的。那時做事很講究出身。你看看劉備，本是個編草鞋、擺地攤，後來要起義，還得把自己編成中山靖王的後代呢——這個傢伙編草鞋的本事如何，不得而知，但這個故事卻編得很有水準。再看看後來劉備稱帝時，那份大臣們的勸進表裡，領銜的是誰？是馬超。馬超當時在劉備的圈子裡，絕對不是最有發言權的人，但因為他的出身是劉備幕僚裡最強的，所以他的名字就排在最前面，其他張飛呀、諸葛亮呀等等實際最厲害的人物也只能跟在他的後面。那時有個好的身世，也跟現在有個威風的爸爸差不多。

司馬氏沒犯政治錯誤，但漢朝的第一把手們卻不斷地犯這樣那樣的錯誤，最終使漢家的天下讓張角弄得像八寶粥似的亂得一塌糊塗。

對於大部分人來說，天下太平的時候，你還可以喝粥過日子，天下亂成一鍋八寶粥時，你可能連粥都喝不上，說不定還要搭上一條命。那些「家破人亡」、「妻離子散」之類的成語，就是在天下大亂時用得最多的。不過對於某些人來說，天下大亂正是他們發家的良機，這個時候正是他們走上歷史舞臺的最佳時刻。這些人大多都有爭強鬥勝的性格。如果不是天下大亂，司馬懿也許只能像他的前幾代祖先那樣，把貴族當到地老天荒，要是能弄個方面大員當當，可以自主地花某一個地方納稅人的錢，就已經滿足了。但這天下一亂，發家的機會就向他直逼過來。

跟他那個幾百年前的老祖先司馬卬一樣，司馬懿也是生於一個動盪的時代，而且這個時代比他老祖先時期更加波瀾壯闊。當然，他出生的時候，是漢靈帝光和二年，離那個波瀾壯闊的時代還有一段距離。那時他的老爸司馬防正當洛陽令，年紀三十一歲，而他後來的老闆曹操這時已經二十五歲。

第一章　時勢造出的豪傑，戒急用忍的高手—先說說司馬懿

司馬懿不但有一個好爸爸，也有一個好哥哥。他一共有九個兄弟，他是老二。他的哥哥叫司馬朗，比他大四歲，還很年輕時就已經出名。到司馬懿十六歲的時候，長安城中發生了誅董卓這個事件，漢家天下開始走向混亂時代。那時，他的老爸在外當官，家長就由他的哥哥擔任。司馬朗後來雖然沒有司馬懿這麼有成就，但當時也是個有學問的人，家裡的弟弟都是由他教育長大的，而且這些弟弟也都是好好學習天天向上的好學生。司馬朗有很多朋友，這些朋友後來都做到很大的官。他們常來找司馬朗聊天。當時南陽太守楊俊見到司馬懿，就說這小子以後有出息。司馬朗的另一個朋友乾脆就對司馬朗說：「君弟聰亮明允，剛斷英特，非子所及也。」

有了這麼多人的評語，司馬懿想不出名也難。那時成為公務員不像今天這樣要來個公務員考試，而是看你的知名度，基層知道你之後，就向上級推薦，然後經過單位的考核，考核過關，你就可以成為公務員。而且當時天下大亂，各路諸侯都知道人才的重要性，因此在戰場上大打出手、相互打得滿地找牙的同時，也進行人才爭奪戰。只要你出點名，有人說過你是個人才，馬上就會有人過來請你出去一起打天下。像司馬懿這樣的人，遲早都會出來做一番事業的，而且，按道理說，他出來應該是很順利的。可事實上，他的出山，還是出現了一番風波。

他的智商跟諸葛亮不分上下，而他出來混的情形居然也跟諸葛亮差不多，都是老闆去請幾次才懶洋洋地出來。不過，諸葛亮出來時賺足了風頭，而他卻差點丟了性命。

諸葛亮是劉備去請的，說是「凡三往，乃見」，去了三次才見得著。見面之後，諸葛亮就把話題扯開，婆婆媽媽了大半天，在差不多「為秋風所破」的茅草屋裡，幫窮得就差沒賣短褲的劉備規劃了一幅宏偉藍圖，把那個淚腺特別發達的劉備說得當場又淚奔流起來，然後馬上宣布「兩人的關係如魚得水」。從這點來看，諸葛亮出山是積極的，而且是做過充分

第一節　世家子弟　被迫出山

準備的,只等草鞋叔叔來上演一齣「三顧茅廬」的戲之後,接著來一段出山宣言(即隆中對——如果沒有準備,不在肚子裡面琢磨一番,增刪數次,他能隆中對嗎?),最後就高高興興地跟劉備去了。

請司馬懿的是劉備的死對頭曹操——這就注定了他要成為諸葛亮的死對頭。曹操是個有名的愛才的老闆,只是他的家底比劉備厚,不像劉備那樣,身邊除了關羽張飛幾個能大塊吃肉大碗喝酒的好漢之外,連個生活祕書都沒有,做什麼事都得「親自」出馬。曹操的手下很多,他只派個跑腿的去請司馬懿出來跟自己混。那時曹操剛在官渡那裡把袁紹扁得只剩褲衩跑回去,創造了歷史上的經典戰例,個人事業正如日中天,很多人都看好曹氏這檔股票,跑著去投奔,也算是買到原始股了。所以那時去當曹操手下的員工,應當是「人才」們最好的選擇。

沒想到,司馬懿不是諸葛亮,一請就出。

青年時期的司馬懿是個愛國青年,對漢皇帝還是有一點感情的。他那時有點看不慣曹操的做法,又有點看不起曹操是閹官的後代,再加上局勢不明朗,怕站錯隊,那可不是好玩的。因此,曹操叫他出來當公務員時,他硬是不理。

他說,他已中風,起不了床,總不能天天坐著輪椅去上班白領納稅人的錢吧?

曹操一聽!你才多大年紀?就中風偏癱了?你騙誰啊你?騙人技術不能太差啊!

曹操很不爽,又派個便衣半夜去偵察一下,看看你中風了還能不能跟老婆演少兒不宜的情節?

不知是曹操派的便衣太不專業露了馬腳,還是司馬懿有先見之明,知道老曹要在半夜派人來偵察,就硬是躺在床上「堅臥不動」,直挺挺地睡

第一章　時勢造出的豪傑，戒急用忍的高手─先說說司馬懿

了個素覺。據說那個偵探還用針炙進司馬懿的身體，司馬懿居然還是「堅臥不動」，臉上一點表情也沒有。你看看這個「堅」字，就知道司馬懿那時演得是多麼的逼真——整個身體是植物人的翻版。

曹操看到這個情況，就先放他一馬。

但曹操最終還是不放過他。

曹操知道這傢伙是個人才，要是讓他跑到敵人的陣營裡，只有給自己增添麻煩。因此，他當了丞相之後，又派人去叫司馬懿出來。這回曹操的官大了，說話、做事已經威風得沒有道理了，根本不給你什麼理由。那個去請司馬懿的人直接就對司馬懿背誦曹操的原話：「若覆盤桓，便收之。」哼，你還扭扭捏捏，老子就把你抓起來，然後再處理你。

司馬懿聽了這個話，知道再「中風」下去，腦袋搬家的可能性就大了。為了保住腦袋，只好去曹操那裡報到。

曹操給他的職位是「文學掾」（這個掾就是主管的意思），是個主管丞相府文書以及教育的員工，還讓他跟曹丕共事。

司馬懿就在這個時候開始了他的政治生涯。

這一年，是建安十三年，司馬懿二十九歲，算起來，年紀已經不小了。

第二節　低調做官　履險如夷

應該說，在整個三國時期，曹操和劉備看人的眼光是不錯的。

曹操不久之後就知道司馬懿不簡單，他在發現司馬懿是一個有王佐之才的人的同時，還發現他是個有野心的傢伙。曹操曾對他下過很不好的評

第二節　低調做官　履險如夷

語。曹操當年的原話是：「司馬懿非人臣也，必預汝家事。」

你想想，「非人臣」這樣的話從曹操嘴裡說出，說明已經很嚴重了。嚴重到什麼地步？嚴重到曹操可以找個藉口解決司馬懿的地步了，而曹操要找個藉口殺誰並不難。

他這話是對曹丕說的。

他說這句話的目的，就是要曹丕提防這個傢伙，當心這個傢伙以後要斷送曹家的天下。那時曹操雖然不過皇帝的癮，但他相信他的兒子會當這個皇帝的，而且他也一直為他的兒子打這個基礎。因此就提醒一下兒子。

曹操雖然看透了司馬懿，但在這件事上居然沒有履行「寧教我負天下人」的重要名言，而只是對兒子語重心長地提了一下。也許他自以為已經語重心長了，兒子應當把他的語重心長認真地貫徹下去。我估計一定是曹操那時只想做個好人，不想當逼死人才的劊子手。就像他不想當皇帝而讓他的兒子去當皇帝一樣，讓兒子去殺這個司馬懿。因為，曹操知道，司馬懿的腦袋很好用，也就是說，這傢伙的才能很厲害，但他不讓司馬懿有指揮實權，司馬懿再怎麼厲害，沒有實權，他的任何一個兒子都可以玩轉這個司馬懿。

誰知，有時父親看兒子就是看得不那麼透。

也許是曹丕這小子在酒後或者在夢中，把他老爸的這話複習了一遍，讓司馬懿聽到了，或者是司馬懿這個人的腦袋是特別聰明，從曹操看他的目光中知道曹操對他不放心，因此就特別小心謹慎。

司馬懿的聰明不像別人的聰明。如果是別人知道老闆有了這個心思，要麼就整天拚命去巴結老闆，天天表白，甚至動不動就跳「忠」字舞，表示自己純潔得像個孩子，要麼就趕緊跳槽，離開這個公司為妙。可是司馬懿知道，現在這個天下，是曹家的天下。曹家是「三分天下有其二」，中

第一章　時勢造出的豪傑，戒急用忍的高手—先說說司馬懿

國這個蛋糕大部分都被劃到曹操的名下。劉備和孫權就巴掌大的一塊地皮，屁大一點實力，遲早要被曹家弄得全面崩盤，然後關門大吉的。再從軟實力上比較，曹操要比另外兩個厲害多了。你看看曹操，早已大權拿在手裡，是當時中原大地的實際最高領導人，可是他卻沒有像人們想像的那樣，跑到龍椅上坐下來，而是繼續當他的丞相。哪像劉備和孫權？你看看劉備這傢伙，兒子的名字一個叫劉封，一個叫劉禪，這個封和這個禪合起來是什麼？就是封禪。「封禪」這件事只有皇帝才有資格做的。這傢伙口口聲聲振興漢室，其實巔覆漢室自己當皇帝才是他的本意，而孫權的老爸乾脆就把那個皇帝的公章藏起來，做得全地球的人都知道這傢伙想當皇帝想得要死。從這點上看，曹操要比他們深刻得多。所以，只有蠢材才會往這兩家公司跳。他更不能因此就炒老闆的魷魚。你這麼一拍屁股，曹操更會懷疑你有其他想法，只怕你的屁股還沒拍乾淨，他就已經割下你的腦袋了。要不，你可以學一下孫臏，把自己裝成個瘋子加傻子，天天把豬牛欄當自己的豪宅，把豬牛的排泄物當滿漢全席，吃得呱呱大響。這樣，曹操肯定不會對你怎麼樣。

可是司馬懿能這樣做嗎？

司馬懿既不跳槽，也不失業，更不會學孫臏，而是繼續當曹家的員工。他好像什麼事也沒有一樣，專門跟曹丕套交情。

他這麼做，肯定是做過一翻論證的，肯定在肚子裡做了一份「關於投靠曹丕以求做一番大事業的可行性報告」。在可行性報告裡，他肯定認為，他這輩子要玩曹操是玩不過的，但玩曹操的後代卻沒什麼難度。

事實上他的這個避強就弱的策略非常成功。

那時曹丕正跟他的弟弟爭奪接班人之位，正需要像司馬懿這樣陰險的人才幫忙。因此，兩人很快就成為好朋友。雖然史書上說劉備得諸葛亮如

第二節　低調做官　履險如夷

魚得水，但事實上，曹丕和司馬懿的關係才是真正的魚水關係。

曹操想不到，本來自己提醒曹丕要提防司馬懿，後來反被曹丕說服自己。曹操很多次想找理由整治一下司馬懿，可是曹丕硬是出來死保這個曹家的掘墓人。司馬懿當然也知道曹操想整治他，他知道，曹操要殺他，容易得像放個屁一樣。因此，他一面在曹丕的保護之下努力工作，一面在曹操面前夾著尾巴做人。

晉書上說他在這段時期裡，「勤於吏職，夜以忘寢，至於芻牧之間，悉皆臨履，由是魏武意遂安」——連割草餵牛餵馬的事都捨得親自去打點，而且做得像那個周扒皮一樣，半夜三更都還提著燈在牛欄邊轉。曹操看到他都變成專業獸醫一樣了，心裡的疑慮就一點一滴地消除掉了。

不過，他在曹操的身邊不光夾著尾巴做人，在適當的時候也出來貢獻一下自己的腦力，而且是在關鍵時刻出來的。我估計，他這麼做，是要讓曹操，尤其是曹丕知道他的存在。否則，在那裡只吃閒飯，不哼不哈，三天打不出一個響屁，曹操心裡必定又會懷疑他在打埋伏，而曹丕會覺得他沒用。曹操一懷疑，就什麼事也能做出來；曹丕一覺得他沒用，他的保護傘就沒有了。

所以，他必須有所表現，而且要表現得與眾不同。只有這樣，才能讓他在曹操的眼皮下生存，並打下以後良好的基礎。

司馬懿剛進曹營時，大概沒什麼野心，但他看到曹操不也是一步一步地從一個憤青成長為一個軍閥，再成長為一個連皇帝也不放在眼裡的丞相——曹操能夠這樣，他憑什麼不能夠這樣？不是說，王侯將寧有種乎嗎？他覺得他與曹操相比，他也不比這個阿瞞差多少。他雖然不能寫出「對酒當歌，人生幾何」這樣的詩句，但不會寫「人生幾何」，並不表明他算不了人生這道幾何題。

第一章　時勢造出的豪傑，戒急用忍的高手—先說說司馬懿

他算得比誰都好。

他透過自己的努力，慢慢地為日後的發展打下基礎。

他在曹操手下當員工時，不斷地在適當地時候，對老闆發表自己的看法，而且多次得到曹操的採納。

最著名的就是遷都問題。

那時，曹操的都城在許昌。

建安二十年，劉備那個把兄弟關羽不知哪來的勇氣，硬是孤軍一旅，也不請成都大本營配合一下，就攻打襄樊。

把守襄樊的人是曹操的族弟曹仁，被關羽扁得縮在城裡，氣不敢出。曹操派于禁帶七支部隊去支援，誰知這個于禁更是個倒楣鬼，仗還沒打幾場，就被大水一沖，連自己都做了關羽的俘虜，副將龐德落在水裡，雖然沒變成魚蝦的速食，但卻成為關羽的刀下鬼。于禁這七支援兵，不但救不了曹仁，反而把關羽的事業推向高潮，攻曹仁攻得更急。

在曹仁搖搖欲墜的時候，許昌城裡也人心惶惶起來，連曹操都覺得關羽馬上就攻破襄樊，舉著大刀殺到許昌來了。因此，很多人都勸曹操遷都，避開關羽的鋒芒。曹操也有些心動起來。

司馬懿卻認為，不宜遷都。他說，我們擋不住關羽，但可以讓孫權來嘛！

曹操一聽，覺得有道理，馬上寫了一封信給孫權。

孫權對荊州早就虎視眈眈，時時恨不得把荊州劃入東吳的版圖，只是忌憚關羽厲害，一時找不到機會，好不容易等到關羽吃錯了藥，帶著所有家當去攻打曹操，在跟幾個死黨商量大半天後，派呂蒙抄了關羽的老窩，關羽只得回師，不但救不得老窩，反而上演了一齣走麥城的大戲，被東吳兵捕獲歸案。

這樣一來，許都又一片和諧盛世，過程結局跟司馬懿的預料一樣了。

第二節　低調做官　履險如夷

　　司馬懿絕對是個狠抓機遇的高手。他知道，曹操雖然對他沒那麼提防了，但他最著名的特點就是疑心重。因此，他在曹操的身邊，永遠睜著老眼，等待一個絕妙的機會，讓曹操對他徹底放心。

　　機會終於來了。

　　這個機會是孫權為他做鋪陳的。

　　孫權當時因為在兩個勢力的邊界製造磨擦，剛剛被曹操痛扁了一頓，心裡超級不爽，便在南方裝模作樣，隔著滾滾長江東逝水，寫了一封信給曹操，說，老曹，我鬥不過你了，我向你投降了。現在天下誰也不是你的對手了，你可以挺著胸脯把你的屁股放到漢獻帝的椅子上了，讓你的屁股成為天下最尊貴的屁股，即使你的屁股有痔瘡，那也是天下最威武的痔瘡。

　　曹操收到這封信後，哈哈大笑，說，這小子想把我放到火爐上當北京烤鴨呢！

　　別的人看到曹操這麼批評孫權，一定會說，老大英明，一眼就看穿了敵人的把戲。

　　可是司馬懿不是別人，他卻對曹操說：「漢運垂終，殿下十分天下而有其九，以服事之。權之稱臣，天人之意也。虞、夏、殷、周不以謙讓者，畏天知命也。」

　　曹操一聽，看了司馬懿一眼，見他說這話時一臉的誠懇，誠懇得像兒子對老爸一樣。從此對司馬懿就不再那麼有意見了。

　　曹操這時太得意。他徹底忘記了司馬懿是個表演藝術家啊！

　　司馬懿直到這時，才在心裡偷偷地鬆了口氣。覺得這個腦袋的安全係數又高了一點。

　　你想想，天天在這樣的老闆手下打工，沒有超常的心計能活下去嗎？

第一章 時勢造出的豪傑，戒急用忍的高手—先說說司馬懿

至於那個諸葛亮，雖然是他的敵人，但他遠在四川盆地那裡，再怎麼磨刀霍霍，一時三刻也不會殺到中原來取他的腦袋。而曹操想殺他，那是想殺就殺。從這個方面來說，與其說他是曹操的員工，不如說他是曹老大籠裡的一隻雞或者是一隻鴨。

我敢斷言，如果上天要他在諸葛亮和曹操之間，選誰先死，他肯定會二話不說就選中曹操。

當然，他不能殺死曹操，但他可以等，把曹操等死。司馬懿在這方面確實運氣不錯，他不光把曹操等死，連諸葛亮也被他等死。

第三節　時來運轉　初試鋒芒

在關羽的頭被割下來之後不久，曹操的頭又痛起來，然後也跟著死去。

曹操死的時候，司馬懿已經四十歲。

曹操艱難地嚥下最後一口氣的那天，司馬懿卻大大地舒了口氣：「終於熬了過來！」

他整整熬了十一年。

曹操在的時候，司馬懿從頭至尾都是低調做人。在曹操翹辮子的當天，司馬懿露了一手。

那時，曹操手下的一幫員工，聽說敬愛的老闆駕鶴西歸了，個個都不知道該怎麼辦，又看看曹丕，一臉的粉嫩，文章雖然老辣，但當家卻不是寫文章，尤其是現在，正是內憂外患的關鍵時刻，第一代領導人偏偏與世長辭，先不說，劉備、孫權這兩個敵對勢力正摩拳擦掌，就是內部那些持

第三節　時來運轉　初試鋒芒

不同政見者也有出來奪權的可能。如果在這個時候表錯態、站錯隊，那可是關係到腦袋前途的大事。所以，曹操一死，曹營裡都是人心惶惶，擔心曹操勢力能撐多久的大有人在。司馬懿又抓住了這個機會，在大家都不知所措地觀望的時候，出來主持大局，按照程序，把曹操的喪事辦得有模有樣，使得曹營那一班菜鳥臉上又恢復血色，然後把曹操的靈柩帶到鄴城入土了事，幫曹丕度過難關，讓曹氏陣營又出現一個安定團結的新局面。

曹丕鬆了一口氣。

整個曹營也鬆了一口氣。

到了這時候，他們都知道，鬆這口氣實在不容易。他們更知道，讓他們放下心的就是司馬仲達。

不過，真正鬆一口氣的是司馬懿。曹操一死，司馬懿知道自己可以安全地活下去了。他這些年來，幫曹丕出了不少詭計，最終使得曹丕在奪嫡大戰中占了上風，然後又在非常時期幫曹丕穩住陣腳，曹丕對他只有感激。他和曹丕的親密關係更上一層樓，兩人的關係是真正的「如魚之有水」。

司馬懿這時已四十歲。他不能再夾著尾巴做人了。

曹操這個大石頭一搬開，司馬懿就像長期處於高壓下的彈簧一樣，反彈了過來，大步走上歷史舞臺，唱他的主角戲。

曹操一死，曹丕就要求漢獻帝「禪讓」。這個「禪讓」你不禪也得讓，你禪讓了，還可以當個「山陽公」有吃有喝有妞泡，過個小康生活，絕對沒有誰去干擾，要是不禪讓，「山陽公」就會變成待宰的「公山羊」，等他處理了。

於是，歷史的步伐就一腳邁進了曹魏時代。

曹丕廢漢稱帝，與其說是曹家進入了歷史的全盛時期，不如說是司馬

021

第一章　時勢造出的豪傑，戒急用忍的高手—先說說司馬懿

家已悄悄地唱響了晉代衣冠的序曲。因為，從此之後，司馬懿在三分天下有其二的北方陣營裡，走到歷史的臺前，長袖善舞，基本上全唱了主角。

曹操疑心重，曹丕的疑心也重。但兩人疑心的側重點不同。曹操老是懷疑別人要算計他，對自己的人倒是很放心。他重用的人，大多都姓夏侯和姓曹。而曹丕卻老是放不下自己的兄弟，對司馬懿這樣的人卻放心得很。他一當上全國第一把手，就馬上大力提拔司馬懿。一年之內讓司馬懿從尚書轉督軍、御史中丞，封安國鄉侯。黃初二年，督軍官罷，遷侍中、尚書右僕射。尚書右僕射，就是尚書省的長官，地位僅次於尚書令。

這種提拔速度，在當時很少有人能夠做到。

到了這個時候，誰都不懷疑司馬懿這個小老頭已經成為曹丕最親密的戰友了。

而司馬懿的提拔空間還很大。

在黃初五年，曹丕南巡到東吳邊界一遊的時候，讓司馬懿留鎮許昌，把後面的事務全部打包給司馬懿，同時，對司馬懿改封向鄉侯，轉撫軍、假節，領兵五千，加給事中、錄尚書事。司馬懿知道這時曹丕已經離不開他了，因此就講究一下風骨，來個「固辭」，似乎死活不願被提拔一樣，但曹丕卻硬要他接受，還說：「這個提拔，不是讓你享受，而是要你來幫我分憂呢！」

東吳是司馬懿的貴人。只要那邊一有動靜，司馬懿總是有好果子吃。先是孫權一封信，讓他抓住個機會，消除了曹操對他的疑心。而曹丕又總是愛到東吳邊界去逛 —— 大概隔著長江南望，可以得到很多靈感吧，因此，雖然蜀國也是曹丕的敵人 —— 而且是更為危險的敵人，詩人皇帝曹丕卻從未到蜀魏邊界的崇山峻嶺春遊過，硬是連著去江邊視察。他去一次江邊，就提拔一次司馬懿。當然，曹丕愛到東吳那裡找孫權的麻煩並不僅

第三節　時來運轉　初試鋒芒

僅因為他是詩人的緣故，而是他的心裡實在不服這個碧眼小兒。他不服的根源全來自他的老爸曹操。曹操曾經在長江邊上，面向滔滔江水，有感而發了一句有名的語錄：「生子當如孫仲謀」。如果他說這話的時候，是一個人在黃昏裡感嘆一下，那也沒什麼，可是他偏偏在很多員工面前說出來。他說出這幾個字時，覺得心裡鬆了一口氣。可是曹丕的心頭卻壓上了一座大山。在他看來，這話不是說他不如孫權嗎？而且後來曹操差不多快掛的時候，還反覆提醒他，不要去亂惹孫權，沒有絕對把握，不要動孫權的主意。他雖然在他老爸說這些話的時候，哼哼哈哈，表示一定遵照老爸的話，把老爸的指示貫徹到地老天荒。可是心裡卻鬱悶得很，時時刻刻想把孫權搞定，向死去的老爸證明一下，自己比孫權厲害得多。因此，他上任之後，最想做的事就是帶兵到江邊，跟孫權較量一下。實在不能大打一場，把江東鼠輩嚇一下，心裡也過癮。

　　曹丕在黃初五年南巡，但孫權卻不應戰，他只是檢閱了一次部隊，進行了一次南巡演說，就跑了回來。第二年，曹丕大概覺得上次只進行一次演說，然後在江邊幾日遊實在有點不達到目的，便又想帶部隊過去，創造機會痛扁碧眼小兒孫權一下才過癮。因此，他決定「大興舟師」去征東吳。這一下，孫權被弄得沒睡好覺，司馬懿卻又得了好處。曹丕又讓他總領後方的事務，而且把他當蕭何看待。曹丕的原話是：「吾深以後事為念，故以委卿。曹參雖有戰功，而蕭何為重。使吾無西顧之憂，不亦可乎！」這話就是說，你不用打仗，但你比打勝仗更重要，你的工作是打勝仗的保證。

　　大家拿這卷宗一閱讀，不用什麼功夫，也能體會出曹丕對司馬懿的信任。

　　曹丕征吳，沒征出什麼可以彪柄青史的戰功來，可是對司馬懿的信任又更上一層。曹丕自廣陵還洛陽，還沒來得及做別的事，就又發文給司馬懿：「吾東，撫軍當總西事；吾西，撫軍當總東事。」讓他當許昌的第一把

第一章　時勢造出的豪傑，戒急用忍的高手─先說說司馬懿

手，主政首都，而且還特別強調，我去西邊的時候，東邊的事你說了算；我在東邊的時候，西邊的事由你全權處理。簡直是在跟司馬懿分享第一把手的權力了。

司馬懿還有個運數，就是每當曹家陣營第一把手倒大楣的時候，他的運氣就猛砸過來。曹操一死，他就得到曹丕的大力提拔。現在，曹丕又追隨他的老爸說掛就掛了。

曹丕其實還很年輕，才四十歲。但是他太不注重養生之道，把大量精力投入到酒色事業上。大家都知道，曹家父子有一個共同的愛好，就是喜歡泡妞，而且對這個問題看得很開。還記得那個甄氏吧？這個甄氏是個有名的美女，本來是袁紹的兒媳婦，曹丕老早就知道這個美女，因此在消滅袁家之戰結束後，第一步就是帶著部隊衝到袁氏住宅，把這個美女保護起來，然後向老爸提出跟她結婚。如果是別人，肯定不會同意這門婚事──堂堂曹操的兒子，跟一個喪偶的女人結婚，難道天下的女人都死光了？可是曹操一看，這個美女不錯，可以配得上我兒！批准得很乾脆。曹植一見甄宓，長得這麼讓人魂不守舍，幾天之後馬上寫了一篇〈洛神賦〉，狠狠地把這個嫂子讚美了一番。甄宓後來年紀大了，曹丕就一腳把她踢開，又開闢新的戰場。這傢伙除了政事就是喝酒和泡妞，這麼多年下來，他對酒色的興趣越來越高，但身體卻越來越受不了，可是他還是天天在透支著自己的生命，一路透支下來，生命指標的帳面上終於在他四十歲這個人生的黃金時段顯示為零。

曹操這個傢伙文學素養不錯，連他的兒子也有水準，這方面都比司馬懿高出不止一個等級。可是他們的養生之道就比司馬懿差多了。從曹丕以後，幾個皇帝都活得不長。曹丕只在龍椅上坐了六年，那屁股就消受不了。曹丕在差不多要嚥氣的時候，把司馬懿和曹真、陳群等幾個傢伙叫到崇華殿南堂，讓他們輔政，還對他的繼承人說：「不管誰挑撥離間，你都

不能懷疑這三個大臣伯伯。」你想想，老爸都把話說到這個分上了，曹叡除了尊重這幾個老傢伙之外還有什麼話說？

第四節　閃電奔襲　初獲兵權

而事實上，曹叡對司馬懿更加信任。曹叡當上第一把手的時候，司馬懿改封舞陽侯。不久，又是那個孫權，以為曹叡這個小兒好欺負，便又帶著幾個死黨包圍江夏，還派諸葛瑾、張霸並攻襄陽。曹叡一接到報告，馬上就派司馬懿帶兵去對付。

這是司馬懿第一次獲得戰鬥的指揮權，心裡的高興肯定無法形容。但他卻不動聲色，帶著部隊開往前線。孫權這個傢伙似乎只會製造點摩擦而沒有別的能耐，一看到司馬懿的部隊殺過來，就又跑回江東。司馬懿接著一仗就把諸葛亮的老哥諸葛瑾打敗，還把那個張霸的頭砍了下來。司馬懿的這次勝利，讓曹叡高興得不得了，馬上就封司馬懿為驃騎將軍。司馬懿就是從這個時候開始掌控兵權成為將軍的。而且乾脆讓他駐紮在宛城，加督荊、豫二州諸軍事，手裡有權又有兵。

曹叡這個後來的魏明帝，不但不對司馬懿有什麼懷疑，就是對那個孟達居然也放心得很。

孟達是從劉備那邊投降過來的，說話很對曹叡的胃口，又是個帥哥。曹叡一見就喜歡上他的「姿才容觀」了，天天跟這個傢伙玩。

曹叡跟孟達一好，又為司馬懿創造了獲得大權的條件。

司馬懿的眼光跟曹操是同一個等級的，他一看到這個孟達，就知道這傢伙不是什麼好東西，多次勸曹叡不要信任這樣的人，更不能讓他當管理

第一章　時勢造出的豪傑，戒急用忍的高手—先說說司馬懿

者。可是曹叡硬是不聽，讓孟達當了新城太守，而且封侯，這還不算，居然還來個「假節」——有這個資格的人是可以在戰時砍下違犯軍令者的腦袋的。

這個權力雖然不算很大，平時得老老實實地把尚方寶劍掛著，可是到了打仗的時候，你就得聽他的了，而新城又是在邊界，想打仗那是很容易的事。

很多投降將軍都一樣，一向敵軍投降，只要不被殺死，一般官都升一等。當然投降的時機也要選擇好——都被打成光桿司令了才投降，你還想得到提拔，那是不可能的。孟達對這方面的經驗很豐富。他是選在曹叡信任他的時期向諸葛亮投降的，而且是積極主動的。

可是孟達只想到投降的好處，卻沒有想到諸葛亮是什麼樣的人。諸葛亮見他是個反覆的人，怕他今天想投降了，明天又不投降，因此就想了一個辦法促成他加快投降的步伐。和很多故事一樣，在孟達和諸葛亮之間也有個聯繫員。諸葛亮派去的聯繫員叫郭模。郭模按照諸葛亮的指示，在經過孟達的一個死對頭申儀那裡時，故意洩漏了孟達要向諸葛亮投降的消息。

孟達見申儀知道了他的祕密，就決定提前行動。

你想想，這種事本來就已經很危險，如果沒有周密的計畫，沒有扎實的前期準備，是很難成功的，現在要提前行動，將是一個什麼樣的結果？

而且，司馬懿早就密切注意孟達的舉動。司馬懿是什麼人？這傢伙對諸葛亮的評價是小心穩重，其實他比諸葛亮更加小心穩重，否則早就被懷疑他有奪權野心的曹操砍掉腦袋了。他向曹叡提過孟達不能重用，雖然曹叡不相信，但他肯定不會放過這個孟達，一定會想方設法找到孟達的過錯，證明自己的話是對的。即使孟達不造反，以後也不會有什麼好果子

第四節　閃電奔襲　初獲兵權

吃。因此，孟達的行動不但在司馬懿的意料之中，而且也在司馬懿的監控之中。

在孟達做決定的時候，司馬懿在第一時間知道了這個消息。

司馬懿在處理這件事時，很大膽，也很正確。

司馬懿這時在宛城，他先寫了一封信給孟達，說，你以前棄暗投明，從劉備那裡跳槽過來，劉備的手下恨不得吃掉你。諸葛亮那廝早就想把你捉拿歸案，只是沒有辦法而已。誰能相信你會再投降過去？郭模算老幾，誰會相信他的話？而諸葛亮又是什麼人？這樣的事他能洩露出去？只有豬頭才相信郭模的話。

孟達一接到這封信，當然嘎嘎大笑。事實上，孟達是怕司馬懿的，他曾說過，只要司馬懿不來，誰來他都不怕。只是他又樂觀地認為，司馬懿雖然可怕，但他在宛城。宛城離新城一千二百里，而且司馬懿要來打他，也得按程序辦事——先向中央報告，等中央相關部門全部蓋上公章之後才能帶著部隊來的。這樣反覆公文往來，也得要一個多月時間啊！司馬懿再怎麼快也來不及了。孟達覺得自己的分析做得不錯，還很得意地向諸葛亮進行書面彙報。

孟達認為，連司馬懿都這麼認為，其他魏國人也不會有什麼懷疑的，因此又不想提前行動。你想想，做這些危險的動作，居然這麼猶猶豫豫，能取得成功才是怪事。而且他就不想想，他平時跟司馬懿沒什麼交情，為什麼在這個敏感的時候會寫這封信給他——當然，如果這封信只是問一些新城的土特產之類的，那也沒什麼，可是這信裡的內容，全是關於他要背叛的問題。如果他不那麼得意，稍為冷靜地思考一下，結果就會不一樣。可是這傢伙現在已經無法冷靜。

司馬懿發信之後，就一面向中央彙報，一面帶著部隊急行軍向新城跑

第一章　時勢造出的豪傑，戒急用忍的高手—先說說司馬懿

過來。司馬懿知道，曹叡不會怪他。

很多人都勸司馬懿，現在孟達還沒有宣布行動，直接帶兵過去，有些不妥吧？還是等他真的投降了，再去也不遲。

可是司馬懿卻不聽。在這件事上，司馬懿也跟諸葛亮一樣，怕這個反反覆覆的孟達又突然反悔了，那他可就沒機會痛扁這個傢伙了，倒不如直接帶兵過去。孟達一看到討伐部隊來了，不投降也不行了。而且在這件事上，也是司馬懿獲得更大權利的機會。他可以向所有的人證明：我的眼光不錯吧？我的建議不錯吧？我說孟達造反，你們不聽，現在怎麼樣？然後也試一試曹叡，看看曹叡對他的信任度。因為，不經過曹叡的批准就帶兵出征，可不是鬧著玩的。如果這次曹叡沒意見，以後就好辦了。

司馬懿帶著的部隊跑得確實快，只八天就到了新城城外。

孟達一看，原來那封信是騙人的──本來相信敵人是誠實的就已經大錯特錯了，而到了這時才發現敵人原來不誠實，那就只有死路一條了。

司馬懿一點也不給孟達喘息之機，兵分八路向新城發起總攻。

孟達沒有辦法，他知道現在他再玩投降的把戲已經不靈了，只有頑強地跟司馬懿打下去。

雙方在新城那裡打了十六天，孟達的外甥鄧賢和部將堅持不住，沒跟孟老大打一聲招呼就開門向司馬懿投降了。司馬懿帶兵衝進城裡，孟達連逃跑的路都找不到，只好當了司馬懿的刀下鬼。

司馬懿把孟達的腦袋砍掉之後，順便把申儀也抓了起來。原來申儀有個特長，就是能刻章。他專門幫人家做官印，生意很不錯。

司馬懿知道後，當然不放過這個申儀。司馬懿抓申儀，也是有他的深意，主要是在向外界透露一個訊息：以後可以名正言順地逮捕違法亂紀分子了。所以，司馬懿抓申儀這麼一個亂刻章的，為他在同事們面前大大地

樹立起了自己的權威。

說實在話，曹叡還是個開明的皇帝，他後來被諡為明，也還不錯。他並不因為司馬懿調動部隊殺了孟達而生氣，反而對司馬懿更加信任。

曹叡大概透過這一事件，很好地作了一次反省，覺得不聽這個老頭的話還真不行，因此更加謙虛地聽取司馬懿的意見。他問司馬懿：現在我們有兩個敵人，你說應該先把誰扁死比較容易？

第五節　利用失誤　剷除政敵

司馬懿作了一次分析：孫權總欺負我們是旱鴨，不懂水戰，常常騷擾我們。其實他現在只是守住了夏口東關幾個地方，不讓我們打過去。我們如果用陸軍向皖城用兵，把他的主力引向東邊，然後再用水軍進攻夏口，乘虛取之，有如神兵天墜一樣，一定能夠打敗他。

司馬懿這個論斷是帶有自身利益的。首先，他建議先吳後蜀，是因為蜀國確實難打。雖然蜀的國力比吳弱，但蜀道卻很難走，人家守住關口，是真正的一夫當關、萬夫莫開，並且，他也不希望孔明馬上就被打敗。因為，現在兩個敵人當中，孔明無疑是最有水準的，是魏國內部覺得最可怕的敵人，誰也不敢去對付他──別人不敢去對付，當然只得讓他司馬懿去對付了。從這個意義上說，只要孔明健康，他在魏國就可保住舉足輕重的地位。然後，因為主張奇兵襲吳，那就必須等時機，能等這個時機的只有他了。如此一來，曹叡肯定讓他帶兵到前線等時機。他就可以離開首都到前線當一把手──因為，他知道這個曹叡雖然年紀不大，但也是個狠角色。天天跟這樣的上級在一起，你是放不開手腳的，而且在一起的時間

第一章　時勢造出的豪傑，戒急用忍的高手—先說說司馬懿

多了，容易引起不愉快的事情發生。皇帝一不愉快，後果很嚴重，不如下到基層去備戰備荒。

曹叡一聽，果然覺得他這話對頭，又讓他屯兵於宛。

司馬懿提出對吳的策略，也不全是為自己著想的，是很有道理的。之前，曹叡的爺爺和老爸都把攻吳的地點放在下游的淮南一帶，而那一帶江面寬，利於水軍作戰，歷年來東吳又在那一帶強加防守，所以打了二十年，沒一點成效。因此，只有在下游天天做軍事演習，好像隨時進攻，讓東吳把注意力全集中在那裡。而魏國卻在中游做好準備，只要時機來到，馬上從夏口渡江，然後順流而下，打東吳一個措手不及。雖然曹叡覺得這辦法很有用，也很容易操作。可是那個曹休卻忍不住，又在老地方開戰。這個曹休到了羅貫中筆下，好像只是個配角，一點也不厲害。可是歷史上的曹休，卻是魏國的強人。現在他是大司馬，是最高軍事領導人，職務比司馬懿大了幾級。他對司馬懿的意見一點都不看好，頑固地認為老地方才是好地方。而這時，東吳那邊有一個叫周魴的傢伙寫信給曹休，向他表達了投奔自由的美好願望。曹休一接到信，馬上高興得發狂，建議曹叡應該珍惜這個來之不易的機會，裡應外合，一舉搞定東吳。曹叡一聽，頭腦也發熱起來，馬上命令兵分兩路，向東吳進攻。一路由曹休任總指揮，一路由司馬懿全權指揮。

曹休按周魴的要求去接應，卻被陸遜迎頭痛擊，這才知道，上了周魴的大當。而司馬懿卻只是在夏口一帶虛張聲勢，並沒有採取實質上的軍事行動。

曹休被打得滿地找牙之後，也跟很多壯志未酬的人士一樣，在鬱悶中死去。

我想，在這次行動之前，司馬懿肯定會料到周魴的投降是假的，曹休

第五節　利用失誤　剷除政敵

的冒進戰術肯定會失敗，按照他跟曹叡的關係來說，他應該向上級作個提醒。可是他卻一個屁也不放。其中的主要原因，是他樂於看到曹休的失敗，而且敗得越徹底越好。這個曹休一玩完，他的職務肯定又會更上一層。

事情的發展，果然跟他所料的完全一樣。

曹家的強人曹休死後，司馬懿便又被提拔了。這次人事任免是這樣的：曹真接替曹休的大司馬，而司馬懿接替曹真的職務：遷大將軍，加大都督、假黃鉞，並讓司馬懿和大司馬大將軍曹真一起伐蜀。這一次提拔，更是奠定了司馬懿身為軍事統帥之一的地位 —— 除了大將軍之外，還有大都督，且假黃鉞。說說這個假黃鉞。黃鉞本來是一種殺人的工具，現在皇帝把這個東西交給你，意思就是說，不管是平時還是戰時，你都可以代表皇帝處死違法亂紀的官員。那時，這種待遇分為四個級別：（一）假節：平時沒有權利處置人，戰時可斬殺犯軍令的人。（二）持節：平時可殺無官位之人，戰時可斬殺二千石以下官員。（三）使持節：平時及戰時皆可斬殺二千石以下官員。（四）假節鉞（或假黃鉞）：可殺節將（含假節、持節、使持節）。

司馬懿這時得到的就是最高待遇的那個級別，誰不聽話，他都可以喝令刀斧手將你拉下去「斬訖來報」。這就讓司馬懿在群臣中的權威又長了一截。

不過，司馬懿對進軍西蜀是不積極的。

他從西城出發，規模雖然很大，但卻帶著大軍避開大道，放著好走的沔水河谷不走，硬是選擇偏僻山區作為進軍線路，去劈山開路，部隊都變成交通部的工程隊了，而且一路消極怠工，從七月到九月才走完不到五百里的路程 —— 這與他擒孟帥哥時八天狂奔一千二百里形成鮮明的對比 —— 最後才拿下新豐，敷衍一下皇上。而且老天也來幫他的忙，來到

第一章 時勢造出的豪傑，戒急用忍的高手—先說說司馬懿

丹口時，天上就下起大雨來。而且這雨就像為他而下一樣，一下就是一個多月，放到今天，可能又是「百年一遇」了。曹叡這個天子對老天爺沒辦法，只好下令撤軍。

大家知道，諸葛亮雖然長著一副小白臉，看上去斯文得很，但卻是個製造摩擦的專家。

才過了一年，也就是太和五年，摩擦專家諸葛亮又帶著剛征過來的蜀兵來到天水一帶製造軍事衝突。曹叡馬上就對司馬懿說：「西方有事，非君莫可付者。」

這時曹叡已經把諸葛亮當成魏國的主要敵人，而且認為，只有司馬懿才是孔明的對手，要他西屯長安，都督雍、梁二州諸軍事，還把當時魏國最厲害的大將張郃分配給他使用。從此，司馬懿就被推到幕前，開始了他與諸葛亮為敵的傳奇生涯。

第六節　與諸葛對壘　堅守取勝

其實，在司馬懿心中，諸葛亮並不怎麼可怕。而事實上，整個劇情更不像羅貫中吹噓的那樣，仲達常常被諸葛亮扁得邊跑邊摸著自己的頭問身邊的工作人員：「吾頭尚在否」。

那時，曹叡把魏國最優秀的將領都交給司馬懿指揮。其中最威風的就是那個車騎將軍張郃，而比較厲害的還有後將軍費曜、征蜀護軍戴凌、雍州刺史郭淮等幾個。這幾個傢伙，有的是跟曹家第一代起家的人，完全可以掛上「久經考驗的老一輩革命家」這一行字。可是後來，都成為司馬氏的部下甚至心腹。我們無從知道，司馬懿當時，是否就有奪權的野心，但

第六節 與諸葛對壘 堅守取勝

他確實從現在開始培養了一批後來成為倒魏推曹的主要勢力。

雖然歷史上一代接著一代的人都把諸葛亮當成司馬懿的主要對手。但我想，司馬懿並不怎麼怕孔明。一來，孔明的智商雖然很高很可怕，但他的手下卻沒有多少兵馬，何況他更知道這個孔明治國起來有一套，這也許他比不上，但孔明卻不是個打仗的好手。在孟達事件上，就已經說明孔明並不是一個算無遺策的人：一面設計促成孟達舉事，另一方面卻沒有果斷派兵接應，最後讓孟帥哥起義的事泡湯。二來蜀道艱險，你想打進去，固然不容易，可是你一守住瓶口，他要出來也很難。因此，司馬懿對諸葛亮並不像對曹操那樣得時時小心，只需守住要害，隨便諸葛亮怎麼折騰，天總塌不下來。而司馬懿卻可以藉著對付這個魏國最大的敵人，主持西方的軍政大權，培養自己的力量，鞏固自己的權力和地位。從這一點上看，他不但不會把諸葛亮當成敵人，而且在心裡感激這個孔明。羅貫中在演義裡寫的那段空城計，當然是八卦。可是如果真的有，我想，司馬懿也不會衝進城裡把諸葛亮抓起來的。

現在我們來看看，司馬懿跟諸葛亮的第一次比賽。

大家都知道，諸葛亮一共北伐五次，前三次其實都是曹真陪他玩的。曹真跟司馬懿、陳群一樣，都是曹丕臨死時的託孤之臣。這三人是曹叡時代魏國政壇上的三駕馬車。說是三駕馬車，但曹真是排名第一的，應該是這三駕馬車中的老大。而且他又是曹操的族子。曹叡雖然信任司馬懿，但更信任曹真。曹真是大司馬，這些年來，一直是拿著槍桿子，也一直主持對蜀的軍事行動。而且曹叡雖然信任司馬懿，但身為第一把手，他也會玩平衡之術。這點，司馬懿肯定是會知道的。司馬懿因此就在宛城長住，表面看來是負責對吳作戰，其實是要住到這個曹真歸西最終打破平衡為止。現在，曹真還真的病了起來。而在這個時候，諸葛亮帶著所有的家當北伐來了。

第一章　時勢造出的豪傑，戒急用忍的高手—先說說司馬懿

曹真得病、諸葛亮鬧事，司馬懿又成了利益的得主──不用耍什麼花招，就拿到了槍桿子。

接到曹叡的命令後，他馬上來到長安，要大顯身手一番。

司馬懿是第一次指揮大規模的軍事行動。他雖然表面做事低調，給人一種不會張揚的感覺，但骨子裡是很自信的。在魏國這邊，他是不會把誰放在心上的──包括曹真和陳群這兩駕馬車，他同樣不當一回事。曹真之所以能比他大一級，受到重用，那是因為他姓曹的關係，至於那個陳群，做個太平官，提個「九品中正制」這樣的提案，完善一下官場體制，那是很有水準的，是個治國的料子，但卻不能安邦。現在是什麼時期？現在是天下大亂時期，是你死我活的戰亂時期，你沒有幾把刷子，哪能混得下去？陳群這樣一個純粹的文官當然不會被司馬懿放在眼裡。諸葛亮這些年來，雖然很囂張，弄得曹叡很不爽，但卻連曹真都玩不下──不但玩不下曹真，連那個陳倉太守郝昭也玩不了。在第三次北伐時，諸葛亮以幾萬人圍攻陳倉，而郝昭的手下只有兩千多人。兩人一攻一守多日，諸葛亮卻拿郝昭一點辦法也沒有，在用盡攻城辦法之後，糧草也跟攻城辦法一樣沒有了，然後退兵。你想想，郝昭的武力和智力指數在三國裡算得老幾？諸葛亮卻連他也奈何不了，對付這樣的人還不是小菜一碟？

司馬懿對戰勝諸葛亮是很有信心的。在他召開的軍事會議上，他對部下說：「料前軍獨能當之者。若不能當，而分為前後，此楚之三軍所以為黥布禽也。」只要前軍就可以擺平孔明了。司馬懿是個很少說大話的人，現在把話說到這個分上，說明他的信心是很爆棚的──居然把孔明比作黥布。

諸葛亮看到司馬懿來了，心裡很激動。你知道，孔明統治的蜀國，就是現在的四川盆地，說是天府之國，但大多還是大石山區，自然生態環境絕對保護得很好，但卻並不是一片富饒的土地──當然，要自給自足是

第六節　與諸葛對壘　堅守取勝

沒有問題的，但要應付戰爭支出，卻很艱難，而且國力、人力跟魏國都不在一個等級上，但諸葛亮又是個「恢復漢室」之心不死的傢伙，因此，就連年征戰，只要手裡有一點積蓄，便馬上雄糾糾地北伐。又由於手頭的資本有限，每次打仗都想速戰速決，要在本錢用光之前把仗打下來。所以，他最怕的是，自己帶兵前來，敵人高掛免戰牌。這時，司馬懿要跟他打，他當然不放過這個機會。他馬上兵分兩路，一路繼續攻打祁山，一路由他帶領迎戰司馬懿，交戰地點在上邽。當時司馬懿派出的首發陣容是郭淮、費曜。這兩個傢伙有著長期與諸葛亮戰鬥的經歷，應該說經驗豐富。兩人一接到命令，馬上出來向諸葛亮挑戰。可是才一交手，就被諸葛亮扁得找不著邊。司馬懿一接到報告，這才知道孔明還真有兩把刷子，不能小看。知道再硬碰硬地打下去，他要吃虧的。以前曹真跟諸葛亮玩，不分勝負，但從沒有吃虧，他和諸葛亮一交手就打了敗仗，這個仗雖然不算大，魏國也沒什麼損失，但相比之下，他可就不妙了——他可以輸給諸葛亮，但不能輸給曹真啊！他要是再敗下去，他在魏國的地位就有動搖危險。

　　司馬懿知道，他雖然在這個中國歷史上最混亂的時代裡混了二十多年，從曹操時代混到曹叡時代，越混越好，而且時時想著能拿到兵權，可是他真正帶兵打仗的經驗卻沒有多少，單從這方面來講，他遠遠比不上諸葛亮。

　　他這麼一總結，便又拿出他的拿手好戲——他的拿手好戲就是「忍」，也就是說，跟對手比耐心，看誰能等，在沒有找到打敗對手的有利時機時，就等下去，等到時機的到來。現在他沒有想出打敗孔明的辦法，就只有等。

　　諸葛亮在取得第一輪比賽的勝利後，馬上就叫部隊放下武器，拿起鐮刀，拚命收割麥子，以充軍糧，之後再次與司馬懿的大軍相遇於上邽東。司馬懿早就打定主意，不與諸葛亮對打，只是憑險固守，看你孔明還有什

第一章　時勢造出的豪傑，戒急用忍的高手—先說說司馬懿

麼辦法？

諸葛亮知道自己沒有能力攻破司馬懿的部隊，便想了個辦法，決定調動敵人，在移動中與敵決戰。他就來個單方面撤軍。司馬懿看到諸葛亮退兵，便也帶著部隊跟上來，他現在還不明白諸葛亮的意圖，只得仍然採取穩紮穩打的辦法，貼身跟進，沒有把握絕不跟對手發生肢體衝突。

司馬懿跟著蜀軍來到鹵城後，張郃對他說：「彼遠來逆我，請戰不得，謂我利在不戰，欲以長計制之也。且祁山知大軍以在近，人情自固，可止屯於此，分為奇兵，示出其後，不宜進前而不敢偪，坐失民望也。今亮縣軍食少，亦行去矣。」

張郃這個方案，跟以前魏延向諸葛亮提出以五千奇兵偷襲長安的計策很相似。諸葛亮當時沒有採納魏延的計策，現在司馬懿也沒有採用張郃的方案。司馬懿還是按著既定方針追下去。一旦追到蜀軍的營地，便「又登山掘營，不肯戰」。

魏國的將士覺得天天跟在蜀軍的屁股後──比做軍事演習都還無聊，便都向司馬懿請戰。但司馬懿卻不答應。主戰派的兩個帶頭人賈栩、魏平還公然對他說：「公畏蜀如虎，奈天下笑何！」這話說得司馬懿很生氣。

司馬懿是個很能忍的人，而且是個城府極深的傢伙，不會輕易把生氣的態度表現在臉上，尤其是在對付上級時，都是一臉的麻木，如果你光從他臉上的表情看，你還以為這是個惰性很強的人。他也因此能在曹操那雙多疑的眼睛下混過來。他現在之所以勇於把感情表現出來，一來是這兩個傢伙算什麼東西？居然敢這麼對待他，二來他也真的生氣了，三來也表明他現在已經有生氣的本錢了，也就是說，他現在的地位已經鞏固，可以不用再隱藏自己的感受了。

後來，所有的將領都要求打一仗。

第六節 與諸葛對壘 堅守取勝

於是，司馬懿順應了這個潮流，讓「張郃攻無當監何平於南圍」，自己帶著大軍「自案中道向亮」。注意，這次是他親自跟諸葛亮面對面了。

諸葛亮看到司馬懿來了，馬上派魏延、高翔、吳班迎戰。這次戰鬥的結果是蜀兵又勝了一場，具體戰果是：獲甲首三千級，玄鎧五千領，角弩三千一百張。最後司馬懿又跑回營中堅守，而諸葛亮又因碰上老難題──糧盡而退兵。

在諸葛亮退軍時，司馬懿又讓諸葛亮取得了一個北伐以來最輝煌的成績──殺死了張郃。

話說，這年六月，司馬懿知道諸葛亮退兵，便召開了一次軍事會議，命令張郃帶兵追擊蜀兵，要求他在這個戰役中即使不能把諸葛亮抓獲歸案，也要把他痛扁一頓，挽回點面子。可是張郃卻認為，這時不能追擊：「軍法，圍城必開出路，歸軍勿追，望大將軍三思。」

司馬懿卻怒道：「車騎想抗我令乎？」

於是，張郃只得帶兵去追孔明。《魏略》的記載是：郃不得已，遂進。

結果，就像張郃預料的一樣，諸葛亮對司馬懿這一手早有防備，在木門設伏，終於把魏國最厲害的前線指揮官張郃殺死。

很多人都把張郃之死歸結為司馬懿的失誤。但我卻認為，這是司馬懿為剪除張郃故意下的一著臭棋。你想想，以司馬懿的謹慎，連張郃這種武夫都知道「歸軍勿追」的常識，他能不知道？最好的解釋就是，張郃現在是曹魏公司裡老資格的高級員工，而且也是最能打仗的人，長期在西面與蜀兵作戰，有著豐富的對蜀經驗，是魏國裡難得的軍方強人。司馬懿在前一時期中，因為不聽張郃的話而遭失敗，估計現在軍中肯定會有人貶馬抬張。這種思潮一氾濫，司馬懿就有被張郃取代的可能。司馬懿這麼一思考，覺得張郃已成為他通向更高權力的障礙，有必要趁著手中有權，把這

第一章　時勢造出的豪傑，戒急用忍的高手—先說說司馬懿

個障礙消滅於萌芽狀態。因此就強迫張郃去蜀軍那裡送死。否則，他能說出「車騎想抗我令乎」這麼嚴重的話嗎？請注意這個「抗」字，把司馬懿的內心世界表現得很到位，你要是再「抗」下去，就只有軍法伺候了。於是，在張郃不情願的情況下，他還是命令張郃追擊，最後光榮犧牲，達到了他不可告人的目的。

　　對於三國中這兩大強人的第一次比拚，場面不算精彩，但也顯出兩人的水準來了。兩個人採取的策略決策都不差，都知彼知己。諸葛亮知道自己不能耗時間，而司馬懿也知道自己不能性急。只是後來，司馬懿受部下情緒的影響，沒有把既定方針進行到底，導致連輸兩場。如果是在曹操那個戰將如雲的年代，估計司馬懿就要被換了下來。可是現在，整個曹營中，名士很多，大臣的編制絕對沒有空餘，但大多都是長於清談的名士，要找到代替司馬懿的人已經沒有了。而且這兩場敗戰，對實力雄厚的魏國也算不得什麼，再加上司馬仲達戰後玩些數字遊戲，在彙報材料上把數字壓低，那損失也就只有屁大了。至於張郃的犧牲，雖然不好交待，但戰爭哪會沒有犧牲的？

　　如此一來，司馬懿這個官便又當了下去。

　　三年之後，諸葛亮又帶兵北伐，兩個強人在魏蜀邊界展開了第二次較量。

　　司馬懿是個聰明人。在經過第一次交手之後，知道跟孔明玩，絕對要丟掉短線效益的幻想，應該堅持持久戰的方針。因此，當諸葛亮在渭南與司馬懿對壘時，司馬懿就笑了。

　　司馬懿這次比上次從容多了，對戰爭形勢和地形的分析很透澈。他在諸葛亮才開始進行軍事行動時就說：「如果孔明向武功方向進軍，後果是很嚴重的，如果他只上五丈原，就跟泥鰍一樣掀不出什麼大浪來，我們什麼事也沒有。」

038

第六節　與諸葛對壘　堅守取勝

　　這一次司馬懿的預測很準確。諸葛亮果然像司馬懿說的一樣，帶著部隊駐紮在五丈原。

　　司馬懿採納了雍州刺史郭淮的建議，並直接派郭淮帶兵到北原，牽制諸葛亮。郭淮才到北原，還沒有做成工事，諸葛亮的大軍就開到了。郭淮成功地阻擊了孔明。

　　這一次，司馬懿不再犯以前的錯誤。他只是守住險要，絕不跟蜀兵接觸。

　　諸葛亮這一次也想了個持久戰的辦法——讓軍隊變兵亦農，全軍來個「上山下鄉」，與當地的農民一起，種起田來，想以軍養軍。

　　司馬懿一看，不由得笑了起來。這個地方也能以軍養軍——當然，如果只有幾百個兵，吃飯是沒有問題的，可現在蜀兵是多少？十萬大軍啊，這個西部山區能養得起嗎？所以，司馬懿也不做什麼干擾的動作，看看你能養到什麼時候。

　　我想，諸葛亮也不是菜鳥。他當然知道，這個地區無論他如何科學種田，改良土壤，雜交糧食種子，也不會把這個地方改良成「西部的好江南」來。他這麼做，只是做給司馬懿看看——你想玩持久戰，我就屯田，跟你玩下去，逼得司馬懿跟他打一場。

　　誰知，司馬懿卻識破他的奸計，堅持死守政策百年不動搖——你種你的田，我守我的險，看看到底誰怕誰。

　　雙方這樣對峙著，從當年的二月到八月，雖然兩國陳兵數十萬，卻硬是「西線無戰事」。

　　諸葛亮終於急了，但也是光著急，沒有別的辦法。這個時期，肯定是諸葛亮覺得最苦惱的時期，他沒日沒夜地運轉著他那個號稱中國「史上最強」的腦袋，要得出一個逼迫司馬懿跟他開戰的辦法，可是那顆「史上最強」的腦袋卻硬是想不出半個辦法來。

第一章　時勢造出的豪傑，戒急用忍的高手—先說說司馬懿

後來，他的腦袋被逼得沒有辦法，居然生產出一個小兒科得不能再小兒科的辦法來：派人送一套女性時裝給司馬懿，想透過嘲笑的辦法來刺激對方出戰。你不用想就覺得這個辦法不但好笑，而且可笑。如果這個辦法就能讓司馬懿上當，他還用費這麼多的心機嗎？

司馬懿一收到這套時裝，一看，好傢伙，是百分之百的蜀地真絲織品，這個諸葛亮來打仗，居然還帶著這麼個東西，現在送給我，正好拿回去送給小妾。此前，每次小妾都抱怨出差回來沒買東西給她。呵呵，現在終於有東西送給她了。謝謝你，諸葛亮。

不過，他表面卻裝得很憤怒，當場拍起紅木辦公桌，說諸葛亮你太看不起人了，不跟你決一死戰誓不為人！

部下看到他這麼一表態，當場都說：是魏國人都支持您這句話。

可是他話鋒一轉，又說，打仗是軍國大事，事關國家存亡、民族前途，還是請示一下皇上為好。馬上就寫了一份鬥志昂揚的請戰書，用加急快馬送給曹叡，請曹叡批准他跟孔明決戰。

做完這些事之後，他開始用很高的規格接待諸葛亮的信差。

很多部下看到上級親自接待一個信差，都以為，司馬懿要與諸葛亮決戰了，因此想把信差灌醉，好從他嘴裡得到一些情報。

可是司馬懿卻只是一邊慢吃慢飲，一邊和信差話家常，然後順便關心一下諸葛亮的生活，問信差：你家丞相近來生活不錯吧？飯量好不好？有沒有我這麼能吃？

這個信差絕對是個誠實的人，聽到司馬懿的問話，馬上就說：「我家丞相工作很努力很認真很負責。從來都是晚睡早起，軍中罰打二十板以上的，他都要親自在那裡數板子。他飯量很少，每月才吃幾升米（那時一升相當於現在的一點五公斤）。」

第六節　與諸葛對壘　堅守取勝

司馬懿一聽，哈哈大笑：「孔明吃得少，事又多，還能有多少時間好活？」更堅定了他死守不戰的決心。前面已經說過，司馬懿的「等功」確實屬害，他把曹操等死，現在又想著把諸葛亮等死。

在司馬懿向曹叡請戰時，他的部下都在躍躍欲試，只等皇帝的命令一下，他們就可以殺敵立功了。

可是諸葛亮卻知道，司馬懿在耍滑頭，是在騙他手下的那些豬頭將軍。司馬懿知道，他那些手下，只知道打仗，而且自己的兵比蜀兵多，還這麼怕蜀兵，這臉已經沒地方放了。現在他們的上級還被諸葛亮這麼戲弄，說他連女人都不如。女人是什麼東西？孔老夫子早就講過了：唯女子與小人難養也。養都不好養，還來當什麼上級？司馬懿知道，要是不想辦法讓部下的情緒穩定下來，這軍隊就不好管了，這才想出這麼一個辦法來：我是想打仗的，但皇帝不想打啊！你要怪就怪皇帝去吧！

曹叡是個聰明的皇帝，一接到司馬懿的請戰書，馬上就派衛尉辛毗前來當監軍，並當著所有將領的面要求司馬懿不能出戰。在那些豬頭叫冤的時候，司馬懿在心裡哈哈大笑。

過了不久，諸葛亮果然就在五丈原掛掉（很多書上把諸葛亮之死寫得神乎其神，這裡就不多講了）。諸葛亮一死，蜀兵便一邊內鬨一邊撤軍。

在與諸葛亮的對壘中，司馬懿終於笑到最後。

第二年，也就是諸葛亮死去的次年，即青龍三年，司馬懿被封太尉。

如果說，司馬懿在與諸葛亮的對壘中，勝得有點難看，那麼不久之後他指揮的平定遼東之戰，可以說是一場經典之戰。

第一章　時勢造出的豪傑，戒急用忍的高手—先說說司馬懿

第七節　以寡圍眾　決戰遼東

　　這場戰鬥發生在景初二年。起因是遼東傳統勢力的老大遼東太守公孫淵不想受制於曹家，就造反起來。曹叡一接到報告，又把司馬懿當作平定遼東的第一人選。他把司馬懿從長安叫了過來，直接就把形勢跟他說了。這個曹叡對付司馬懿還是有辦法的，當著他的面說：「公孫淵是什麼東西？扁死這種人本來哪用得著你老人家。只是要取得壓倒性的勝利，我們得把形勢分析得透澈一點，所以請你來商量一下。你說說，公孫淵會採取什麼策略？」

　　司馬懿說：「公孫淵如果丟掉老窩逃跑，是最好的辦法；帶著嘍囉占據遼水跟我們作對，是中策；如果就在襄平城裡坐守，那只是等我們去把他捉拿歸案而已。按照現在的形勢，他肯定是先占遼水，然後退守襄平，這是中下計。」

　　曹叡說：「如果讓你出征，你估計用多少時間？」

　　司馬懿的回答很乾脆：「去一百天，打一百天，回一百天，休整六十天。就一年時間。」

　　曹叡對他的這個估算很滿意，當然就把這個任務交給他了。

　　於是，司馬懿帶著四萬部隊出征遼東。大軍來到遼東時，公孫淵「遣步騎數萬，阻遼隧，堅壁而守，南北六七十里，以距」司馬懿的政府軍。聲勢很浩大，但卻在司馬懿的盤算之中。遼東部隊前線的指揮官是卑衍，這傢伙是公孫淵的大將軍，同時也是個大豬頭。

　　司馬懿已經作了充分的準備。他命令一部分部隊，帶著很多旗幟，大張旗鼓地向南面前進。卑衍是個膽量指數高於智力指數的傢伙，一看到那麼多的旗幟向南面來，也不開個分析研究會，憑著感覺就把所有的精銳部

第七節 以寡圍衆 決戰遼東

隊派過去抵擋。

司馬懿看到卑衍如計畫中行動，馬上命令主力部隊抓緊時間渡過遼河，並一把火燒掉敵人的船隻和橋梁，然後用短時間沿河紮下長寨。工程一峻工，馬上又向襄平出發。手下一見狀，就有意見了：我們是作戰部隊，走了一百天的路，是來打仗的。現在好了，好不容易找到敵人，而且剛調動了敵人的主力，正是殲滅敵人的大好時機。可是老大只讓我們紮寨，然後又行軍，估計又到前面去紮寨了。這作戰部隊不全轉業成工程兵了？

司馬懿對他們說：「敵人的實力現在還很強。他們的實力高於我們，又是躲在工事裡，咱們去攻打他們，這跟豬頭有什麼區別？現在只有把他們引出來，再跟他們決戰。現在我命令大軍向敵人的首都襄平出發。不怕他們不從工事裡出來，他們一出來，我們就可以行動了。這叫攻敵之所必救。」

那個卑衍知道司馬懿大軍直指襄平，腦袋果然一片錯亂，什麼也不想，馬上調動全軍一路高喊「保衛首都」的口號回師襄平。不用說，又中了司馬懿的計策，最後像魚落進網一樣全跑到司馬懿的包圍裡了。公孫淵的這支主力就這樣被完全消滅。

司馬懿消滅了卑衍的部隊後，接著就把襄平包圍起來。

整個情節正朝著司馬懿的設計進行著，在他對襄平圍而不攻時，老天卻突然下起雨來。而且這雨不是一般的雨，是幾十年不遇的特大暴雨，連續下個沒完，都淹到人們的膝蓋了，弄得部下叫苦連天，紛紛要求移營。可是司馬懿能移營嗎？他下令，誰再敢說一句移營的話，就一個字：斬！

那個都督令張靜不聽，把自己的辦公室移到高的地方，可是還沒坐下來辦公，司馬懿就派刀斧手過來，把他拖下去，來了個斬立決。大家一

第一章　時勢造出的豪傑，戒急用忍的高手─先說說司馬懿

看，都不敢再說什麼了──畢竟，在水裡泡著，總比被砍頭的好，何況現在是夏天呢！這時，城裡的公淵孫部隊看到政府軍這麼狼狽，都高興著，弄得城外的魏軍恨不得殺進城裡去。但司馬懿仍然只圍不攻。

這時，連魏國朝中的大臣們也知道遼東下著大雨，天氣對政府軍很不利，都請曹叡命令司馬懿退兵，等以後天氣晴朗，宜於打仗時再打不遲。曹叡對司馬懿卻有信心得很，他相信司馬懿能經受得住大雨的考驗，對大臣們說：「司馬公臨危制變，計日擒之矣！」

雨總是要停的。可是在雨停的時候，襄平城中的米也沒有了，軍營食堂也跟著停止運作。軍中一旦缺糧，那軍心就全散了──官渡之戰時，袁紹軍的數量遠遠高於曹操，可是糧草一被燒掉，全軍馬上就亂成一團，不用打就敗下陣來。襄平被圍了這麼多天，那些士兵的心本來就已經不堅定了，這時一看到吃的沒有了，哪還有心思守城？

司馬懿知道時機已到，馬上發起總攻命令。一時間，雲梯、衝車、投石、弓箭……等所有的攻城武器全面展開，連續幾天不停歇地向城中猛攻。公孫淵哪能抵擋得了？只好對部下說：「經昨夜研究，決定向司馬懿投降！」他派他的相國王建和御史大夫柳甫出城，向司馬懿請求：請司馬老大歇一歇啊，我們找個好日子出城來投降。這傢伙也真可以，投降居然也選個黃道吉日──當初他宣布獨立時，肯定也是選了好日子的，可是這個好日子並沒有讓他好過啊！

司馬懿卻一點不客氣，把這兩個沒領幾天相國和御史大夫薪水的人拉下去砍了，然後還向公孫淵發了一道檄文，意思是說，以前人家諸侯國被打敗了，都是國王親自裸體牽羊出來投降的。你是什麼東西？只派兩個老頭出來見我？我已經把他們砍了，想真的投降，就派個年輕點的來。公孫淵一聽，就派了個年輕的侍中魏演前來，並說馬上就叫那個更年輕的「太子」前來做人質。可是司馬懿卻說，公孫淵不肯面縛，那就只有等死了。

公孫淵一聽，知道投降爭取生存權的可能性已經沒有了，只得冒險突圍，可是跑不了多遠，就被司馬懿追上，全家被殺得一乾二淨。

司馬懿進城之後，做了一件很殘忍之事，下令屠城，把公孫淵的公卿以及十五歲以上的士兵全部集中起來殺掉，然後把屍體堆放起來，還起了個名「京觀」。然後班師回朝。

不久，就到了景初三年。司馬懿六十一歲，已經是個老人了。這時的曹叡才三十四歲。按常理來說，司馬懿應該比曹叡先死才對。可是曹家人的命就是不好，有點作為的皇帝就是不長壽，曹叡這個年紀，要是在今天去參加「全國十大傑出青年」的評選，恐怕在候選人中都還屬於年輕的，可是這傢伙也跟他老爸一樣，覺得有司馬懿掌握大局，就放心去吃喝賭嫖，毫無節制，弄得才三十幾歲就已經病得差不多掛了。

第八節　計賺曹爽　成功奪權

曹叡也像很多皇帝一樣，對接班人很有責任心，在快要臨終的時候，為接班人布置一個輔政的團隊。這個團隊一要有能力，二又要忠心耿耿，所以是很費心思的。要是選不對人，那就等於葬送了曹家王朝。曹叡這個人後來被諡「明帝」，本來是很有知人之明的，他知道，他手下的這班大臣中，最有能力的就是司馬懿。可是他制定的託孤方案名單中，卻沒有司馬懿，這個名單是：大將軍曹宇為首輔大臣，其餘四位輔政大臣分別為領軍將軍夏侯獻，武衛將軍曹爽、屯騎校尉曹肇與驍騎將軍秦朗。如果照曹叡的第一個方案實施下來，中國的歷史可能會是另一個局面了。

可是就在曹叡準備公布這份名單時，中書監劉放與中書令孫資因為夏

第一章　時勢造出的豪傑，戒急用忍的高手—先說說司馬懿

　　侯獻和曹肇曾說過對他們不滿的話，怕他們掌權後對自己不利，因此就對昏昏沉沉的曹叡說，大將軍擁兵自重，那個曹肇經常調戲宮女，是個流氓，哪能治國？

　　曹叡這時的神經系統也發生短路，問兩個人：那誰可以？

　　這時只有曹爽在旁邊，兩人就說，曹爽可以。

　　曹爽一聽，嚇得全身是汗，不敢做聲。兩人接著又向曹叡推薦司馬懿，曹叡也同意了他們的建議。歷史就是在這個時候不知不覺地發生了轉機。這一刻，曹爽身上的汗打溼了他的內衣和內褲，而曹叡卻忍受著病痛的折磨，劉放和孫資同時在心裡鬆了大大一口氣。而司馬懿正走在通往長安的大路上。這一刻，不是只有司馬懿一個人在奮鬥！

　　曹叡馬上發下詔書，請司馬懿回京。

　　司馬懿是在汲縣接到詔書的。曹叡的這個詔書寫得很簡潔：間側息望到，到便直排閣入，視吾面。

　　司馬懿一看這個緊急得不像樣的詔書，以為首都發生了政變，馬上乘追鋒車連夜入朝，四百里的路程只用了一夜的時間。他來到宮裡時，才知道青年皇帝曹叡已經走到生命的盡頭了。

　　在司馬懿的革命生涯中，曹氏的當家人一死，他總是有好處。同樣，這時好運又向他靠了過來。

　　曹叡多年來雖然信任司馬懿，哪裡有困難，就把司馬懿毫不懷疑地派到哪裡，而且司馬懿每完成一次任務，他都給司馬懿一次嘉獎──就是被諸葛亮打敗並折了魏國最能打仗的戰將張郃，他仍然沒有處分司馬懿，最後居然以諸葛亮退走為由而記了司馬懿一功。但他在冷靜的時候，並不放心這個「鷹視狼顧」的傢伙，所以，他在第一個託孤名單裡，並沒有司馬懿的名字。歷史已經證明，對曹氏而言，他的第一個方案是正確的。因

第八節　計賺曹爽　成功奪權

為首輔大將軍曹宇是曹操的兒子，而且很有能力，完全可以帶著魏國人民繼續高舉曹氏大旗奮勇前進。可惜，到最後決定時，他居然聽了那兩個不顧全大局的小人的話。都說英雄創造了歷史，可是現在撥動歷史轉盤的卻是兩個小人。

曹叡看到司馬懿氣喘吁吁地跪在面前時，心裡的感慨豈止萬千。一個青年人居然向一個老頭兒交待後事，實在是一件悲哀的事，但卻不得不這樣了。他對司馬懿說：「我之所以忍住沒有死去，就是等你的到來啊！我現在把後事交給你了。」

這時的司馬懿心情很激動，他聽到曹叡這話時，眼裡流出了渾濁的老淚。當然，曹叡也流著淚。

兩人淚眼對淚眼了好一陣後，曹叡用他只剩骨頭的乾枯的手握住司馬懿的手──司馬懿感到這隻龍爪已冷得像冰塊一樣──然後把兩個孩子叫了過來，指著那個叫曹芳的小孩對司馬懿說：「你看清楚，就是這個孩子，你不要看錯了。」為了加深司馬懿對這個小孩的印象，也為了增加一下兩人的感情，把這個感人的氣氛推向高潮，曹叡還叫曹芳過去抱住司馬懿的老脖子，把司馬懿抱得淚眼汪汪──歷史上受託孤的人很多，可是這個場面有幾個人經歷過？連那個諸葛亮的脖子也沒有享受過這個待遇啊！別看這個曹芳被曹叡確定為自己的接班人，可是曹芳卻不是他的兒子。曹叡雖然天天酒色，性功能正常得很，生育能力沒有喪失，而且也會生兒子。可是他不長壽，他的兒子命更短。本來他是有幾個兒子，但是兒子們卻一點也不爭氣，一個個地先後死去：他的長子曹冏，在他即位的那一年被立為清河王，可是全國百姓還不知道清河王是誰，他就先死翹翹了；第二個兒子叫曹殷，名字取得很好聽，可是還不到一歲就跟老爸拜拜了；曹叡後來再一次發力，又生了一個兒子，名字叫曹穆，後來被立為繁陽王，可是第二年就完蛋。曹叡也覺得累了，覺得自己的命不宜生兒子，

第一章　時勢造出的豪傑，戒急用忍的高手—先說說司馬懿

就改變思路，打養子的主意。他的第一個養子叫曹詢，哪知他膝下好像容不得兒子似的，這個養子不久也徹底歸西。他當然不能就此罷休，又要了一個養子，這個養子就是現在抱著司馬懿老頸的曹芳。這個小屁孩的命終於沒有像他的哥哥們一樣，而是堅挺到現在，讓曹叡能帶著一點安慰死去了。很多人都懷疑曹叡那麼多兒子生一個死一個，是因為宮中有問題，是哪個皇妃之類的陰謀，但沒有證據。

曹叡死的時候，是正月初一。那一天，魏國的政壇上正式形成了曹爽加司馬懿的爽懿體制。只是曹爽在曹叡掛掉之前就被封為大將軍錄尚書事，是第一把手。這個曹爽要是上《花花公子》的封面，那是完全合格的，可是當家的能力卻差得很。叫他去主持一下時尚沙龍的活動，帶著那些帥哥、美女到處宣傳、拍照，那是得其所哉，可是要管好國家的軍政大權，明顯不夠水準，而且一開始他就覺得自己不是塊料。因此，當曹芳一繼位，他就請這個小皇帝加司馬懿督都中外軍事及錄尚書事，做了僅次於他的官。

爽懿體制形成之初，曹爽很尊重司馬懿，什麼事都向他請教一下。如果他一直這麼做下去，等到幾年司馬懿一死，這個歷史估計又是另一番模樣了。像那句話一樣：做一天好事容易，做一輩子好事難。曹爽尊重了司馬懿一段時間後，就有人開始叫他不要這麼低聲下氣下去了，不就是一個外姓老頭嗎？值得這麼向他低頭嗎？什麼事都去找他商量，不如讓他做第一把手算了。

向曹爽建議不必尊重司馬懿的人就是那些被稱為「浮華交會」的會員──原來曹爽也是這個協會的重要成員。

說到這裡，有必要介紹一下這個「浮華交會」。這個沙龍或者說協會，是在魏明帝太和年間那些剛就任的貴族子弟成立的，他們常在一起閒聊──那時叫清談，常常談得天花亂墜，引起老一代的反感，甚至曹叡

第八節　計賺曹爽　成功奪權

也對他們很是生氣，但他們才不管這些，硬是我行我素。後來，這些老一輩官員覺得忍無可忍，決心整頓一下這群「垮掉的一代」，於是在透過曹叡的批准後，把協會中的積極分子抓起來，重重地處罰了一下，史稱「太和浮華案」。順便說一下，這個沙龍雖然當時沒做出什麼大事，但卻揭開魏晉時代玄學思潮的序幕。這個協會主要成員的名單及簡介如下：

1、曹爽字伯昭，是曹真的兒子。曹真本姓秦，曹爽素得曹叡喜愛，在曹叡第一波輔政名單就有他。但他為人輕浮噪競，在曹叡問他：卿可度大事否？他竟汗出如漿，無語以對。他胞弟曹羲及曹訓也是這集團的重要分子。

2、何晏字平叔，其祖為漢末大將軍何進。曹操看到他的母親頗有姿色，就納「於宮中自娛」。母親被曹操納入後宮，何晏就過上了幸福生活，跟著進宮。這傢伙是個有名的小白臉，史書上說他「美姿儀而絕白」，可是他還是覺得這個臉不夠經典，不夠完美，硬是花錢買化妝品，每天在臉上擦了又擦，弄得像個美女一樣，平時一邁步，還「行步顧影」，從影子檢查自己走路的姿勢，看看是否符合「瀟灑」的標準──估計這哥兒們只有晴天才出門，陰天沒有影子可看，就在家保持自己的形象。曹丕就很討厭他，替他起了個綽號「假子」，所以從不提拔他當什麼官。後來，他娶公主為妻，因此在曹叡嚴打浮華交會時，他雖是浮華交會的重要成員，但因皇族身分沒有被處罰。他崇拜老莊，認為「無也者，開物成務，無往不存者也」，天下的一切都來源於一個「無」字，還寫了幾本這方面的專著：《道德論》、《無名論》、《無為論》，為清談玄學之風打好了堅實的理論基礎，開創了魏晉清談的風氣。後來的竹林七賢就把他當偶像，連動作都學他的樣子，學得多了，又覺得是形似神不似，就乾脆猛吃「七步散」之類的東東，走起路來，東倒西歪，卻認為是風度翩翩。

3、鄧揚字玄茂，是劉秀大將鄧禹之後。曾利用在尚書臺任職機會出

第一章　時勢造出的豪傑，戒急用忍的高手—先說說司馬懿

售官位換取別人老婆，故有「以官易婦鄧玄茂」之惡名。參與浮華交會被曹叡下令免職，永不錄用。

4、丁謐字彥靖，善於陰謀詭計，但言行高傲，曾多次和何晏鄧揚等人槓上，造成集團內部分裂。

5、李勝字公昭，也是浮華交會時期被懲處的成員之一。

6、夏侯玄字太初，其妹為司馬師之妻，清談領袖，也是浮華交會時期被懲處的一員。

現在曹爽當權，這些人便都成了幕僚。這種人別的本事沒有，但卻善於自負自大，最會自我膨脹，時時刻刻都以為是天下第一，自己的智商指數天下最高，這時一得到重用，覺得施展才華的時機已經到來，而司馬懿這個老頭是他們施展才華的障礙。於是，丁謐就向曹爽建議剝奪司馬懿的權力。其他幾個憤青一聽，當然都贊成這個建議，並一致認為：剝奪老傢伙權力最可行的辦法就是「明尊暗降」。

曹爽當了這麼多天的首輔大臣，不管自己說了什麼話都算話，這個感覺跟他的名字一個樣：爽。不過，如果說還有什麼不爽，就是老得去尊重司馬懿。這時一聽丁謐的話，覺得很對，就跑過去找小皇帝，說，可以加司馬懿太傅大司馬。這個官比所有的官都大。小皇帝懂什麼，一聽到曹爽這麼說，就把那兩個剛學會的「准奏」響亮地說出來。

第二天上朝的時候，小皇帝便宣布了這個人事變動。可是才一宣布，便又有人說，這個大司馬有點不好，已經接連有曹真、曹休兩個大司馬在任上去世，看來「大司馬」是會坐死人的位子。司馬懿是國家的棟梁之材，千萬不要再當這個大司馬啊！你不愛自己的生命，但全國人民需要你啊！就這樣，這個「大司馬」又被免掉了。原文如下：

太尉體道正直，盡忠三世，南擒孟達，西破蜀虜，東滅公孫淵，功在

第八節　計賺曹爽　成功奪權

海內。習周成建保傅之官，近漢顯忠寵鄧禹，所以優隆雋義，必有尊也。其以太尉為太傅，持節統兵都督諸軍事如故。

司馬懿一看，就知道是曹爽搞的鬼，可是他能怎麼樣？這可是皇帝出面宣布的，你能有什麼意見？大家都知道，司馬懿的城府是三國最深的一個，這時心裡雖然氣得想當場吐血：我是什麼人？連被稱為千古以來最厲害的奸雄也拿我沒辦法，幾次想廢都不能廢，現在到老了居然被這幾個憤青用這種「明尊暗降」的手段逼走。這個手段是菜得不能再菜了。可事出突然，他又有什麼辦法？他只好讓臉上的神態跟平常一樣，聽完曹芳降旨之後，便「謝主龍恩」。

曹爽那一幫人看到司馬懿這個老頭原來也這麼好擺平，心裡當然高興，當晚又聚在一起，盡情吃喝，一個個都以為——我是名士我怕誰。

司馬懿退朝之後，回到家裡，把自己的官職再盤點一下，除了太傅之外，還有「都督中外軍事」這個權力——這幾個蠢材憤青，居然沒有把這個權力拿下。司馬懿當然很重視這個權力，想辦法好好地用一用。

隨後又是那個孫權，為司馬懿送來好運。

孫權雖被稱為碧眼小兒，但卻是三國第一代領導人中最能經得住時間考驗的人，魏國都換了幾代領導人了，他卻還坐在吳國第一把手的位子上。

正始二年，他看到魏國剛換屆，皇帝只有九歲，正好欺負一下，便派四路大軍攻打魏國。孫權只看到魏國小皇帝好欺負，卻忘記了曾被他稱為「用兵變化莫測，所向無敵」的司馬懿現在身體還很健康。

吳兵一來，司馬懿便請戰。

那幾個憤青一看到老傢伙請戰，覺得大妙：最好讓吳兵把他打死算了，回來替他開個追悼會，說盡好話，省得老要提防他，這真是天賜良

第一章　時勢造出的豪傑，戒急用忍的高手—先說說司馬懿

機，便透過曹爽讓小皇帝「准奏」。

誰知，東吳那些傢伙實在太菜，聽說司馬懿出馬，馬上就大叫「風緊」，連夜撤退。司馬懿帶兵追擊到三州口，「斬千餘人收其舟船而還」。司馬懿六月出兵，七月就班師回朝。

曹爽他們看到這老頭居然立了大功，雖然心裡不爽，但還是請皇帝為他加郾城、臨潁兩縣為封地。

司馬懿知道，要想牢牢拿住兵權，培養軍中的勢力，只有不斷地開展軍事行動，因此，在正始四年，他又主動奏請出擊吳諸葛恪。

如果曹爽他們聰明一點的話，就應該制止他出征。可是這幾個憤青實在是腦殘得不輕，自己不主動想辦法去搞定政敵，卻把希望寄託在敵人的身上，老想借刀殺人。本來借刀殺人是不錯的，可是你也要看看借到的這把刀是什麼刀，而要殺的人又是什麼人。現在他們要借的刀是那個諸葛恪，而要殺的人卻是司馬懿。諸葛恪能力一般，憑著在「諸葛謹」之後加「之驢」兩個字被孫權看好，一路提拔上來的人，能打什麼仗？而司馬懿可是久經考驗的陰謀家、軍事家啊！皇上馬上就同意司馬懿的請求。

司馬懿帶著部隊十一月來到舒城，還沒開打，諸葛恪就「燒營遁走」，跑得比誰都快。司馬懿接著又巡視淮北的農田，還提拔了兩個基層幹部：鄧艾和王基。這兩個傢伙後來都很出名。

到了這時，司馬懿的名望一路狂漲。這時，曹家有一些人感到事情不大妙，便由曹爽的族叔曹冏出面向曹爽建議增加一下親王的實權，以防以後出什麼事故也有個照應。可是曹爽這個呆子覺得大權獨攬爽得很，為什麼要去增別人的權力？

曹爽也覺得司馬懿的名望越來越響亮，對他大大的不利，現在應該想個辦法來刷新一下自己的人氣指數了。李勝就建議他也去打個勝仗回來。

第八節　計賺曹爽　成功奪權

要不「大將軍」三個字不是白掛了？老傢伙打東吳，我們就打西蜀。

他們以為仗很好打。可是才一出兵，就被蜀國打得大敗，差點回不到老家了，人氣指數非但沒有攀升，反而狂跌了下來，讓朝野大大地笑話了一場。

這幾個憤青的心裡就只剩下不滿了。他們一不滿，就想著法子再次削弱司馬懿的權力。

當然，他們不敢把矛頭直接對準老傢伙，而是把手伸向司馬懿的兒子司馬師。

司馬懿一共生了九個兒子，他最看好的就是這個司馬師。現在司馬師掌管著中壘營的兵。可是曹爽卻來個機構改革，撤銷中壘營，把中壘營的兵歸給他的老弟中領軍曹羲統管。司馬懿提出異議，但曹爽卻不聽。

司馬懿一看，這傢伙對敵國毫無辦法，但盤算起自己來，一點餘地也不留。

就這樣，兩人的矛盾已到了不可調和的地步。

司馬懿敵我雙方進行了一次綜合評估，再次定下以退為進的決策。

這時，恰好他的元配夫人張春華翹辮子。

順便說一下張春華。

都說「一個成功男人的背後都站著一個出色的女性。這個張春華是站在司馬懿這個成功男人背後出色的女性。雖然書上都說諸葛亮的妻子很有能力，但沒有誰拿得出有力的證據來說明，而這個張春華卻是個比男人更男人的美女。話說當年司馬懿裝病騙曹操時，有一天，司馬家把書拿到院子裡晒，天下起雨來，在床上裝病的司馬懿忍不住起來跑去收書。他這個很健康的動作被一個婢女看到──這是一件很危險的事，要是裝病的事洩漏出去，司馬懿那顆「鷹視狼顧」的腦袋可就得被曹操砍掉。張春華知

第一章　時勢造出的豪傑，戒急用忍的高手—先說說司馬懿

道後，為做到徹底保密，把那個婢女叫過去，親手殺掉這個倒楣的婢女，而且從此家裡不再僱傭，一切家務全由張春華一手操辦。這個美女的心計以及手段的決絕，估計連大部分男性也比不上。司馬懿在一段時期裡很感激她。直到後來，司馬懿又討了三個妾。不用說，這些小妾長得肯定比張春華養眼，尤其是那個柏夫人長得最討老傢伙的歡心。老傢伙一天到晚只想看到柏夫人，一點也不想見到張春華。有一次，張春華去看他，他那張長臉居然布滿怒容，說：「老物可憎，何煩出也？」其實，張春華那年才三十七歲，比他年輕多了，但他卻稱之老物，氣得張春華要絕食自殺。幸虧張春華的兩個兒子司馬師和司馬昭還算不錯，對母親懷著深厚的母子感情，看到母親絕食，便都堅定地站到母親這邊，一起組成一個三人絕食團，向老爸示威。司馬懿一看，只得跑過去向張春華道歉，說夫人我對不起妳了。不過，之後他還是對人家說：「老物不足慮，慮壞我好兒耳！」

雖然他早就對這個夫人沒什麼好感了，一提到這個夫人，都是用「老物」二字代替，但他是個天才的表演藝術家，這時「老物」一死，他馬上就裝著痛不欲生的樣子，放聲大哭給人家看，最後還向朝廷說他因為傷心過度，身體也垮了下來，然後稱病不朝。

曹爽一看，果然高興，就一心一意去當他「一人之下，萬人之上」的大將軍。

其實，司馬懿並沒有病，而是躲在病床上謀劃著如何對付曹爽。因為，這樣一來，就形成了曹爽在明處，他在暗處的局面。曹爽已經把他當著一個等死的老頭看待，而他卻時時注意著曹爽，只要一有機會就突然襲擊，一棍子把曹爽打死。

他只把他的計畫告訴司馬師，叫司馬師偷偷在民間養幾千個死黨——說得好聽點，是養士，說得難聽點就是組織一個以司馬師為首的黑社會組織。

第八節　計賺曹爽　成功奪權

連司馬昭都不知道司馬懿的計畫，曹爽那班人就更以為司馬懿已經沒什麼威脅了，便放心地使用手中的權力賺錢玩美女，使得朝中很多人都很反感。人們還編了個順口溜：「何、鄧、丁，亂京城」。

很多大臣都看不順眼了，但看不順眼又能怎麼樣？這些人這時便自然而然地想到司馬懿，認為只有他老人家才能出面收拾這幾個憤青，於是都到司馬懿家中來，請他救一救大魏帝國。

司馬懿就是司馬懿，在別人不能忍的情況下，他還是能忍下來。因為，他現在手中什麼也沒有，要打倒曹爽是要有實力的，不是你一出面喊幾聲口號就能把他打倒的。司馬懿沒有硬碰硬的實力，便只有等下去，等到他覺得時機一到，才突然發難。於是，他繼續把病裝下去。

司馬懿這次裝病差不多裝了兩年，裝得所有的人都以為老傢伙都已病入膏肓了。曹爽覺得老在京城裡玩已玩不出什麼快感來了，決定在小皇帝去謁明帝的高平陵時，把規模做得聲勢浩大，發動所有親信都過去。

在全體憤青們一起策劃著如何把謁陵規模做大的時候，大司農桓範覺得有點不對勁，對曹爽說：「總萬機，典禁軍，不宜並出，若有閉門，誰復內入者？」

曹爽說：「誰敢爾邪？」這個口氣果然很大將軍。

不過，曹爽說過之後，想了想，便又派李勝去探一探老傢伙，看看他是不是病得不輕了，好做一點準備。

司馬懿本來就是個表演高手，而裝病又是他的專業——年輕時期都能瞞得過曹操，現在年老力衰裝起病來就更不用化裝了。李勝又是個呆頭鵝，騙起來還不是小菜一碟。

這一天，雖然是冬天，但天氣不錯。

李勝來到司馬懿的家，說是要去當荊州刺史，特來向老人家告辭。

第一章　時勢造出的豪傑，戒急用忍的高手—先說說司馬懿

司馬懿是什麼人？當然知道李勝來的目的，因此就更「病」地躲在床上，會見李勝。

李勝是在一連串的咳嗽聲中來到司馬懿床前的。

司馬懿還在咳著，示意兩個婢女把他扶起來，然後手指自己的嘴巴，用啞語表示自己餓了，要喝粥。一個婢女把粥拿過來，他居然喝得胸口全是粥汁。

他再咳了一陣，才有氣力跟李勝對話。

李勝說：「眾情謂明公舊風發動，何意尊體乃爾？」說了這話之後，才告訴司馬懿自己要去當荊州刺史。

司馬懿一聽，就開始裝模作樣，說：「年老枕疾，死在旦夕。君當屈就并州，并州近胡，好為之備！恐不復相見，以子師、昭為託。」——居然連託孤也秀一下，把李勝感動了幾秒鐘。

李勝說：「當還忝本州，非并州。」（說明一下，因為李勝是荊州人，因此才說是「本州」）

司馬懿一聽，又順著錯亂下去，說：「君方到并州？」

李勝一聽，這老傢伙咳得神志不清了，便加大音量，說：「當忝荊州。」

司馬懿這才呵呵了幾聲，說：「年老意荒，不解君言。今還為本州，盛德壯烈，好建功勳。」

李勝一聽，都病成這個樣子了，還老氣橫秋地鼓勵我？便跑回去找曹爽，報告他的所見所聞，最後還說：「司馬公屍居餘氣，形神已離，不足慮矣。」

曹爽當然信以為真，不再把「屍居餘氣」的司馬懿當一回事了。這傢伙已經徹底忘記了司馬懿是裝病的專家了。

第八節　計賺曹爽　成功奪權

嘉平元年正月，經過精心的籌備，曹爽帶著曹芳等一大隊人馬向高平陵出發。

隨著曹爽宣布出城，歷史上有名的「高平陵事件」也宣告揭開序幕。

七十一歲的司馬懿在曹爽帶著大半部隊離開京城後，馬上從病床上站了起來，把兩個兒子叫來，向他們宣布了自己準備明天政變的計畫，並向兩個兒子分派了任務：首先司馬師把那三千個黑社會成員以及司馬府的家兵召集起來，然後分成兩個部分，司馬師帶領一部分，負責搶占城南的武庫奪取武器，剩下的由司馬昭帶領占據永寧宮，負責保護皇太后，司馬懿則負責召集還在京城的高官。

司馬懿把這些高官叫來，然後向他們宣布曹爽要篡位，現已奉皇太后的命令，撤銷曹爽的一切職務的消息。

這些官員一聽，誰都知道什麼篡位，什麼皇太后的命令，全是司馬懿造的謠，但誰也知道，司馬懿和曹爽早就是敵我關係，而且誰都知道，曹爽肯定鬥不過司馬懿，因此都向司馬懿表示堅決擁護中央的決策，緊密團結，以皇太后為首，與曹爽對抗到底。

司馬懿馬上命令高柔假節行大將軍事，去攻占曹爽的大營，王觀行中領軍事占曹羲大營。洛陽城就這樣全部被司馬懿牢牢地控制了。

在這個過程中，還有一個小插曲，而且這個小插曲又差點成了歷史的轉捩點。

事情是這樣的，司馬懿在控制洛陽全城之後，往洛水浮橋屯兵以防曹爽大軍回擊時，經過曹爽家的門口——這個歷來謹慎的人，在經過死對頭家門時，居然沒有什麼防範，而曹爽家的一名叫嚴世的侍衛卻正躲在高處，像一名狙擊手一樣，張著弓正瞄準著司馬懿的頭，如果這箭一發，歷史的走向就有偏差的可能，可是另一名叫孫謙的侍衛卻攔住了他，使得司

第一章　時勢造出的豪傑，戒急用忍的高手—先說說司馬懿

馬懿操著歷史的方向盤繼續向前，順利屯兵洛水浮橋。

司馬懿的工作效率很高。只到了中午時分，他就發出了有皇太后用印的檔案，用快馬送到高平陵。這份檔案是這樣寫的：「先帝詔陛下（曹芳）、秦王（曹詢）及臣升御床，握臣臂曰：深以後事為念。今大將軍爽背棄顧命，敗亂國典，內則潛擬，外專威權。破壞諸營，盡據禁兵，群官要職，皆置所親。宿衛舊人，並見斥拙，根據盤互，縱肆日甚。又以黃門張當為督監，專供交關，看察至尊，伺候神器，離間二宮，傷害骨肉，天下洶洶，人懷危懼，陛下但為寄坐，豈得久安！此非先帝召陛下及臣升御床之本意也。臣雖朽邁，敢忘前言？昔趙高意極，秦是以亡，呂霍早斷，漢祚永延。公卿群臣皆以爽有無君之心，兄弟不宜典兵宿衛，奏皇太后，皇太后敕如奏施行。臣輒敕主者罷爽、羲、訓吏兵，各以侯就第。若稽留軍駕，以軍法從事。臣輒力疾將兵詣洛水浮橋，伺察非常。」

這樣一來，主動權就全握在司馬懿的手中，而且曹爽死也想不到司馬懿的行動居然這麼快，才只半天啊，他這個大將軍就無家可歸了。這傢伙沒經什麼陣仗，這麼一嚇，就走到了崩潰邊緣，馬上變得很傻很無奈。其實現在他身邊還掌握著大批軍隊，而且皇帝還在他的手裡，是一張大大的王牌，完全有反擊的能力。但他只是下令大軍在高平陵附近駐紮。於是皇帝曹芳，大將軍曹爽及數萬官員士兵就在高平陵附近搭起帳蓬露營起來，曹爽也陷入進退兩難的思考之中。

這時，桓範從城中逃了過來，勸曹爽馬上到許昌去，挾天子以令諸侯，公開討伐司馬懿。桓範的這一建議，是很高明的。可是曹爽實在太菜，聽了桓範的建議之後，躲在帳中不吃不喝，把個腦筋轉了二十多個小時，卻轉不出一個決策來。桓範又去遊說曹爽的老弟曹羲，可是兄弟倆的腦子是同個廠家同型號的產品，聽了桓範的話之後，也像他的哥哥一樣，低頭不做聲。最後，桓範只有對著空氣說：「曹子丹佳人，生汝兄弟，豚

第八節　計賺曹爽　成功奪權

犢耳，今老夫坐汝滅族之禍也！」到了這時，才看出曹爽兄弟是全國頭號大豬頭，這個智囊的眼力也太差了。

那邊的司馬懿一聽說桓範出逃，心裡有些忐忑，覺得有點不好處理了，對蔣濟說：「智囊往矣。」這句話的下半截就是「如何是好。」本來，司馬懿也知道桓範是個人才，曾經想拉攏他，讓他當中領軍，可是桓範卻不買帳，硬是逃出城外，投奔曹爽那個呆頭鵝。

蔣濟實在太了解曹爽了，對臉上一片鬱悶的司馬懿說：「桓則智矣，然駑馬戀棧豆，曹爽小兒必念城中嬌妻美妾，金銀珠寶，智囊有謀必不為彼所用矣！」這個桓範雖然聰明，可是曹爽是個菜鳥啊！曹爽的眼中只有美女和錢財，哪有什麼計謀？計謀很好，但上頭不採用，再好的計謀也等於零。以前袁紹的謀士哪個不是高智商的？可是袁紹的智商一低，那些高智商還不是一起跟著矮下來？

司馬懿一聽，就笑了，馬上寫了一封信派人送給曹爽，說這次行動，只是為了拿到兵權。你要是願意辭去大將軍職務，那些爵位及金錢，仍然是你的，你仍然可以一邊喝酒一邊玩美女一邊跟你的那一幫憤青沒日沒夜地清談。接著派曹爽殿中校尉尹大目去當說客，說太傅已與蔣太尉指洛水為誓，要曹爽不必擔心——當然，如果放在別人那裡，這種話肯定當著屁話，洛水又不是公證處，憑什麼指它為誓就可以保證一切了？

可是菜鳥就是菜鳥，你不信他硬是信。

經過了一夜的思考，曹爽最後把刀丟在地板上，對所有的人說，我和司馬公和平解決這件事，最後還可以當一個富翁。人家一聽，老大就是這個志向，原來是跟錯人了，當場都頭也不回地離開了曹家兄弟。

接下來，曹爽很規矩地配合著司馬懿的指示，立即向曹芳請求免去他的所有職務，然後帶著曹芳回洛陽。

第一章　時勢造出的豪傑，戒急用忍的高手─先說說司馬懿

　　司馬懿帶著所有的官員迎接皇帝，但卻冷落了曹爽兄弟。兄弟倆很老實地回到家中。

　　司馬懿在他們回家之後，馬上派兵把他們的住宅包圍起來，還在他們房子的四個角大興土木，做了四個瞭望所，全面監視兩人。

　　曹爽這時，居然還相信司馬懿的話，以為一切底定之後，他就可以好好過他的富翁生活了。他無事可做之時，帶著彈弓到後園，練習射擊。可是他一走動，瞭望所上的人就叫「故大將軍東南行」。氣得曹爽丟掉彈弓，跑回內室，連罵也不知罵誰才好，只盼快快結束拘禁。

　　在曹爽度日如年的等待中，司馬懿也在加緊工作。不過，司馬懿的工作並不是為了讓曹爽儘早過上富翁生活，而是任用曾被曹爽迫害過的盧毓當司隸校尉，主審這個大案要案，透過嚴刑逼供，終於得出了曹爽、畢軌、鄧颺、何晏、丁謐、李勝等人約定三月舉事共謀篡位的「證據」。誰都知道，「共謀篡位」這個罪名是司馬懿虛擬出來再套在這一群憤青身上的，而且誰也知道，這個罪是可以誅滅三族的，但誰也沒有表示不同意見──只有豬頭才敢站出來。

　　於是就形成了這個判決書：春秋之義，「君親無將，將而必誅。」爽以支屬，世蒙殊寵，受先帝握手遺詔，託以天下，而包藏禍心，蔑棄顧命，乃與晏、颺、當等圖謀神器，範黨同罪人，皆為大逆不道，按律誅滅三族。

　　倒是蔣濟最後向司馬懿求情：「曹真之勳，不可以不祀。」

　　司馬懿卻說：「國法不可廢也！」他可以放過諸葛亮、放過諸葛恪這些魏國的公敵，但絕對不會放過曹爽這樣的私敵。他要是放過曹爽，他就不是司馬懿了，他的後代就有被逼下臺的危險。

　　於是，以曹爽為首的一百多人都被押往洛陽北郊執行斬首。不過，曹

第八節　計賺曹爽　成功奪權

爽手下那些二流人物，都被司馬懿放掉，而且有的依然官保原職。

解決了曹爽，在三國歷史舞臺上混了幾十年的司馬懿，終於在七十一歲的時候，成為魏國實際最高領導人。

魏國很多人也都預測，曹魏現在就一個孤兒寡母，除了有象徵意味之外，已經跟廟裡的佛像差不多了，不久的將來，這個公司的總裁必將讓位給司馬懿。與其司馬懿成了老大之後再去巴結，不如趁早爬上司馬家的火車。於是眾人立即上書請求司馬懿恢復相國職位，並加九錫。這個待遇跟當年曹操的待遇一樣了。

然而，頭髮已經全白的司馬懿卻很清醒，斷然拒絕了這個待遇，他只是讓他的大兒子「以功封長平鄉侯，食邑千戶，尋加衛將軍」。他知道，他這次倒爽運動能夠成功，完全是因為敵人太菜的原因，而且局面初定，他就迫不及待地當上這個相國，加九錫，給人什麼印象？這不是在奪權是什麼？給予人這個印象，以後他司馬氏還能好好活下去嗎？他是個務實的人，現在手中的權力已經是最大了，什麼相國、九錫只不過是個虛名，除了讓名片上多一行字之外，別的一點用處也沒有，反而讓人有猜測的空間，實在是弊大於利。他已七十多歲，還有幾天好活？他現在只為他的兒子著想，做一些對兒子有利的事才是首要之事。因此，他逐步把權力交到司馬師的手上。

之後，他又平定了王陵的淮南之亂，使得聲望一路飆升。曹芳已經沒有嘉獎他的辦法了，便又封他相國加九錫，但他仍然拒絕。

嘉平三年八月，魏國偉大的革命家、政治家、軍事家、謀略家司馬懿終於與世長辭。他的一生，是戰鬥的一生，更是與人勾心鬥角的一生，他憑著堅忍不拔的毅力和超越常人的隱忍以及過人的智慧，與敵人戰鬥，最後，不管是外部的敵人，還是內部的死敵，都敗在他的手下。他能取得最

第一章 時勢造出的豪傑，戒急用忍的高手—先說說司馬懿

後的成就，除了他有過人的謀略之外，還得益於自己的長壽或者說是敵人的短命——如果曹丕父子的壽命稍長一點，司馬懿就會白白老死。縱觀他的一生，雖然詭計多端，對權力的追求也很執著，但在高平陵事件之前，他還是規規矩矩地守著為臣之道，老老實實當曹魏公司的高級員工，沒有什麼過分的舉動。且相較而言，他在魏國的權力遠遠比不上諸葛亮在蜀漢的權力——最後連曹爽這樣的豬頭都能把他擺弄了一下，就充分說明了司馬懿在魏國雖然有職有權，但連權臣也算不上。直到後來他悍然發動了高平陵事件，這才在七十一歲的時候登上權力的巔峰，成為魏國要風得風要雨得雨的實際最高領導人。我們無法知道，當他站在權力的最高峰時，他是否有過讓後代篡奪皇位的想法？當然，不管他有沒有這個想法，但事實上，他的所作所為，已經開啟了司馬氏那個問題叢生的時代，奠定了司馬炎以晉代魏的基礎。

在司馬懿充滿傳奇的一生中，面對不同的敵人，他憑自己的智商，都能戰而勝之。在這個爭鬥的過程中，他的各種謀略雖然層出不窮，時時閃耀著智慧的光芒，可他用得最絕的居然是「裝病」這個手段。他前後一共裝了兩次病。第一次裝病，是為了躲曹操的「徵辟」，在床上躺了七年多，第二次是為了對付曹爽，又在家裡裝病了兩年多。這兩次裝病的時間加起來就將近有十年之久，堪稱千古一絕，完全有條件列入金氏世界紀錄，而且要打破這個紀錄還真不容易。

下面列舉一下司馬懿的家庭成員：

元配：張春華，生子司馬師、司馬昭、司馬乾；

妾：伏夫人，生子司馬亮、司馬伷、司馬京、司馬駿；

妾：張夫人生司馬肜；

妾：柏夫人生司馬倫。

第八節　計賺曹爽　成功奪權

　　這些兒子後來有幾個成為八王之亂的主導，為中國的史家留下了一筆可觀的資料——此是後話，以後再表。

第一章　時勢造出的豪傑，戒急用忍的高手─先說說司馬懿

第二章

一對權臣兄弟　兩個過渡人物
—— 司馬師和司馬昭

第二章　一對權臣兄弟　兩個過渡人物—司馬師和司馬昭

第一節　通過考核　順利接班

　　司馬懿臨死的時候，把他所有的政治資本和權力全都交接給他的大兒子司馬師。

　　司馬師在老爸嚥氣的時候，被推上了歷史舞臺。

　　他上臺的姿勢比他的老爸好看多了，他深深地體會到有個好爸爸，實在是天底下最幸福的事。

　　司馬懿把自己的政治遺產交給司馬師之後，就放心的死去了。他把司馬師當作自己的繼承人，是經過長期考察的結果。

　　司馬師是司馬懿的長子，正好生在司馬懿被迫去當曹操公務員的那一年。司馬懿雖然不是晚婚，可是結婚多年後才生出頭胎，估計是因為裝病的結果。因為他裝的不是胃痛鼻竇炎之類的病，而是中風。中風是連動一下指頭都難的病，要運動生殖器就更難了。他沒有辦法，只好採取避孕的手段，直到把病裝完才敢把第一胎生下來。幸虧他只裝到二十九歲，要是裝到五、六十歲，那就有點不妙了。

　　青年時期的司馬師是個勤學好問的好青年，同時也是個熱衷於玄學的人，曾經加入過「浮華交會」，與何晏、夏侯玄相當，是當時很有名的清淡人物，就連何晏對他都很佩服，常對人家說：「唯幾也能成天下之務，司馬子元是也。」子元是他的字。

　　他的老爸司馬懿那時已經是大魏皇帝的紅人，按常理來說，他一成年就可以免試成為公務員，而且年年有提拔。可是因為曹叡對他們這些憤青極為反感，最後還進行了一次嚴打，那些沒有背景的憤青都受到了嚴厲的處分。他因為有個皇帝親密戰友的老爸，所以才沒被抓去坐牢。但曹叡卻規定：這些憤青永不得錄用。因此，司馬師雖然早已成年，卻還沒有找到

第一節　通過考核　順利接班

工作，跟現在很多大學畢業生一樣，畢業就等於失業，只在家裡當啃老族，對此，智商高度發達的司馬懿也沒有辦法。直到曹叡死去，「浮華交會」的首領曹爽當權，這些憤青才不再啃老，紛紛加入公務員行列。

司馬師這才「拜散騎常侍，累遷中護軍」。這時，司馬師已經三十二歲。

中護軍就是皇帝禁軍之一中壘營的負責人——這是個肥缺，其威風凜凜的程度肯定比城管隊大得多。當然，按他的出身而言，也算不得什麼。他才成為青年軍官不久，曹爽就看他老爸司馬懿不順眼了，但又不好意思拿老人家下手，就從司馬師那裡開刀，來個機構改革，解散中壘軍，那些編制全歸到曹爽老弟的部隊裡去。儘管司馬懿出面爭取，但曹爽能答應嗎——我針對的正是你這老傢伙！

而且沒多久，司馬懿也被曹爽擺平。父子倆乖乖地回到家中當只能指揮幾人僕人的貴族，而眼巴巴地看著曹爽一天比一天威風起來。

司馬氏父子當然嚥不下這口氣，就商量著如何收拾曹爽。

司馬懿其實比曹操更多疑，比諸葛亮更謹慎。他在決定扳倒曹爽時，先是在心裡打了很長時間的腹稿，然後只跟司馬師商量，連司馬昭都不知道。可見，司馬懿是多麼看好這個長子的。

司馬懿請病假的當天，就叫司馬師去組織一個有三千人的黑社會組織。這三千人全都養在民間，平時都不聲不響地做潛水員，直到倒爽運動發起的這天早上，司馬師一聲召喚，便立即集體聲援，讓所有的人都目瞪口呆。這樣的事，司馬師居然做得天下只有他們父子倆知道的地步——可見，他不是只會清淡、不會做事的何晏之流，而是既能閒談，又能做事的實幹家，屬於有理論又能實踐的人才。從這方面來看，何晏對他的評價是到位的，是準確的。後來，司馬氏父子就是靠這三千個黑社會組織成員扳倒曹爽的。

司馬懿在選擇他的繼承人時，也像組織培養接班人一樣，做過長期的

第二章　一對權臣兄弟　兩個過渡人物—司馬師和司馬昭

觀察和考核，而且標準比很多「組織」要嚴格得多。當然，他要考察的對象不像組織那樣「五湖四海」，而只是針對司馬師和司馬昭這對兄弟。就在他向這兄弟倆宣布明天要向曹爽攤牌的當夜，他居然還在半裡像半夜雞叫的周扒皮一樣，去觀察這兩個兒子的動靜——結果是司馬師「寢如常」，像什麼事也沒發生一樣。司馬昭可就不同了，像大地震前的某些動物一樣，在床上翻來覆去，就是睡不著覺。第二天早上，司馬師就帶著他的嘍囉「會兵司馬門，鎮靜內外，置陣甚整」，把個老爸弄得大叫：「此子竟可也！」用現在的話來講，就是「這小子要得」！

其他人平時只看到司馬師天天在家裡清談，現在見他突然之間就組織到這麼一群私家武裝力量，個個都驚得嘴巴大開，不知這小子的手裡還有什麼祕密武器。我想，洛陽城內那些大官一下就都倒向司馬氏父子的陣營，半天時間就使曹爽的支持者所剩無幾，司馬師這一招的威懾作用是不能低估的。

把曹爽搞定之後，司馬懿全面掌握大權，司馬師同時也成為魏國的政壇新星。

朝廷評功論賞，司馬懿當然是功勞最大，而司馬師是他老爸的頭號助手，功勞當然是第二了。於是「以功封長平鄉侯，食邑千戶，尋加衛將軍」。當然，大家都知道，這個功勞絕對不是為曹家或全魏國人民立下的，而是為司馬家立下的。授予的人是曹氏的第一把手，授給誰卻全是司馬懿說了算。

司馬懿知道他年紀已經大了，就大力提拔司馬師，讓這個大兒子成為國家領導人之一。衛將軍的官是很大的。費禕被郭修殺死之前，就是擔任衛將軍。

司馬懿在差不多快死的那兩年裡，用最後的力氣，把司馬氏集團打造

第一節　通過考核　順利接班

得跟以前曹操打造的曹家勢力差不多。他在提拔司馬師的同時，還任命老弟司馬孚當太尉，全面掌管了槍桿子。

就像那句話說的「近朱者赤，近墨者黑」一樣，長期跟那些清談的人混在一起，司馬師也很講究臉面。在司馬懿掛掉的時候，他自己一言不發，卻只是唆使別人到處散布：「伊尹既卒，伊陟嗣事」之類的言論。伊尹就是中國史上第一個敢把皇帝拉下馬的大臣，是「廢掉皇帝」的祖師爺。哪位權臣想把皇帝扳倒，都得把他掛在嘴邊──說白了，就是利用他的無形資產說自己做得是正確的，是在向伊尹學習。

當然，現在司馬師不能向伊尹學習，他是要做伊陟第二。伊尹死了，伊陟當老大。

曹芳一天到晚聽到這樣的口號，雖然有點氣憤，但氣憤過後，也知道這種氣憤是沒用的氣憤──現在整個朝中全是司馬師的人，你不讓他當伊陟他也當了。現在朝廷上下都聽司馬師的話，而不是聽曹芳的指示。於是，只好發文讓司馬師以撫軍大將軍輔政。

司馬師正式走上魏國的政治舞臺。

第二年，也就是魏嘉平四年春正月，遷大將軍，加侍中，持節、都督中外諸軍、錄尚書事，這些職務串連在一起，使他在名分上也成為最有實權的人。

俗話說「一朝天子一朝臣」。司馬師在確立歷史已走進司馬師的時代後，也遵循這個定律，大量重用自己的人。他釋出了個命令，要求百官「舉賢才，明少長，恤窮獨，理廢滯」。這四個措施，其實最重要的就是「舉賢才」。什麼是賢才的標準？只要符合上級主管的喜好就是賢才的標準。就這樣，司馬師透過他頒布的措施把自己一批死黨全都「不拘一格」的提了上來，並都安排好工作：諸葛誕、毌丘儉、王昶、陳泰、胡遵都督

第二章　一對權臣兄弟　兩個過渡人物—司馬師和司馬昭

四方，王基、州泰、鄧艾、石苞典州郡，盧毓、李豐裳選舉，傅嘏、虞松參計謀，鍾會、夏侯玄、王肅、陳本、孟康、趙酆、張緝預朝議。做了這次大規模的人事安排之後，據說「四海傾注，朝野肅然」──這麼多人都團結在司馬師的周圍，為他喊打喊殺，朝野誰敢不「肅然」？

曹芳這時已經當了十多年的皇帝，也是二十來歲的年輕人，覺得堂堂一個皇帝，天天坐在龍椅上，拿著天下最大的公章，卻跟橡皮圖章沒什麼差別，說什麼「四海之內，莫非王土；率土之濱，莫非王臣」，通通是屁話。心裡有點不爽。但他又有什麼辦法？他只能老老實實地坐在龍椅上，戴著天下最高貴的帽子──皇冠，每天按時上班，聽人家高呼「萬歲」之後，就看著司馬師的臉色辦事。

這幾年說來也巧，在司馬師接手司馬懿的政治權力時，其他兩國的輔政大臣也都換屆。先是吳國的孫權病得連他自己也覺得沒救了，就把諸葛恪叫來，把後事託給這個哥兒們。第二年後也就是嘉平五年，蜀國又發生了大事。

第二節　伐吳戰敗　承擔責任

這件大事就是蜀國的實際最高領導人費禕死去。本來，費禕的身體絕對沒有問題，再酒色幾年都不會死去。可是因為他的粗心大意而徹底改變了他的命運。當初姜維去攻打西平時，俘虜了魏國的中郎將郭修。這個郭修便假裝投降。蜀國那時很缺人才，一看到郭修投降，馬上就封他為左將軍。

郭修就在暗地裡做了個計畫，要把自己變成人肉炸彈，解決那個劉

第二節　伐吳戰敗　承擔責任

禪。可是後來發現殺死劉禪的難度實在太大，估計這個計畫到死的那一天也不會實現，就降低了一個等級，決定解決蜀國的實際最高領導人費禕。費禕的性格歷來很好，從不懷疑人。嘉平五年的春天，費禕與諸將大會於漢壽——當然郭修也在旁邊。費禕喝得大醉。郭修一看，這是個機會啊，馬上站起來，挺劍就把費禕當場殺死。費禕是蜀國難得的人才，是諸葛亮之後的第三代領導集團的核心，最後居然死於一個恐怖分子之手。於是，姜維就當上了大將軍，爬上了蜀國權力的顛峰。三個新一代強人共同把三國帶進另一個時代。

這三個強人就是：魏國的司馬師，蜀國的姜維，吳國的諸葛恪。

三國同時進行了國家實際最高領導人的換屆，也是奇事一件。

說來又有一件巧合的事。以前諸葛亮活著時，是司馬懿與諸葛亮交手，這兩個人一死，司馬師和諸葛恪又成了對手戲。

司馬師是司馬懿的兒子，諸葛恪卻是諸葛亮的姪子。

「新官上任三把火」似乎是官場的一個不滅公理。很多新領導人一上任，內部總還有很多想法不同的人，都想辦法跟你過不去，因此你得做個亮點工程來讓這些人看看。現在最大的亮點工程就是找敵人打仗。這仗一打起來，你就有理由提出，大敵當前，一致對外。誰不支持，誰就是賣國賊，就可以全民共誅之。

到了十一月，司馬師命令王昶、毌丘儉、諸葛誕和胡遵帶七萬大軍兵分三路向吳國的南郡、武昌及東興進攻。

諸葛恪接到情報，心想我剛當上第一把手，還沒找你們打架樹一下威信，你們自己找上門來了。二話不說，馬上組織四萬人馬，向東興狂奔。

魏國攻擊東興的指揮官是諸葛誕和胡遵。這個諸葛誕還是諸葛恪的親戚（據說諸葛豐是他們的共同祖宗）。如果選三國裡最活躍的家族是哪個

第二章　一對權臣兄弟　兩個過渡人物—司馬師和司馬昭

家族，我會投諸葛家族的票——三個互相打得路都找不到的國家，哪個國家都有諸葛家族的人，而且都是那個集團的強人。人家曹操、司馬懿雖然人手多，家底雄厚，強人也不少，但都是在一方發揮作用，上下一心，當一個集團的強人。而諸葛家族，人雖然不多，但卻像天女散花一樣，到處有他們的身影——蜀國的諸葛亮、吳國的諸葛瑾父子倆都是吳國的強人，另外，就是這個諸葛誕，雖然比不上蜀吳那邊的兄弟，但也是個方面大員，而且後來還因為差點把司馬氏扳倒而成為歷史名人。這時諸葛誕和胡遵兩人正命令部隊「作浮橋以度，陳於堳上，分兵攻兩城」。可是這個城牆太高，又不是豆腐渣工程，雖然攻勢猛烈，但卻「不可卒拔」。而諸葛恪帶的援軍已經趕到。

這是諸葛恪掌握大權之後第一次登臺表現。他這一次與他的同宗諸葛誕面對面決戰，結果如何呢？

諸葛恪的部隊一到，便馬上命令冠軍將軍丁奉與呂據、留贊、唐諮為前部，沿山西上。諸葛恪這次用人絕對用得沒有錯。上西山的帶頭大哥是丁奉這個老將軍。他現在是冠軍將軍，打起仗來，也確實發揮了先鋒模範的作用。他對其他人說：「今諸軍行緩，若賊據便地，則難以爭鋒，我請趨之。」命令其他部隊離開通道，讓路給他。然後，他帶著自己的直屬部隊三千人強行軍前進。那時北風正緊，吹得老丁的白鬍子差不多變成蒲公英飛起來。丁奉命令部隊鼓起風帆，破浪前進，只花兩天的時間就趕到東關，接著搶占徐塘。

這時，天下著大雪，天地的景色跟詩句一樣：千里冰封，萬里雪飄。這種天氣除了好做詩之外，還好喝酒，別的似乎都不宜。

魏軍的前線指揮員們都不是詩人，但卻是酒鬼，因此就聚在司令部裡一起喝酒，醉並快樂著。這幾個傢伙以為這種天氣，他們不敢出戰，敵人也不會出戰——敵人也是人啊！

第二節　伐吳戰敗　承擔責任

　　丁奉卻知道，自己萬萬不能喝酒。他發現敵人前部的力量很薄弱，知道這個機會不可多得，便馬上對部下進行戰前動員。他的戰前動員很簡潔：「取封侯爵賞，正在今日！」但卻很成功。大家都衝著丁老大這句話。於是他叫大家脫下鎧甲，丟下長槍大戟，只頭戴著鐵盔，拿著短刀，像一群裸奔的體育迷，沿著大堤衝上去。魏國的大兵看到這個情況，都大笑起來，弄得大堤上都是嘎嘎的大笑，呵呵，大家看啊，東吳兵瘋了啊，天這麼冷，居然不穿衣服地亂跑，而且還暈頭暈腦地跑到我們這邊來了，哇嘎嘎。這些蠢材以為人家是來給他們助酒興呢，一點也不防備。你想想，明明看到敵人衝上來，居然還在開懷大笑，這仗還用打嗎？估計這些魏國大兵都把穿著軍裝的人當敵人，不穿軍裝的就不算敵人。

　　吳兵卻一點不笑，衝上大堤後，便喊殺連天，只一下就衝破了魏軍的前營。這時呂據等部又正好趕到，吳兵聲勢馬上浩大起來。魏軍這才驚慌失措，知道裸體的敵人也是敵人，但為時已晚，根本無法組織有效的抵抗，只是搶著上浮橋，加速跑回魏國。可這個浮橋只是臨時搭起的，一點都不堅固，這麼多人突然擠上來，一點準備也不做，就乾脆俐落地垮了下來。橋上的魏國大兵大多落進水裡。沒有落進水裡的都相互踐踏，不死即傷，最後連前線指揮官（即前部督）韓綜以及樂安太守桓嘉也跟著稀裡胡塗地光榮犧牲，讓吳軍大獲全勝。

　　最讓諸葛恪有成就感的是在這次戰鬥中滅了那個韓綜。韓綜原來是從東吳叛逃出去的，多次帶魏兵過來侵害吳國，孫權他恨得牙齒差不多都要咬斷了。諸葛恪割下韓綜的首級，拿到大帝廟裡，供到孫權的牌位上。這一次戰鬥，以東吳「獲車乘、牛馬、騾驢各以千數，資器山積，振旅而歸」而結束。

　　最後，王昶、毌丘儉聞東軍敗，也「各燒屯走」，逃得路也找不到。

　　很多大臣都認為，這三個傢伙仗打得太窩囊了，不好好處分一下，真

073

第二章　一對權臣兄弟　兩個過渡人物—司馬師和司馬昭

不平民憤。可是司馬師卻認為，這是我的過錯，跟他們無關，通通不處分。司馬師確實是個政治高手，勇於把責任全都包攬下來，而且包攬得很從容，一點不拖泥帶水。最後，他只處分了一個人，這個人就是他的弟弟司馬昭──因為司馬昭是監軍，如果你監軍得好，監得嚴格，指揮員們敢在前線大喝特喝嗎？司馬昭那時是安東將軍、封新城鄉侯，受到的處分是削掉他的侯爵，職務沒有變動──這種處分其實對司馬昭而言毫髮無傷，但司馬師卻收到很大的社會效益。其他的，就是改諸葛誕為鎮南將軍，都督豫州；毌丘儉為鎮東將軍，都督揚州。

過了不久，雍州刺史陳泰請求聯合并州一起討伐北方的胡人，司馬師在這個請求下面批了個「同意」。可是大軍還沒有集結，雁門、新興二郡的胡人一聽說要到很遠的地方打仗，都驚恐起來，紛紛造反，陳泰好不容易才收拾好這個局面。

如果陳泰是在別人手下當官，這一次肯定又受到嚴厲的處分。可是他的上級司馬師卻是個善於自我反省的好上司。那些大臣一看，有人犯了錯，覺得只有把這些犯了錯誤的人趕下臺，位子才空下來，他們才有更上一層的機會，因此都要求懲處一下這個陳泰，可是司馬師卻對他們說：「這是我的錯誤，誰叫我同意他這個方案呢？陳泰沒有什麼錯，要處分只能處分我，不能處分他。」

這樣一來，所有的人都知道司馬師是個好上級，都在他手下當官當得笑逐顏開。

第三節　連敗蜀吳　廢掉曹芳

　　諸葛恪有著和他叔叔諸葛亮共同的愛好——一旦手裡有了點本錢，就向魏國叫板。

　　在他取得上一次的勝利之後，覺得這仗沒什麼難打的。而且上次的勝利是被動的，是敵人送上門來的，算不了什麼。只有自己主動打過去，取得的勝利才是偉大的勝利。雖然很多人反對，但他正處於良好感覺的巔峰，一聽到反對的聲音，便都一一反駁，然後氣勢凌人地宣布反對無效，同時決定跟魏國打更大的一場仗，以便取得更大的勝利。

　　諸葛恪除了好戰的程度可以跟諸葛亮一比之外，其他就菜多了。這次他帶著二十萬大軍要跟魏國決一死戰。這傢伙跟孫權一樣，只覺得曹芳這小子很好欺負，卻忽略了司馬氏的存在，以為自己大軍一出，魏國這塊肥肉就吃定了。

　　然而，這傢伙只想到勝利在望，卻沒有一個策略攻擊目標，帶著二十萬大軍浩浩蕩蕩地來到魏國的境內，跟一個超級公費旅遊團一樣——人家旅遊團事先都還有個旅遊路線，該到哪裡購物，該到哪裡用餐，清楚得很。諸葛恪只帶著部隊深入再深入，不知打什麼地方好。

　　這時，是嘉平五年五月。

　　後來，有個將領覺得這麼走著累了睏了，就向諸葛恪建議：「今引軍深入，疆場之民，必相率遠遁，恐兵勞而功少，不如止圍新城。新城困，救必至，至而圖之，乃可大獲。」老這麼去找敵人打仗，不如讓敵人送上門來。諸葛恪覺得很妙，就同意了這個方案。因為大軍已經走了很遠，便折回重新去攻新城。

　　獻計的人菜，諸葛恪也跟著菜，是菜上加菜。

第二章　一對權臣兄弟　兩個過渡人物—司馬師和司馬昭

在諸葛恪大舉進軍的時候，那邊的姜維剛全面接收軍權，也懷著激動的心情帶著幾萬人馬出石營，圍攻狄道。

兩邊的戰報傳來，司馬師一方面派他的老叔叔司馬孚帶二十萬部隊去對付諸葛恪，一方面跟虞松討論如何應對兩面受敵的辦法。

這時，受兩國夾攻，東西受敵，司馬師知道很多大將都差不多要崩潰了，他自己也有點緊張，忙問虞松：「現在我們同時受到兩個敵人的包夾，將領們都沒有了信心，不敢出戰，我們應該怎麼辦？」

虞松卻認為：「現在最可怕的敵人是諸葛恪。他帶了二十多萬部隊，認真打起來，那是可怕的。可是這傢伙卻集中這麼多部隊去圍攻一個新城，目的是想引誘我們跟他決戰。將領們現在不敢出戰是很對的。等他老打不下新城、弄得部隊都累了的時候，我們再出擊，一定能夠取得勝利。至於姜維就更沒有什麼好怕了。這傢伙看到東吳強力出擊，以為我們肯定全力應戰諸葛恪，他就出來敲榨一下我們邊界的麥子。現在可以命令西邊的諸將全力出擊，姜維不跑才是怪事。」

司馬師一聽，叫道：「好啊。你這話抓住了要害。」從這點看，司馬師雖然腦袋比不上他那個已經死了的老爸，但卻是個善於聽取別人意見的人，是個做大事、當領導人的料子。

他馬上「使郭淮、陳泰悉關中之眾，解狄道之圍」。姜維一看，原來魏國的大軍並沒有開到東邊，還在這裡浩浩蕩蕩，而自己軍營的食堂馬上就要斷炊，果然馬上退兵。

司馬師再命令毌丘儉等前線將領死守，一個也不准出擊。

諸葛恪猛攻了幾個月，也跟當初他的叔叔猛攻陳倉一個樣，仍然攻不下新城，最後也鬧了個「攻城力屈，死傷太半」。這個死傷太半，是什麼概念？就是二十萬部隊傷亡了一大半啊！

第三節 連敗蜀吳 廢掉曹芳

到了這時，司馬師才命令全軍出擊：文欽帶精銳部隊截吳軍的後路，丑丘儉帶其他部隊為後繼。諸葛恪雖然菜，也知道再打下去，可就不好玩了，馬上命令撤兵。文欽乘勢大打出手，把諸葛恪狠狠地扁了一頓，戰績是「斬首萬餘級」。取得了對吳作戰的輝煌勝利。而經過這一場戰爭，吳國的國力受到沉重的打擊，對魏國的威脅已不像之前那麼大了。而東吳強人諸葛恪回去之後，怕人家追究這次敗仗的責任，不但不認真總結教訓，好好反思一下自己的失誤，而是更加專橫得變態起來，到處打壓異己，最後被孫峻聯合一群反對黨，一舉將他消滅。孫峻就這樣成為東吳的新科強人。

司馬師的聲望又創下了歷史的新高。

司馬師的聲望一高，曹芳就覺得自己又矮了一截。他覺得這個皇帝再這麼當下去，這臉也太不像臉了。如果曹芳只是在內心有這個想法，也還無妨。可是人到了這個地步，就是喜歡找個人來說說。

曹芳經常請中書令李豐、皇后的老爸光祿大夫張緝、黃門監蘇鑠、永寧署令樂敦、冗從僕射劉寶賢到宮中吐這個苦水。

司馬師是什麼人，看到李豐他們有事沒事老到宮中跟皇帝聊天，而且聊的內容從不外洩，他不用動腦筋就知道，這些傢伙是在議論自己。但他不說出來。

曹芳這個小團體，聊著聊著，越來越覺得司馬師很討厭，於是就把聊天的內容擴大到扳倒司馬師的問題上來。他們甚至決定了代替司馬師的人選：夏侯玄。

司馬師從直覺上覺得有點不妙了，就請李豐過來，問他這些天都跟皇帝談了些什麼？

李豐說沒有聊什麼。

司馬師一聽，什麼也不聊？那天天到宮中都是相對無言？都在那裡表

第二章　一對權臣兄弟　兩個過渡人物—司馬師和司馬昭

演大眼瞪小眼？這不是把我當傻瓜嗎？

司馬師突然間越罵越氣憤，最後發展到「勃然大怒」起來，對著李豐表演他凶殘的那一面，掄起刀柄就往李豐腦袋猛敲，一直把他敲死。

司馬師敲死李豐之後，當然不會像很多殺人犯那樣，有的是去自首，有的到處逃亡，而是命令侍衛把屍體拖出去，一直拖到廷尉的辦公室，之後馬上擴大打擊面，把那幾個同黨夏侯玄和張緝等等全部逮捕，對他們處理的結果是「皆夷三族」。

司馬師這兩年間對魏國上下表演了兩齣好戲。一齣是勇於自我反省，硬是把打敗仗的事全都包攬起來，表現出寬大的胸懷；現在又把他的另一面表現出來，毫不留情地處置這些反抗他的人，誰沾這個邊就殺誰。讓魏國的人知道他是這麼一個人：只要忠於他，不管你打了多大的敗仗，都不會受到什麼處分；你要是敢動他一下，不管你的位子有多大，權力有多重，相貌有多帥，老子也把你斬盡殺絕 —— 不信你看看那個張緝，他可是皇帝的老丈人啊！

司馬師在殺完張緝後，又暗示曹芳一定要廢掉這個張皇后。

曹芳還有什麼辦法？只得廢掉了張皇后，然後還下了個詔書：「奸臣李豐等靖譖庸回，陰構凶慝。大將軍糾虔天刑，致之誅闢。周勃之克呂氏，霍光之擒上官，曷以過之。其增邑九千戶，並前四萬。」把司馬師大力地讚揚了一番，說他的功勞超過周勃和霍光，然後重重嘉獎。

可是司馬師卻硬是不接受曹芳這個人情。

曹芳滿臉通紅地面對司馬師的拒絕，知道這個傢伙對他已經不耐煩了。

雙方的矛盾越來越不可調和。

司馬師終於決心撤銷曹芳的職務。

而曹芳也盤算著把司馬師拉下臺。

第三節　連敗蜀吳　廢掉曹芳

兩人各自準備著。

本來，曹芳有個大好機會，可以跟司馬氏兄弟拚一場，而且贏面很大。

這個機會是在嘉平六年九月。

那時司馬師的老弟安東將軍司馬昭帶著大軍經過洛陽，並晉見大魏皇帝。曹芳就親自到洛陽城西的平樂觀檢閱部隊。曹芳的幾個親信就建議老大趁司馬昭晉見的時候，把他殺了，然後就用這支部隊去攻打司馬師。這幾個親信事前準備得很充分，連誅殺司馬昭討伐司馬師的詔書都已經寫好，放在曹芳的前面。這是上天給曹芳一個絕妙的機會，而且他的身邊也有能夠策劃大事的高手。如果是曹操，估計這時早就把司馬昭拿下了，然後登高一呼，用自己的身分號召全國人民，齊心協力打倒司馬氏──可是，曹芳不是曹操，雖然把司馬氏兄弟恨得做夢都想生吃掉這兩個傢伙，而且也知道，這兩個傢伙遲早要把自己拉下臺，可是當面臨歷史性的機會時，卻一點膽量也沒有，盯著桌面上的詔書，兩眼越來越發直。那幾個親信看到自己的老闆居然菜到這個地步，還能有什麼辦法？

司馬氏兄弟是什麼人？在曹芳放棄這次行動的時候，他們也得到了這個消息。

司馬氏兄弟可不是曹芳，處理這種事毫不猶豫。司馬昭馬上帶著大軍開進首都，牢牢地把握住全部主動權。曹芳這時才知道，上天給你機會，你不抓住，敵人就會抓得緊緊的。

司馬師馬上決定舉行第二次軍事政變。歷史上發動政變的人很多，但發動兩次政變的人卻沒有幾個。司馬師對於發動政變是很有經驗的。

他老爸上次的政變，只是殺了曹爽，卻沒有動皇帝一根汗毛，而司馬師這次做得更絕──把皇帝拉下馬。不過，把皇帝拉下馬，你也得走個合法的程序。這個程序就是借用皇帝的母親郭太后。郭太后也是個倒楣的

第二章　一對權臣兄弟　兩個過渡人物—司馬師和司馬昭

女人，本來嫁給皇帝當皇后，那是一件好事，可是這個皇帝老公硬是個短命鬼，三十四歲就掛了——讓她當了太后，使得她當太后的年資要比她當皇后的年資還長得多。本來這個太后就是相當於一個高級寡婦，什麼權也沒有。可是當司馬師需要她的時候，她的權力似乎是天下最大的。

九月十九，司馬師就是用全國最高級別的寡婦郭太后的名義把百官集中開了個會，並傳達郭太后的指示。

大家一聽，當然都支持司馬師，集體投了曹芳不稱職的票。於是形成決議：把曹芳降職任用，回到原來他八歲時的那塊封地，當他的齊王。

司馬師做事是很講究的，這個決議他不去傳達，也不派其他人去向曹芳傳達，而是派郭太后的叔叔郭芝拿著這個決議進宮去找曹芳和郭太后。

這時郭太后正和曹芳聊天，並不知道「中央」已形成了這個決議。

郭芝對曹芳說：「大將軍已決定撤銷你的職務，立彭城王曹據當皇帝。」

曹芳一聽，臉色大變之後，馬上站起來離開現場。他知道，到了這個時候，再說什麼也沒有用了，只得緊閉嘴巴，嚥下複雜的心情。

郭太后很不高興。

郭芝馬上開導他這個姪女：「太后有子不能教，今大將軍意已成，又勒兵於外以備非常，但當順旨，將復何言！」

太后說：「我要見大將軍，有話跟他說。」

這個郭芝這時怕司馬師怕得要命，聽太后說要見司馬師，便說：「妳怎麼可以隨便去見大將軍？趕快拿出皇帝的玉璽才對。」

郭太后到了這時才知道，原來她的地位遠遠比不上司馬師——就是皇帝都比不上啊，於是就聽了叔叔的話，派身邊的人取出璽綬，放在她的旁邊。

第三節　連敗蜀吳　廢掉曹芳

　　郭芝一見，馬上跑過去報告司馬師。司馬師大喜。郭芝這時也鬆了一口氣。

　　司馬師在這件事上，工作效率很高，馬上就派人把齊王的證件通通做好，送給曹芳，讓他去西宮跟他的母親郭太后辭別。母子兩個到了這個時候，除了痛哭流涕之外，沒有別的辦法。曹芳哭夠之後，就登上親王專用車離去。曹芳雖然是個菜鳥，做皇帝做得很失敗，但估計做人還不錯，因此到了這個時候，還是有幾十個高官來替他送行，其中居然有司馬孚。司馬孚是司馬懿的老弟，是司馬氏家族中的老前輩。這傢伙不但對司馬氏有著血濃於水的兄弟感情，對曹氏居然也懷著深厚的友誼。當司馬氏家族發動對曹家政變的時候，他堅定地站在本家族的立場上，衝鋒在前，享樂在後，為政變的成功立下汗馬功勞；而當他看到老上司被逼下臺時——而且是他們家族造成的，居然也在那裡為曹芳流了很多飽含深情的眼淚。其他官員看到司馬孚帶頭哭，知道這時哭幾聲肯定沒事，因此也跟著淚奔淚流起來。

　　司馬師當然不再浪費心思去管這些人的心情。他現在得趕快確立一個新領導人，他本來是想立曹據的，可是郭太后卻不同意。這個寡婦平時一個屁不敢放——當然她就是放出來，人家也不把她的屁當一回事，跟老百姓的普通一屁沒區別。可是到了這個時候，她卻不同意司馬師的意見。她現在當然不是為了曹家的權利而爭，而是為她自己的權益跟司馬師對抗的。估計本來司馬師還沒有篡位之心，立曹據就是為了立一個成熟的領導人，這對曹氏可能要好一點。偏偏這個郭寡婦，一聽到立曹據，馬上就想到，以後自己往哪裡擺？因為，曹據是曹操的兒子，是她老公曹叡的叔叔啊！叔叔當了皇帝，她這個姪媳婦哪還可以當全國最高級別的寡婦——皇太后？

　　司馬師一聽，心裡雖然很生氣，但也沒有辦法——誰叫你老是利用

081

第二章　一對權臣兄弟　兩個過渡人物—司馬師和司馬昭

她當招牌。司馬師不得不跟這個太后商量。最後,太后決定讓高貴鄉公曹髦當皇帝,司馬師表示同意。

十月,十四歲的曹髦被迎接到首都,再經過一系列的程序,終於把屁股放到龍椅上,當了大魏國的國家元首。

接下來的故事,跟很多政變之後的故事差不多。先是來個大赦,然後改年號為正元元年,最後論功行賞,對悍然發動政變的司馬師大力表彰一番,並下了一個詔書:「朕聞創業之君,必須股肱之臣;守文之主,亦賴匡佐之輔。是故文武以呂召彰受命之功,宣王倚山甫享中興之業。大將軍世載明德,應期作輔。遭天降險,帝室多難,齊王蒞政,不迪率典。公履義執忠,以寧區夏,式是百闢,總齊庶事。內摧寇虐,外靜奸宄,日昃憂勤,劬勞夙夜。德聲光於上下,勳烈施於四方。深唯大議,首建明策,權定社稷,援立朕躬,宗廟獲安,億兆慶賴。伊摯之保乂殷邦,公旦之綏寧周室,蔑以尚焉。朕甚嘉之。夫德茂者位尊,庸大者祿厚,古今之通義也。其登位相國,增邑九千,並前四萬戶;進號大都督、假黃鉞,入朝不趨,奏事不名,劍履上殿;賜錢五百萬,帛五千匹,以彰元勳。」

司馬師也學了一下他的老爸,來個「固辭」相國。這傢伙還是很聰明的,反正現在自己在魏國這塊土地上是說話最算話的人,什麼官都已經不重要了,如果貪這個「相國」,人家會說自己發動政變是為了自己的權力——雖然這話說得一點不錯,但臉面上過不去,而且容易引起民憤,現在拒絕這個虛名,反而還博得一個好名聲。

也許司馬師以為這樣就可以堵住很多人的嘴,讓那些反對他的人感動。但反對他的仍然反對他。

第四節　帶病出征　功成身死

　　正元二年，文欽和毌丘儉就起來反對他。這兩個傢伙現在一個揚州刺史，一個是鎮東將軍，手裡都掌握一支部隊。本來，文欽是個猛男，又是曹爽的老鄉，因此曹爽跟他很好。可是這傢伙以前經常藉著跟曹爽的關係，毫無理由地欺負別人，打仗時，又總是愛玩假數據包功。司馬師一看到他就覺得不爽，常常批評他。受批評多了，文欽就在心裡恨起司馬師。毌丘儉反對司馬師的理由是因為這傢伙跟李豐、夏侯玄是哥兒們。現在這兩個哥兒們通通成為司馬師的刀下之鬼，毌丘儉就聯想到「唇亡齒寒」的故事來，也覺得害怕起來，於是就聯繫文欽，要跟司馬師你死我活一場。兩人很快達成共識，於是也向司馬師學習，用太后的名義宣布起兵討伐司馬師，要求司馬師馬上下臺。

　　這個毌丘儉在煽動完文欽之後，又派人去遊說諸葛誕，請他一起加入倒師一派。可是諸葛誕不但不響應他的號召，反而把來使的腦袋一刀砍了下來。

　　司馬師覺得這些年來真是煩惱不斷，曹芳那小子跟他過不去，還有些理由，現在連毌丘儉、文欽這樣的人都敢跟他唱反調。而且這兩個人手裡的部隊有六萬之眾，戰鬥力也不比蜀兵弱多少，氣得差點要吐血，忙叫河南尹王肅過來問他怎麼辦？

　　王肅為他分析了一下形勢，說以前關羽帶著部隊攻打襄樊，勢頭很猛很可怕。可是後來孫權一抄他的老窩，俘虜了他們的家屬，關羽的部隊馬上就瓦解了。現在毌丘儉和文欽部隊的家屬們全在我們的手裡。我們只要擋住他們的進攻，不久他們就會跟以前關羽的部隊一樣成為一盤散沙。司馬師一聽，覺得大有道理。

第二章　一對權臣兄弟　兩個過渡人物─司馬師和司馬昭

　　這時，司馬師因為眼中生了一個瘤，剛動過手術，正處於痛苦不堪的時期，很多人都認為，如果老大親自出征，會很危險的──對付那幾個人，讓司馬孚老人家去就得了。司馬師也覺得現在不好出征。

　　可是王肅、傅嘏、鍾會卻認為這個建議大錯特錯，理由是：「淮、楚兵勁，而儉等負力遠鬥，其鋒未易當也。若諸將戰有利鈍，大勢一失，則公事敗矣。」最後這句「大勢一失，則公事敗矣」，對司馬師太有說服力了。

　　他一聽到這句話，也不管傷口正疼痛，馬上跳了起來，說：「我請輿疾而東。」這話就是說，我躺在車上也要去。

　　司馬師出征的時候是正月初五，節日的氣氛還濃重得很。

　　司馬師的能力顯然差他的老爸很多，但現在司馬氏的權力已經得到鞏固。司馬師、司馬昭還有他們的叔叔司馬孚，不光是司馬家族的三大大廠，也是魏國政壇的三駕馬車，整個魏國的大權都是由他們三個分享的。司馬師現在不光自己獨攬大權，把權臣做絕，而且還培養他的弟弟司馬昭，不斷地把權力分到這個弟弟的手上，以防一旦有事，兄弟有個照應。這時，他決定出征，便讓司馬昭當中領軍鎮守洛陽。這樣，就防止了後院起火的可能性──要知道，現在司馬氏權勢滔天，而且都是採取非正常手段獲得的──以前司馬懿那個老頭當權，還可說是憑自己的功勞一步步爬上來的，現在司馬師兄弟憑的全是政變，從頭到腳都在高舉「順我者昌，逆我者亡」的偉大旗幟，所以很多人表面不說什麼，背地裡一定咬牙切齒，恨不得把司馬氏家族一起殺掉，然後餵狗吃。毌丘儉、文欽是公開叫板的敵人，而潛水的敵人不知還有多少。公開的敵人好對付，暗藏的敵對分子才是最可怕的。但有老弟帶著部隊在後方，這一切也就不用擔心了。

第四節　帶病出征　功成身死

司馬師不是個打仗的行家，但卻是個很會用人的領導者。他命令東、西、南三方的部隊在陳國、許昌集結，做出一舉殲滅反政府武裝的大模樣。在這個時候，他又提拔了一個軍事人才王基。本來王基只是荊州刺史，這時司馬師先讓他代理行監軍，統率結集在許昌的各路部隊，接著任他為先鋒。

王基當了先鋒之後，帶著部隊前進。可是不久，司馬師不知哪根筋作怪，又命令王基停止前進。王基確實是個人才，接到上級的命令之後，並不執行，而是表示反對，說：「淮南之逆，非吏民思亂也，儉等詿誘迫脅，畏目下之戮，是以尚屯聚耳。若大兵一臨，必土崩瓦解，儉、欽之首不終朝而致於軍門矣。」

司馬師有個特長，就是對自己的對手，那口氣向來是不容置辯的，但對於自己部下提出的意見，倒是很寬容。他聽到王基的話後，馬上就表示同意。司馬師的這個特長，正是他在從司馬懿手中接過權力之後，能再接再厲，把司馬氏的事業繼續下去，並發揚光大的原因。可以說，司馬懿開創了司馬氏事業的基礎，司馬師鞏固了這個基礎。

司馬師清楚地知道，自己不是真正的軍事家——現在人家說他是偉大的軍事家，那是在拍他的馬屁——你可以享受這個馬屁的舒服，但不要去相信他。他知道，王基是軍事家，在打仗這件事上，他必須聽王基的。光從這一點來說，司馬師比很多官員還要強得多。

王基率的先頭部隊直抵隱水。

到了閏正月初一，司馬師率的主力也前呼後擁地開到水隱橋。

大軍對壘，已到決戰前夜。

這時，毌丘儉、文欽雖然依舊信心爆棚，但他們手下的那兩個大將史招、李續卻不像他們那樣立場堅定。這兩個傢伙面對政府大軍壓境，覺得

第二章　一對權臣兄弟　兩個過渡人物—司馬師和司馬昭

前景黯淡得很，不如投降算了。

這時，王基建議司馬師迅速採取軍事行動，發起攻擊，再等下去，不但金針花涼了，而且現在外有兩個敵對勢力，內有這兩個人叛亂，如果不在短時間內解決這個內部問題，只是天天跟他們在這裡唱對臺戲，光說不練，以後就不好辦了。

可是司馬師卻不同意。估計他一來眼睛很痛很難受，二來看到只幾天功夫，毌丘儉的兩個死黨就向他舉起了白旗，心裡就得意起來：這個投降一開端，就會產生骨牌效應，恐怕再過幾天還會有更多的人投降，一次幾個，幾次不就只剩下那兩個帶頭人了？哈哈，這叫不戰而屈人之兵。

王基卻知道，再等下去就危險了，而且更知道南頓是兵家必爭之地，誰占領誰就拿到主動權，也不管老大的意見了，帶自己的人馬搶占了南頓。

毌丘儉也知道南頓的重要性，帶著部隊從項縣出發，要爭奪南頓，可是才行軍十多里就知道王基已經在那裡安營紮寨了，只得罵了幾句粗話，又回去，不敢有什麼動作。

由於王基的行動，使得司馬師穩穩拿住了戰場的主動權。

直到這時，東吳的孫峻才發覺自己該出兵呼應一下毌丘儉和文欽兩個人。不管是毌丘儉、文欽，還是東吳那班領導人，在這方面的表現都很菜。毌丘儉他們以為靠自己的六萬人馬，就可以把司馬師搞定，連小孩子都知道這種樂觀是找死的樂觀──他們以為他們的對手只是司馬師，可他們居然沒有想到，司馬師現在擁有的是全魏國的力量，吳蜀兩國的強人們跟魏國打了幾十年的仗，都不能把魏國怎麼樣，他憑手中這幾萬人就能把魏國打敗？而吳國的那一幫人的智商也不比豬高多少。這些傢伙天天嚷著打過長江去，統一全中國，可是現在有這麼一個機會，居然沒有組織力

第四節　帶病出征　功成身死

量去攪和一下，即使不能把魏國滅了，但大大地傷一下這個敵國是完全可以做到的，而是隔著長江當專業觀眾，看人家的熱鬧。

東吳那班人等了好久，看到對岸只是對峙著，沒有開火，覺得有點不熱鬧了，也該替他們加點油了。要不，這觀眾白當了。

於是吳丞相孫峻率驃騎將軍呂據、左將軍會稽留贊襲壽春。可這時才想到來點軍事行動，已經晚了。而且你一看他們要襲擊的目標就知道這幾個人的目光簡直是患上了高度近視——他們如果真正有遠大理想，想成就大事業，那就應該把司馬師作為主要敵人，作為他們攻擊的唯一目標，而現在他們卻把目光盯在壽春這個地方，想等人家打得差不多了，他們衝上去，撿個便宜。壽春是什麼地方？壽春是毌丘儉、文欽的根據地啊！東吳這幫豬頭，顯然已經沒有他們老一輩的雄心壯志了——連諸葛恪那樣的雄心也達不到，他們只想在魏國這次規模巨大的內亂中，得到一塊黃金地皮，然後全國上下一片歡騰。如果他們丟掉這種想法，而是以接應魏國叛軍的姿態，傾全國之力攻擊司馬師的主力部隊，恐怕歷史都有可能改寫。可是，東吳這幫菜鳥，內鬥的能力很高，卻沒有改寫歷史的膽略，更沒有改寫歷史的水準。於是，歷史的車輪繼續向前狂奔。

司馬師看到東吳部隊居然在這個歷史的緊要關頭，幫他們的忙，笑得連嘴都歪了，更加堅定了勝利的信心，他命令全軍只做好工事，在所有部隊完成結集之前，都不跟他們接觸。

大軍很快地聚集上來了。於是，司馬師命令諸葛誕帶豫州各部從安鳳出發，進攻壽春；征東將軍胡遵帶青、徐兩州各軍從譙、宋兩地出擊，任務是切斷叛軍的歸路；司馬師的主力部隊逼駐汝陽。毌丘儉、文欽面臨數面包圍，想大打一次，對方卻不應戰，想退出來，又怕丟了壽春。兩個傢伙面對這個局勢，越來越覺得腦子不夠用了。

第二章　一對權臣兄弟　兩個過渡人物—司馬師和司馬昭

　　兩個老大都是這個模樣，其他人就更加沒有信心了，但還沒有到最後的絕望。

　　毌丘儉剛起兵的時候，寫了一份倡議書，分發給兗州刺史鄧艾，要鄧艾加入他的「倒司馬集團」。可鄧艾是司馬懿一手提拔出來的，哪能跟他做這種事？因此在讀完他的倡議書之後，把送信的一刀砍了。鄧艾斬了信使之後，知道光斬來使算不得什麼，應該在這個時候立個功才對得起司馬懿老人家的提拔，因此還主動帶著一萬多部隊，狂奔而來，搶先來到樂嘉城，搭建了一座浮橋，等司馬師的部隊來時有橋可渡。

　　毌丘儉氣得要吐血，馬上要文欽帶兵去搞定他。

　　這時，司馬師正好帶著主力部隊偷偷來到樂嘉。

　　文欽來到樂嘉時，這麼多大軍在這裡，不被他們搞定就不錯了，哪能搞得定他們？一時呆在那個地方，不知道該怎麼辦了。

　　他的兒子文鴦倒不錯。這小子才十八歲，是個超級猛男，對他的老爸說：「怕什麼？現在他們還沒有穩定下來，我們就衝過去打一場，肯定能把他們打敗。」

　　文欽這時也沒有其他辦法，只有聽兒子的話，把部隊分成兩隊，組織夜襲隊，在半夜雞叫的時候，衝擊司馬師的主力部隊。司馬師的部隊正睡得一塌糊塗，哪知敵人的夜襲隊已經衝了進來？

　　文鴦帶著一批猛男，最先衝進敵營，大喊大叫。這群猛男的聲音超級洪亮，弄得殺聲震天。

　　司馬師本來是帶傷出征的，這些天跑來跑去，眼睛傷口越來越不行了，這時突然聽到軍營裡殺聲如雷，第一個感覺就是敵人殺進來了。這傢伙雖然陰險，心理也很強大，可是到底從沒碰到過這樣的突發事件，一時竟嚇得眼睛大痛，用手一按，手心中居然接到個熱呼呼的東西，一看！這

第四節　帶病出征　功成身死

不是眼珠子是什麼？原來那隻傷眼竟從傷口那裡脫離出來，他很想大叫一聲媽呀！可是突然覺得這一聲叫不得，便緊緊地咬住被子，把那床真絲棉被通通咬爛。身邊的人居然不知道他的眼睛已經握在他手中。

司馬師死硬撐著不發一言，好像睡得很死。這傢伙臨機應變的本事不大，但硬撐的工功卻很了得——如果其他將軍，此時會做出一些措施，組織力量對夜襲隊進行反擊。可是他卻什麼也不做，面對敵人在軍營中往來衝殺，只是全力以赴地應付著他的疼痛，其他的什麼也不做。很有死豬不怕滾水燙的味道。

文鴦這麼一衝殺，已經為部隊殺出了一個機會，或者說殺出了一條血路。如果，他的老爸能珍惜這個來之不易的機會，他們就有大功告成的可能。然而，歷史再次證明，文欽只有造反的膽量，卻沒有造反的智慧，更沒有破釜沉舟的膽略。本來是講好，兩支部隊一前一後，夾擊司馬師的，可是他的猛男兒子在司馬師主力部隊的大營裡砍殺了一夜，他卻不知跑到什麼地方去了，一直到天亮，文鴦還不見老爸過來接應，又看到政府軍的部隊實在太多，知道他再怎麼厲害也殺不完的，只得帶著猛男手下殺出去。

這時，司馬師卻很清醒，看到文鴦退去，便命令諸將趕快追擊。諸將卻不敢，這些士兵被文鴦大鬧了整整一夜，全都頭昏腦脹，認為現在敵人勢頭正猛，哪能追擊？

司馬師倒很有耐心，對這些士兵背了一段曹劌的理論，這才說服了他們。

文欽知道機會已經失去了，再硬著頭皮打下去，頭皮再硬也受不了，因此馬上向東退走。司馬師的部隊追了過來，居然被文鴦一個人幾次反衝鋒，而不敢逼近。

第二章　一對權臣兄弟　兩個過渡人物—司馬師和司馬昭

司馬師看到這個文鴦雖然強悍，其武力指數，沒有人可以比得上，但自己取勝已經成大氣候，他再怎麼折騰，也只是向全世界展現一下個人英雄主義，展現之後，就會跟著他的老爸一起去承受失敗的苦果。

司馬師在忍著疼痛，展望著勝利的未來時，一個意外的事件又差點將他的事業葬送。

跟其他很多意外事件一樣，製造意外的人不是什麼厲害人士，而是一些在歷史上毫無分量的小人物。現在這個差點把意外成功製造的人叫尹大目，現任職務是殿中人。

尹大目原先是曹家的奴僕，一直當皇帝的跟班，不知道什麼原因，司馬師這次出征居然叫他一起來。這傢伙別的能耐，沒看到歷史有什麼記載，但對曹家卻很忠心，也算是個厚道的人。這傢伙眼光確實厲害，硬是看出司馬師的眼睛已經掉了出來，身體狀況已到關鍵時刻，如果文欽能抓住這個時機，把司馬師扁死在這個地方，取得最後勝利是完全有可能的。尹大目的腦袋不錯，馬上就想出了一個辦法，便對司馬師說：「老大啊，文欽本來是你的手下啊，現在受那個毌丘儉的利誘才跟你作對的。他又是皇帝的老鄉，跟我也是哥兒們。是不是給我一個立功的機會，讓我去說服他投降，再次成為老大的手下？」

司馬師這時的眼睛大概痛得太厲害了，實在不想在前線多待一下了，便同意了尹大目的建議。

尹大目騎上快馬，很快地追上文欽。這傢伙雖然有這個計畫，但又不敢實話實說，硬是含蓄地對文欽說：「你為什麼就不能忍幾天？」

本來文欽就是個豬頭，你就是說出實情，他也未必相信，再加上正在狂奔逃命，哪還有心思去分析研究他的這個話？聽他說完，就大罵他一通。罵完之後，還拿弓箭出來要射死他。

第四節　帶病出征　功成身死

　　尹大目這才知道，自己能看出司馬師活不了幾天，卻看不出文欽是個豬頭，知道再囉嗦也沒有什麼用了，便哭著說：「大勢已去，你多保重。」然後跑回去交差：這功我永遠立不了。

　　毌丘儉看到文欽全面崩盤，知道自己也支撐不了局面，怕多待在項縣一刻就多一分危險，馬上就做了跑路的決定，而且一決定就立刻執行——如果前些天跟王基爭奪南頓時有這個效率，可能還不至於走到今天這個地步。

　　這傢伙原本是造反的發起人與核心，本來人家就看他的表現了。現在看到發起人都逃了，其他人還不跟著崩潰才怪。毌丘儉才跑不了多久，轉身一看，一個跟班也沒有了。人啊，做什麼事都不要失敗，一失敗就是今天這個結局，連逃難的路上也找不到一個伴。然而，他最後的結局還沒有到。這傢伙不光造反的計畫做得不好，連逃跑路線的選擇也嚴重錯誤——居然向北逃竄！他本來是在魏國的南面叛亂，現在要橫跨全國逃命，這不是等於在司馬氏的掌中跑馬拉松？果然不到幾天，他萬分狼狽不堪地來到慎縣時，覺得身體已經睏得要命，就鑽進河邊的水草裡休息一下。誰知，水草根本不是藏身的好地方。他才一進去，就被一個叫張屬的民兵發現。這個張屬比他果斷多了，一看到這傢伙就認定是送功勞上門的，也不驗明正身，抓到就砍，然後把毌丘儉腦袋送到京城，結果封了個侯。

　　再說文欽回到項縣一看，原來老根據地已經變成一座空城，毌丘儉這個小子不好好看家跑到哪裡去了？

　　當然他也沒有時間去追究毌丘儉了，便又打算到壽春去——誰知，諸葛誕已占領了壽春，再過去那是送死。文欽再怎麼豬頭也不會做送死的事。他只得向南逃跑——這傢伙別的做得不怎麼樣，但這次逃跑卻逃得很正確，比毌丘儉成功得多。他跑了不多久，就碰上了孫峻那幫人，也不

第二章　一對權臣兄弟　兩個過渡人物—司馬師和司馬昭

討價還價一下，立刻就投降了。

司馬師這次帶著病痛出征，做得確實漂亮，只忍著自己的病痛，就把手中握有六萬大軍的毌丘儉和文欽打得一死一逃，幾乎不花什麼力氣，就取得了完勝，再一次大大地樹起了司馬氏的權威。在他當上實際最高領導人、並把曹芳拉下馬時，肯定有很多人不服，而且內心對他也不怎麼看好——他能爬到這個位子，威風得連皇帝的任命權都拿到手中，完全是他老爸為他做的輔墊，恐怕實際能力也沒那麼強——否則毌丘儉和文欽哪敢向他叫板？現在看到他帶著病就把兩個傢伙收拾得一點渣都不剩，這才知道，這個司馬師還真的有幾下子，最好不要惹他。

可是司馬師卻叫苦不連天。他叫苦不為別的，而是因為他的病。雖然那兩人被收拾了，他取得了輝煌的成績，可是他的病卻也越來越嚴重。在他回到許昌的時候，他覺得他雖然可以鬥得過天下所有的人，但卻鬥不過這個病了。

他覺得他要死了。

於是，他趕快叫人把他的老弟司馬昭叫了過來。司馬師在這個時候，也學他的老爸，要把這個大權留給自己的人。本來他可以留給他的兒子，但這傢伙不知是生理上的原因，還是因為年輕時忙於跟那些名士清談、年輕大了又忙於抓權日理萬機，到了四十八歲，居然還沒有子女——而這個任務他只讓他的老弟代勞，最後從老弟那裡過繼了一個兒子過來叫他一聲爸。所以，現在他只能在臨死的時候把這個大權交給司馬昭。

在司馬昭接過大權後沒幾天，魏國偉大的政治家、軍事家、實際最高領導人司馬師因病醫治無效與世長辭。

第五節　槍桿在握　步步為營

司馬昭從哥哥的身後冒了出來，成為司馬氏的第三位權臣。從此，魏國又走進了司馬昭的時代。

那天是正元二年閏正月二十八日。天氣跟往常一樣冷，史書上沒有記載發生什麼流星墜落、地震等事件。

司馬師從司馬懿手中接過權力時，要比司馬昭接班時穩定多了。那時司馬懿已七十多歲，知道自己再怎麼厲害，也已經來日無多，沒幾天好活，因此天天都在為兒子們的出路著想，為他死後的權力轉移做了大量的準備，因此，他一死，司馬師很順利地繼承了老爸的遺產。

現在的形勢可不是當年的形勢了。雖然司馬師在魏國當家作主已經有八個年頭，但你也知道，這八個年頭是極不平凡的八年。從魏國皇帝到大臣已經發生了幾次「倒師」運動，最後這些運動雖然都被司馬師一一粉碎，好不容易才保住了這個權力，現在正是進一步鞏固權力的時候，可是司馬師就在這個關鍵時刻歸西，然後匆匆忙忙地把大權交給司馬昭。不但是司馬昭，就連司馬師也毫無準備。

他們沒有心理準備，但曹髦卻早準備好了。

在司馬師掛掉的那天，曹髦以為扳倒司馬氏的最佳時刻到來了——這也確實是他拉下司馬氏的最佳時刻。因為，歷史已經證明，後面魏國皇帝真的沒有一點機會了。

曹髦是個皇帝的同時，也是個憤青。而且由於國家的大權全被司馬氏掌握，雖然他當皇帝，但卻不用日理萬機，因此就成了專業的「清談大王」，曾經到太學裡跟那些教授辯論，教授們都辯不過他——當時他只有十六歲。我想，那些教授之所以辯不過他，是因為他是皇帝，誰要是辯得

第二章　一對權臣兄弟　兩個過渡人物─司馬師和司馬昭

過他，誰才是豬頭。曹髦書讀得不少，心裡很佩服少康，常常把自己比作中興夏朝的少康，夢想有一天把司馬師拉下來，自己成為大魏國的中興之主。

曹髦雖然時時刻刻要當中興之主，可是也知道司馬師現在已經強悍得不能碰了，因此，多年來，也只是把這個想法留在心裡，在沒有人的時候抒發一下。哪知，這個司馬師因為眼病加上文鴦的一次搗亂，居然就與世長辭了，曹髦的信心突然就噴發起來。他也跟很多憤青一樣，有個自以為了不起的毛病，平時也沒多少談得來的兄弟，因此到了這個非常時刻，也不跟人商量一下，就按照自己的想法去做。

說起來，他還是有一點能力的。

他一面以最高規格來舉辦司馬師的喪事：親自素服臨弔，高度評價司馬師：「公有濟世寧國之勳，克定禍亂之功，重之以死王事，宜加殊禮。其令公卿議制。」

接著下了個命令，說，現在東南叛亂剛剛平定，屬於非常時期，衛將軍司馬昭應該繼承司馬師的遺志，在許昌監督內外，大軍由傅嘏率領回京。曹髦的主意不錯，想透過這個方式，使大軍脫離司馬昭的控制，讓司馬昭成為光桿司令。這個想法絕對高明，而且可行性很強。

司馬昭的命運確實不錯。按照常規而言，司馬氏這個家由不得他來當──因為司馬師是浮華會的主要成員，因此長期不得進入公務員的序列，因此，他比司馬師還早當官，在官場的資歷比他的老兄還高。但司馬懿經過長期的考核，認為司馬師更有能力，因此就把司馬師定為接班人。可是司馬師卻沒有後代，而且又「英年早逝」，這權就不得不交給了這個老弟。

可以這樣說，司馬懿選擇了司馬師，但歷史選擇了司馬昭！

第五節　槍桿在握　步步為營

即使曹髦已經很準確地掐住了歷史的緊要關頭，在最佳的時機瞄準了司馬昭。然而，歷史還是選擇了司馬昭。

曹髦的設想確實很可行，而且成功的可能性很大。但他錯就錯在把這個事交給傅嘏來辦。

傅嘏是什麼人？

傅嘏是司馬氏的死黨。

不過，這個傅嘏雖然是司馬昭的死黨，這時也跟司馬昭一樣，對曹髦也沒有什麼警覺。

是另一個帥哥看穿了曹髦的把戲，或者說是揭穿了曹髦的陰謀。

這個帥哥就是後來大名鼎鼎的鐘會。

鐘會是三國後期最聰明的人之一。他看到曹髦對司馬昭居心不良，就跟傅嘏商量，如何對付曹髦。

兩人商量後，決定馬上向曹髦寫了一份報告，說司馬昭必須回到京城。然後也不等曹髦批示，司馬昭和傅嘏帶著大軍浩浩蕩蕩地回到洛水南岸的軍事基地。這一強硬的措施，使得司馬昭安然度過了他政治生涯、甚至是生命中最脆弱的時刻。

曹髦這時才發現這一招居然不靈，只得關起門來長嘆一聲：中興之主不容易做啊！他這才知道，智商高是一件好事，但光有好智商，沒有雄厚的實力，這個高智商也不能化為生產力，不能幫你做出什麼成績來。他現在有一個好腦袋，又是全國第一把手——可是這第一把手卻只是名義上的，手中沒有槍桿子，就什麼也做不成。

面對司馬昭的大軍，他沒有辦法，只得又走進現實，按司馬昭的意圖，下了個詔書，封司馬昭為大將軍加侍中、都督中外軍事、錄尚書事，然後還給他一個特權：劍履上殿。但司馬昭卻把這個特權去掉了——他

第二章　一對權臣兄弟　兩個過渡人物—司馬師和司馬昭

老爸和哥哥都曾「固辭」過一些特權，因此也學學，反正向父親哥哥學習是不會錯的。這種毫無意義的特權你也貪，就說明沒有大政治家的智慧。

司馬昭就這樣把他哥哥留下的權力死死地抓到了手上，沒有漏出一點一滴。他能在這樣的時期拿住大權，跟他個人處理突發事件的果敢有關，但更是他父兄兩人多年經營的結果。特別是他的老爸，多年來，幫魏國打東吳、打諸葛亮、又滅公孫淵，為曹家立下豐功偉業的同時，也為自己培養了很多死黨，這些死黨現在都已成為魏國的各級高官，只要司馬氏的首席人物一召喚，他們馬上就出來呼應。否則，司馬昭是不能在這個非常時期接好班的。

到了第二年，曹髦改元——他現在除了這個權力之外，大概也沒別的權力了，這次改元為甘露。魏國的日曆就跟著變成甘露元年。當然，曹髦還是可以很自由地跟那些學者進行一些辯論會的。而他也有幾個鐵桿聊友：中護軍司馬望、侍中王沈、散騎常侍裴秀、黃門侍郎鍾會。這些聊友一般都跟他聊得很投入，但你一看這份聊友的名單，就知道這幾個傢伙大多都是司馬氏集團的核心成員。比如那個司馬望，本身就是司馬氏集團裡的人，至於鍾會就曾為司馬昭出主意對付過曹髦。而曹髦居然把這幾個人當朋友，每天吃吃喝喝，大發議論當憤青，最後不失敗那天下就沒有失敗這個現象了。

司馬昭到了這個時候，內心裡已經徹底不把曹家放在眼裡了——以前他的老爸和哥哥只是把現任曹家的當權者玩一玩，還不敢把整個曹氏家族踩在腳底，做什麼事還有點顧忌，現在司馬昭已經沒有這個顧忌了。

他這個心態的轉變在於，曹髦賞給他的幾件東西，他都一一笑納，連謝一聲都不講出口。這幾件東西就是：龍袍、皇冠，以及一對赤色長靴。這幾樣東西可不是一般的流行時裝，而是皇帝專用的制服。司馬昭如果心裡沒有別的想法，他絕對不敢要這些東西。如果沒有一手遮天的權力，你

第五節　槍桿在握　步步為營

敢穿上這些東西，你就會被拉出午門斬首。

曹髦這個自以為聰明的憤青皇帝，在上一次奪權失敗之後，突然覺得原來事情並不是那麼簡單，情節的發展並不以他的意志為轉移，心裡有些害怕。心裡一害怕，就更想不出什麼招來，又怕對方突然發飆，要對他不利，想來想去，只有玩弄提拔這個唯一的手段了，希望透過提拔，讓司馬昭對他有一些好感。

在這個想法之下，這一年八月二十六日，曹髦又下了一道任命書：司馬昭加號大都督，奏事不名，假黃鉞。

這還不夠，又把司馬昭的的兩個死黨也一起提拔：以太尉司馬孚為太傅。以司徒高柔為太尉。

曹髦這時一定覺得他這個皇帝當得實在太窩囊了，其他命令全部發不出，只有任命司馬昭的詔書才有效。

這一年內的兩次加封，使司馬昭有了五個特權，離曹操當年的「九錫」只差四樣了。不過，相比較而言，曹操身上的霸氣大得多了，他這個「九錫」是一步到位，而司馬昭卻要分幾步走。司馬昭在這一點上，也繼承了他老爸的謹慎態度，一邊滿臉橫肉地揮舞著權力大棒，一邊還兩眼骨碌地看看人家的反應，採用的是蠶食的辦法。

事實上，司馬昭的擔心不是沒有道理的。他現在雖然是魏國的實際最高領導人，權力大得可叫皇帝下臺，但他只是從他哥哥手裡接過權力，並沒有像曹操那樣靠打拚而來，把漢獻帝控制在手裡，「挾天子以令諸侯」，所有的部下都知道劉協是他手裡的一個招牌，而且這個招牌只用來對付敵人，而不是用來嚇唬內部政敵。而曹髦卻是魏國的皇帝，吳蜀從不把他當一回事，但魏國裡面有的是曹家的舊臣，這些舊臣時時都在反對司馬昭，即使司馬懿還活著時，都還有人勇於跟他唱對臺戲，而司馬師則被

第二章　一對權臣兄弟　兩個過渡人物—司馬師和司馬昭

造反軍害得差點一命嗚呼。所以，司馬昭只能耐心地一步步來，不敢太刺激反對黨，而是不斷地試探著他認為的那些異己分子，然後分期分批一個一個地揪出來。

這一試，果然就把一個異己分子試了出來。

第六節　平定淮南　以德服人

這個異己分子就是諸葛誕。

諸葛誕現在的職務是征東大將軍。你一看到這個職務就知道這傢伙手裡有兵權。諸葛誕原來是夏侯玄那些人的好朋友。在夏侯玄被司馬氏殺了之後，他老對自己的命運放心不下，時時覺得自己正站在危險的鋼絲上。人一有危機感，就會有所準備。

諸葛誕也是個豬頭，天天生活在危機感之中，手裡又擁重兵，卻沒有想到利用自己的長處，做最壞的打算。什麼是最壞的打算？就是利用重兵，聯繫本國其他反司馬氏勢力，再聯繫國外反魏勢力，跟司馬昭來個你死我活，而是散盡家財，做慈善事業，解決一些貧困百姓的生活問題，還赦免一些不該赦免的人，以為這樣可以收買到人心。然後再打造了一支三千人的貼身衛隊，專門保護自己——這種做法，跟黑社會老大的做法並沒有什麼兩樣，如果在江湖上混，到處收取保護費，那是很有威懾力的。可是這能防備得了司馬昭嗎？三千人以及那幾個貧困百姓的民心就能擋得住司馬昭對他的加害，那這個司馬昭還有什麼好怕的？

諸葛誕把這些豬頭事做過之後，還把豬頭繼續演下去。

司馬昭不是個大軍事家，但絕對是個權謀家。他很少像他的父兄那樣

第六節　平定淮南　以德服人

既帶著部隊到前線作戰，又能擺平朝裡的敵對分子，而是把精力都放在內部上面。他對諸葛誕早有懷疑，但又沒有證據——總不能說他有三千衛隊就是造反的證據吧？於是就派賈充去試探一下諸葛誕。這個試探不但是放諸葛誕一條生路，同時也有讓敵人自我暴露的目的。如果諸葛誕不那麼呆，看清「今日之域中，究竟誰家之天下」，認清敵我力量不是在一個等級上，完全可以藉機轉向，什麼事也沒有。可是這傢伙自以為得了民心，又有那麼一大隊貼身保鏢，在賈充面前，居然大義凜然起來。

事情是這樣的：

司馬昭派賈充到淮南跟諸葛誕聊天。

賈充說：「現在很多人都有讓皇帝禪讓的想法，你的意見如何？」

諸葛誕一聽，馬上厲聲說：「如果洛陽有政變，我就以死報答皇帝。」

賈充一看，知道這話題不能再扯下去了，如果再往下說，估計諸葛誕就要把他殺頭。

他馬上離開淮南，回去向司馬昭報告，說，這個諸葛誕長期在揚州當官，很得民心，是個危險人物。現在把他叫回來，順便就解除了他的兵權。他一定會發動叛亂。不過，現在他叛亂，禍害不會很大，要是以後他作亂，那禍害就大了。所以，不如現在就搞定他算了。

司馬昭一拍大腿說好，馬上就玩那一套明升暗降的手法，讓曹髦下個詔書，任命諸葛誕為司空。這個司空可是個位列三公的大官，但卻只享受待遇，沒什麼實權，而且是京官，吃喝賭嫖都得在京城裡進行。對付這麼大的官，要比對付手握重兵的征東大將軍容易多了。

司馬昭知道這個道理。

諸葛誕當然也明白這個意思。他接到這個任命，認為司馬昭要對他開刀了。既然人家就要動手，不如自己先動手。他認為，司馬昭之所以知道

099

第二章　一對權臣兄弟　兩個過渡人物─司馬師和司馬昭

他的用心，一定是揚州刺史樂林打他的小報告，因此，就把樂林斬首了。然後結集手下所有的部隊十四萬，準備固守揚州，一面派長史吳綱帶著他的小兒子諸葛靚去跟東吳聯繫──順便讓小兒子當東吳的人質，請東吳派出援軍，要跟司馬昭抗爭到底。

可惜的是，現在的東吳已經不是以前的東吳，不但人才缺乏，而且國力也弱，再也拿不出周瑜那種「談笑間牆虜灰飛煙滅」的氣概來了。在司馬昭大力整頓內部的時候，他們也在忙於爭權奪利，互相殘殺的能力倒是越來越厲害，而在這個機會面前卻表現得很弱智，只是「使全懌、全端、唐諮、王祚將三萬眾，與文欽同救誕」。整個東吳的高層高興了大半天，最後只做了這麼個小動作。你想想，三萬人能當什麼救兵──當然如果有周瑜或者司馬懿這樣的老大帶領，還是可以發揮作用的。可是現在都是什麼角色當隊長？

而現在司馬昭已率二十六萬大軍，來到丘頭，並「以鎮南將軍王基行鎮東將軍、都督揚豫諸軍事，與安東將軍陳騫等圍壽春」。

這是司馬昭掌權之後的第一次出征。他知道，這一戰如果不能取得壓倒性的勝利，徹底地豎起他個人的威望，以後他這個權臣就不好當了。為了防備曹髦在後院製造麻煩，因此，在出征時，連同曹髦和那個累次被司馬氏當招牌的太后一起帶出來，把皇帝時時刻刻都控制在自己的手中。

在這個時期，控制皇帝就是控制主動權。

在司馬昭尚未完成對諸葛誕的包圍時，東吳的文欽、全懌帶著三萬援軍已經開進壽春，與諸葛誕「勝利會師」。

雙方的決戰馬上就要展開。

司馬昭這時又想學習他哥哥對付上次毌丘儉、文欽的辦法，就叫王基固守營壘，要跟諸葛誕比賽誰能挺得久。

第六節　平定淮南　以德服人

可是王基這傢伙卻是個主戰派，天天寫請戰書，要求打仗。

正好這時，東吳的鎮南將軍朱異帶領的第二拔援軍三萬人也開到安豐，與壽春遙相呼應。

司馬昭一看，心裡有點急起來，馬上讓曹髦下詔，命令王基率部去占領八公山，以阻擋朱異。這時，司馬昭顯然有點荒了手腳，否則他完全可以憑藉全軍最高統帥的名義向王基下命令的，但現在他居然借用了皇帝的命令。估計他現在的底氣還不很足，覺得自己的威信還沒有徹底地豎立起來，才不得不用皇帝這個臭招牌。

司馬昭不買皇帝的帳，王基同樣不理會曹髦的詔書。他看了一下詔書，就把它當作廢紙丟到一邊，對諸將說：「今圍壘轉固，兵馬向集，但當精修守備，以待越逸，而更移兵守險，使得放縱，雖有智者，不能善其後矣！」之後，還上書說明理由：「跟敵人對決，就應穩如山，毫不動搖。要是跑來跑去搶什麼險要，天下有那麼多險要的地方，你能搶得完嗎？到頭來只會造成人心動搖，對大局不利的後果。現在各軍處於深溝高壘之中，軍心穩得很，不應讓他們受到打擊。不要盲目亂動。這是作戰的要領。」連這種要領也不懂，還打什麼仗？

司馬昭一看，就批准了這個建議。司馬昭在這方面，跟他的哥哥一個樣，自己雖不會打仗，但能聽得進部下的建議。光從這一點上看，三國當權派中，司馬氏兄弟確實比另外兩國的權臣高明。蜀國力量弱小，姜維雖然拿著兵權，好像很有搞頭，但鬥不過一個宦官——這種國家不滅亡，天下就不會有「亡國」這個詞了。至於東吳的那些執政大臣，這些年來，你殺我，我殺你，內亂越搞越上手，人才是越殺越沒有，人人生活在驚懼之中，誰還敢向老大提什麼建議？而這樣的老大能聽你的話嗎？這樣的國家同樣離亡國不遠了。否則，魏國這些年來，亂子前赴後繼地上演，作為死對頭的吳蜀兩國，居然沒有好好地利用。三國發展到現在，已遠不如初

第二章　一對權臣兄弟　兩個過渡人物—司馬師和司馬昭

期那麼精彩了。這也是司馬氏一家的幸運——如果這時吳蜀兩國再出現個諸葛亮和周瑜之類的人物，後果將不堪設想。

司馬氏兄弟除了對政敵毫不留情之外，對待部下還是很寬鬆的，光從這一點上看，他們遠比諸葛亮高明。我想，正因如此，司馬氏家族能團結很多人，使很多人才最終成為他們的死黨。司馬懿開創司馬氏時代時，全靠他自己到處打拚，而到了司馬昭時，已不需自己親上前線，而是有一批手下為他們南征北戰打天下了。到了這時，司馬昭的領袖之相，已完全展現出來。這跟以前的劉邦很相似。

王基命令各軍加緊包圍。文欽、諸葛誕在城中看到敵人的包圍圈越來越緊，知道再這樣下去，自己就會親身解釋那個叫「坐而待斃」的成語。不願坐而待斃就只有突圍出去，這是兩人的共識。可到了這時才想到不坐而待斃，還能突圍出去嗎？文欽組織了多次衝鋒，可每次衝鋒的結果是，除了死去的指揮員外，其他人又都被敵人打回城中。

司馬昭知道，只有切斷東吳方面派來的援軍，才能讓壽春城中的諸葛誕他們徹底死心，因此，命令部隊在外圍進行大掃蕩，把朱異的部隊打得遍地找牙——朱異本來是東吳的名將，也是個會打仗的軍人，只是手上的軍隊不多，哪打得過司馬昭魏國的大軍？朱異跟魏軍一接觸，立刻敗下陣來，之後投奔他的上級孫綝。

朱異的部隊受到了慘重的損失，但他卻毫髮未損。可是他的上級孫綝卻是個糊塗鬼。這傢伙把孫峻拉下臺，當了東吳的實際最高領導人之後，就覺得自己很了不起，以為派出部隊就能打勝仗，就能談笑凱歌還，卻從沒有比較過敵我雙方的力量，本來去接應諸葛誕並沒有錯，錯就錯在硬是把部隊分成幾拔，最後被人家各個擊破，而自己帶著主力卻行動慢得像蝸牛，浩浩蕩蕩地，只在巢湖邊上駐紮——在朱異投奔過來之後，又像分蛋糕一樣，分一部分部隊去解救壽春。你想想，在這種策略思想下，朱異

第六節　平定淮南　以德服人

能打勝仗，只能說明魏國的將領全部是豬頭。朱異果然被魏國的各路部隊打得渣都不剩。朱異這次敗得更慘，連軍糧都被敵人燒得一顆不剩，只得帶著殘兵發揚艱苦奮鬥的精神靠吃樹皮回到大營。本來，這次敗仗，孫綝應該明白這是自己的責任，而不是朱異的責任。可是孫綝不是諸葛亮，更不是司馬師，有承擔這個責任的能力和膽量。他把所有責任推到朱異的身上，不由分說，把姓朱的抓了起來，然後不由分說地一刀咔嚓。如果他咔嚓朱異之後，帶著大軍全力出擊，或者膽子再大一點，帶領全軍向魏國那些空虛的地方進軍，說不定還有點好戲可做，可是這傢伙不是這方面的人才，對敵人作戰沒一點創意，好像他這次出征的首要任務只是為了殺朱異似的，因此殺了朱異之後，帶著大軍就班師了。

司馬昭看到孫綝大軍到巢湖岸邊一遊，吃膩了當地特產魚之後，連個屁都不放，帶著滿嘴魚腥味就回去了，心裡當然高興。司馬昭當前線指揮不怎麼高明，但對整個形勢的猜想沒有錯。他知道，勝利已經毫無懸念地向他傾斜了。這場戰爭對於他來說，是至關重要的。一來，這是他當政之後，第一次調動全國軍隊，完全可以檢驗到軍方對他的忠誠度；二來可以震懾國內那些還有僥倖心理的政敵；三來，也可以向所有人展示他的才華，說明他是不可戰勝的。

司馬昭這時雖然高興，但他並沒有高興到忘乎所以的地步。他知道，這次的事件是他樹立個人權威的最佳時刻，他不但向政敵樹威，他更應當在百姓心中樹立一個好的形象。如果光向政敵擺威風，那說明他現在的理想只停留在當一個權臣的目標上，而現在他腦子裡絕不止讓司馬氏當一個世襲的權臣，而是要進一步把屁股坐到曹髦的龍椅上。他現在比誰都明白「得民心者得天下」的道理。因此，他要在這次事件中，向百姓展現一下他的「德」。只有這樣，才算把這次事件的資源用完。

命運也確實照顧了司馬昭。因為他現在遇到的敵人是一群菜鳥。

第二章　一對權臣兄弟　兩個過渡人物—司馬師和司馬昭

他決定對壽春只圍不攻。因為他清楚地知道，壽春城的部隊還有十多萬，而且諸葛誕和文欽雖然在大事上糊塗，但仗還是能打幾下的——以前就是這個文欽的兒子文鴦差點把他的哥哥幹掉了——如果強攻，即使最終獲得勝利，也會付出巨大的代價的——說不定國力會倒退幾十年，甚至由於一時處於膠著狀態，進退不能，孫林突然聰明起來，那可就不好說了。

司馬昭在圍而不攻的時候，也不是簡單地包圍著，而是在包圍的同時，還附加一點小小的陰謀詭計。其實這個計謀實在也算不得高明，也只有諸葛誕這樣的豬頭才會上當。

這個計謀很簡單，就是司馬昭知道，諸葛誕為了造反，早就在城中備戰備荒，準備了很多糧食，打算跟司馬昭來個持久戰。司馬昭就派人去散布謠言：東吳的大部隊已經打了過來，現在魏國圍城的軍隊已經沒有糧草了，正把很多部隊分到淮河以北各縣去找飯吃了。估計沒多久就自動解圍了。

如果稍有點頭腦的人，一定不會相信這樣的謠言。可是諸葛誕他們居然深信不疑。本來，他們已經省吃儉用，盡量節省糧食，做長期作戰的打算，可是一聽到這個消息後，心裡就樂觀起來，馬上下令大吃大喝。不久後勤部就宣布糧草有些短缺，而司馬昭的大軍卻沒有半點撤退的意思，東吳的救兵更是沒一點消息。他們用腦子想了一下，知道上司馬昭的當了。於是，只得召開會議商量對策。

諸葛誕手下有兩個得力幹將，一個叫蔣班，一個叫焦彝。這兩個傢伙遇到問題時，還肯動一下腦子，對諸葛誕說，現在我們的軍心還穩定，士氣還旺盛，拚命突圍出去，還是有點搞頭的。即使不能全部衝出去，但總比待在城裡的好。繼續待在城裡，就是在等死。

第六節　平定淮南　以德服人

可是文欽卻不同意。這傢伙還堅定地認為，只要能死守一年，魏國內部就有矛盾，那時就可以大功告成了。與其去冒這個險，不如在城裡一邊堅守，一邊大吃大喝，等到勝利的那一刻。

蔣、焦一聽這話是屁話，糧食馬上就沒了，還談什麼大吃大喝一年，坐在飯桌上等勝利的到來？因此就氣勢磅礴地反對起來。這兩人憑著自己是諸葛誕的死黨，因此反駁得很無情。可是他們沒有想到，自己雖然是諸葛誕的死黨，但文欽的勢力很強，諸葛誕現在依靠文欽的程度比依靠他們多得多。諸葛誕為了拉攏文欽，哪還管得了你們這兩個死黨？因此，在這場關係到壽春前途命運問題的論戰中，他完全站在文欽這一邊。

如果光站在文欽的立場上，那也還罷了，偏偏為了緊緊拉住文欽，諸葛誕居然動起殺機，要解決這兩個哥兒們——讓他們變成真正的死黨。這兩人知道後，不用商量就決定逃之夭夭，連夜翻過城牆，跑到司馬昭帳前，高叫棄暗投明。司馬昭當然優待了他們。

就在這個時候，全懌的姪子全輝、全儀因為一些家庭矛盾，居然帶著包括母親在內的家族十多戶離開東吳的首都，叛逃到魏國。這就又給司馬昭一個機會了。

又是那個鍾會，他看準了這個機會，馬上就為司馬昭貢獻了一條計謀，仿造全輝和全儀的筆跡寫了一封信給全懌，內容是「吳中怒懌等不能拔壽春，欲盡誅諸將家，故逃來歸命」。

全懌他們接到這封信，發了一陣呆之後，不得不相信：想想那個朱異吧，只是寡不敵眾，最後都被孫綝殺掉。於是，他也開啟城門，帶著部下向敵軍投降，留下諸葛誕他們自己在城中大吃大喝等著勝利。

全懌他們一走，城中的人心開始恐慌起來了。

到了第二年春天，也就是甘露三年。

第二章　一對權臣兄弟　兩個過渡人物─司馬師和司馬昭

文欽對諸葛誕說，現在是我們突圍的最佳時機。這傢伙還羅列了兩個有利條件；一是蔣焦二人曾斷言不能突圍；二是全懌他們剛剛投敵──這傢伙的腦袋真可以，把兩個致命因素全轉化為有利因素──敵人肯定以為我們現在已經亂了套，防守一定很鬆懈。諸葛誕和唐咨一聽，覺得文老大的話大有道理，因此決定突圍。兩人做了一番戰前準備之後，突然大開城門，高喊：「衝出壽春城，打倒司馬昭」的口號，向南門外的敵軍發起衝鋒。

你想一想就知道，即使司馬昭想不到他們的企圖，司馬昭手下那一群死黨也會想到他們這一招的──說實在的，司馬昭不是很厲害的前線指揮官，但王基、鍾會這些傢伙都不是省油的燈，而且這也正是他們想要得到的結果。他們早就料到，城中的這幾個豬頭遲早要大喊大叫著突圍出來，因此早就築好工事，做好一切防範準備。如果早些時候，諸葛誕他們突圍，也許還可以成功──那時包圍圈剛剛形成，其他工事還沒有做好，而己方的士氣比現在旺盛。可這幾個豬頭硬是在城裡大吃大喝，等人家修好了工事，更等到城中的糧食吃得差不多了，士氣已經疲軟了下來，才發起這麼決定命運的突圍攻勢，這是在存心找死。

文欽連續組織了六天的衝鋒，而且日夜不停──其決心不可謂不大，作戰不可謂不努力，一直打得「死傷蔽地，血流盈塹」，卻還是衝不出去，這才知道城外的工事不是豆腐渣工程，不是一衝就垮的，只得宣告這一波突圍行動到此為止。可是城中的糧食也差不多到此為止了。

誰都知道「無糧不穩」這個道理，何況孤城孤得都到了無糧的地步，軍心民心更加變成牆上蘆葦，沒有風都要搖擺幾下。突圍行動一結束，就有幾萬人出城投降了。

文欽這傢伙絕對是一個呆頭鵝，用腦子去想問題，絕對不是他的特長──事實已經證明，他就是硬動腦筋，想出來的主意，也是菜得不能

第六節　平定淮南　以德服人

再菜的主意。可是這些天來,他硬是點子不斷,這個點子才剛出爐,還熱呼呼的,那個點子又已經產出,雖然一個點子比一個菜,但他卻樂此不疲。這個突圍的點子剛剛宣告取得了血的教訓,另一個點子又隆重登場。他對諸葛誕說,鑑於城內口糧越來越緊張,得把居民全部做異地安置,讓他們滾出城去,只讓他從東吳帶來的子弟兵在城中堅守陣地。

以前,諸葛誕都聽他的話,但這一次卻不同意了——把我的人全趕走,只留下你帶來的人,就是最後勝利衝出去跑到吳國那邊去,我還有資本嗎?

兩人以前一起在魏國當官時,就已經有很大的矛盾,這時能走在一起,完全是為了一個共同的目標,現在看到這個「共同的目標」已經難以實現,那個不可調和的矛盾就完全徹底地暴露了出來。

諸葛誕這傢伙對待跟自己過不去的人歷來很果斷。他在文欽來見他的時候,突然出手,把文欽當場殺掉——誰都知道,這是不計後果的做法。

文欽的那個猛男兒子文鴦、文虎聽說老爸被砍,一氣之下想帶部下去報仇,可是部下卻不聽從,沒人跟他們過去跟諸葛誕決鬥。兩人無奈,只得向全懌他們學習,投降司馬昭。

就是文鴦這個猛男,害得司馬師的眼珠子掉出來,然後因此掛掉的。這小子可說是司馬氏的仇敵。現在他們來投降,司馬昭的很多手下都義憤填膺地要求司馬昭殺了文鴦,為司馬師報仇,如果你不想動刀動槍,我們可以幫你殺掉他啊!可是司馬昭就是司馬昭。他知道現在就是殺一萬個文鴦也換不回他哥哥的命了,倒不如利用一下這小子,以奪取壽春之戰的最後勝利,而且還充分顯示了他「以德報怨」的寬大胸懷——這是一個政治家最需要的。

跟許多政治家一樣,儘管他對有殺兄之仇(雖不直接殺兄)的文鴦恨

第二章　一對權臣兄弟　兩個過渡人物—司馬師和司馬昭

得牙癢癢的，想生吃其肉、生飲其血，但他只把這個大恨留在心裡，表面卻裝出一付大度得不能再大度的模樣，不但赦免了文氏兄弟，還推薦兩人當了將軍、封關內侯，叫兩人騎著馬到城外繞城一圈當宣傳，說連文氏兄弟投降都沒事，還受到表彰，你們還怕什麼？

城上的人一聽，覺得很有道理。這時，城中的人又累又餓，誰還有決心、有信心為諸葛誕堅守下去？

司馬昭一看，知道對諸葛誕最後一戰的時機已經成熟，馬上命令部隊向壽春城發起總攻。

二月二十日，壽春城被攻破，諸葛誕到了這時，只有親自突圍了——身為一個領導者，親自做別的事都沒什麼，可是親自突圍就不大一樣了。諸葛誕親自突圍的結果是被胡奮擊斬，並當場誅滅三族。

這一戰，與司馬懿當初平定襄平之戰，有不同的地方，也有相同的地方。不同之處是，雙方力量的對比——那時，司馬懿的部隊比公孫淵的部隊少；相同之處是，兩次的策略戰術沒多大的差別，都是先圍而後攻，最後取得完勝。當然，兩相比較就知道，司馬昭比他的老爸差了不止一截。

還有一點不同的是，戰後手段。

司馬懿當時大開殺戒，屠城且留下「京觀」，立足王威，這才離去。而司馬昭這時卻來個政治掛帥，做足「德」字文章，為司馬氏塑造了一個光輝的形象。本來，破城之後，有人建議：這一帶好像是叛亂的風水寶地，連續這麼多年，老發生這樣或那樣的群體事件，現在東吳軍的家屬都在南方，所以，這些人不能放回去，應該全部活埋，讓他們做魏國大地的肥料，讓明年的糧食也豐收一點。

司馬昭一聽到這個建議，就知道這些手下的人不是玩政治的料，對他

第六節　平定淮南　以德服人

們說：「古之用兵，全國為上，戮其元惡而已。吳兵就得亡還，適可以示中國之大度耳。」說是示中國大度，其實是在示司馬氏的大度。他的這一番話，為司馬氏賺足了分數。當然，光說不練是不夠的。司馬昭知道，要想讓司馬氏取代曹魏，這個假是萬萬做不得的。因此他說過之後，馬上下令，對待戰俘，一個也不得處死，全部把他們送到首都附近的「三河」一帶安置起來。司馬昭這次的寬大秀做得很足，連唐諮這個反覆無常、以投降為己任的人也任命為安遠將軍，其他的人也都給予一定的級別。至於曾跟隨諸葛誕鬧事的淮南人通通當作不明真相的人士看待，全部赦免，不再秋後算帳。最令人感動的應該是對待文鴦，居然准許他「收斂父喪。給其車牛，致葬舊墓」。

處理完後事，賺足了國內的民心之後，司馬昭覺得現在內部的敵人已經不敢再跟他叫板了。現在應該把自己的威望推向國際。這傢伙經此一戰，覺得東吳那幫人也沒什麼了不起，因此心態就有點膨脹起來，準備下令各路部隊乘勢深入東吳境內，先是招降唐諮這些降將的子弟，然後擴大戰果，搞定東吳。

你一看這個計畫，就知道司馬昭現在的心態已經被勝利掩蓋了，兩步棋就想拿下江東諸郡。

幸虧這傢伙的心態雖然有些偏激，但他總算講點民主，手下那幾個死黨也能做到「知無不言，言無不盡」的程度，尤其王基是個勇於提反對意見的強人。這時一聽到司馬昭的計畫，馬上就指出，老大的計畫太傻太天真。王基舉了兩個例子，說明這個計畫是行不通的：第一是諸葛恪的例子。當初諸葛恪取得東關之勝後，覺得勝利真是來得太容易了，為什麼不再勝利下去？就帶著東吳的全部家當去圍新城，最後卻是城不能破，部隊倒死傷大半，以失敗而告終；第二個例子是姜維，本來取得洮西之戰的勝利，大可回去慶祝一番，連續舉辦幾個大型慶祝晚會也完全沒問題，可是

第二章　一對權臣兄弟　兩個過渡人物—司馬師和司馬昭

這傢伙硬是要擴大戰果，帶著部隊輕裝前進，最後在上邽弄得大敗之後，才灰頭土臉地回去，連苦水也沒得吐。再看一個例子，當年曹操在官渡之戰把袁紹扁得找不到方向，那個戰果更厲害吧？可是曹操是個聰明人，打掃完戰場之後，卻沒有再追下去，怕的就是反勝轉敗啊！曹操這一招是絕對正確的。現在士兵們出來打仗，差不多有一年了，個個都想回去看一下老婆孩子，沒心思打仗了。要是再打下去，老大的這滅吳兩棋可就全走錯了。

司馬昭一聽，王基這話完全正確。於是趕緊叫停了這個滅吳計畫，以王基為征東將軍、都督揚州諸軍事，進封東武侯，自己帶著為他謀劃了很多計謀的鍾會回首都。

司馬昭這一次內戰，打得很漂亮，打出了他的形象，也打出了他的權威，使得他的聲望又一次狂漲。

在司馬昭股進入牛市的時候，曹髦知道曹氏股又跌入了歷史的新低。

第七節　再玩政變　曹髦被殺

曹髦面對司馬昭取得的巨大戰功，只得又搬出加封的老套：詔以司馬昭為相國，封晉公，食邑八郡，加九錫。

可是司馬昭這傢伙硬是不領情，堅決辭掉這次加封。兩人前後相持，你封我讓，居然來往了九個回合，而且曹髦的這個決定還空前地得到大臣們堅決地擁護。這些表示擁護的大臣當然都是司馬昭的死黨，這些死黨都覺得自己沒有在戰場上衝鋒陷陣，為司馬老大喊打喊殺，拚死拚活，但在這時為老大加油幾聲卻是大大應該，沒什麼危險，但效益並不比在戰場

第七節　再玩政變　曹髦被殺

上拚掉老命差。這些人見光有口水，不足以表現出耿耿忠心，便一致決定，讓當時的大文豪兼人氣榜上居首席的大名士阮籍執筆，向司馬老大寫一份勸進表。阮籍一接到這個任務，馬上就又搬起酒罈到竹林裡大喝起來 —— 這傢伙一碰到不好辦的事，就喝醉，醉得不省人事，因此躲避了多次災難。這時，他知道司馬氏跟曹家的矛盾已進入白熱化階段了，像他這樣的人是哪邊也得罪不起的，這份勸進表一寫下來，就等於向全世界的人宣布了自己的立場，就等於把自己綁進了司馬家的這個馬車上，勝也罷，敗也罷，自己都擺脫不了關係。他沒有辦法，只得喝，先喝醉再說，以前就用這個辦法，連司馬昭的求親都能推得掉。可是他這次錯了。這一次可不是司馬昭出面叫他寫的，而是那一幫死黨的主意。這些死黨早就加入司馬氏集團，為了司馬氏（當然是為了自己），那是什麼事都可以做出來的，可不像司馬昭那樣，為了巴結名士，賺幾個百分點的人氣，可以放過阮籍一馬又一馬。這些死黨看到阮籍有時間天天買醉，就是沒有時間寫勸進表，這麼久了還不完成任務，就都跑到阮籍那裡，說你想找死？到現在還沒寫出來？阮籍其實也跟很多酒足飯飽的酒鬼一樣，每次喝醉，都是酒醉心明白，一看到這個架勢，知道再不寫，這顆腦袋就有異地安置的可能。阮籍雖然狂放，好像天不怕，地不怕，其實心裡也是怕死的。馬上拿起筆來，呵呵地吐著酒氣，寫了起來。這些死黨中肯定有很多在心裡嫉妒阮籍嫉妒得要死的人，現在看到這傢伙酒醉起草這個勸進表，一定會寫得不成樣子，呵呵，這回可抓到你的小辮子了。不一會兒，阮籍就把筆一扔，然後又矇頭大睡。有人把他寫過的那張紙拉過來一看，照著唸了一遍。大家一聽，真厲害！喝得這麼醉了，還寫出這麼一篇文筆清麗、氣勢雄壯的好文章。自己就是構思幾天幾夜也寫不出啊！看來這傢伙的名氣不是空穴來風，而是憑真本事賺來，再嫉妒他實在沒有理由了。

雖然這個勸進表寫得不錯，完全可以拿當年全國的文學大獎，但司馬

第二章　一對權臣兄弟　兩個過渡人物─司馬師和司馬昭

昭還是不領情。曹髦這才不得不把這張任命書丟進垃圾桶裡。這件事表面上看是司馬昭謙讓的結果，但也可以看到，曹髦的權威在司馬昭眼裡已經一點不剩了。你想想，就是要加封司馬昭，他都還不聽你的話，跟你作對到底──現在曹髦能跟司馬昭對話的也只有加封這件事了，其他的事那是提不得的。可就是這件事，現在也變得沒商量了。

曹髦越來越覺得自己窩囊得抬不起頭來。甘露四年正月，有人報告說，寧陵井中兩次出現黃龍──這一看就知道是個假新聞。但是這個新聞一出，很多大臣也跟那個說「盛世出國虎，虎嘯震國威」的縣太爺一樣，都說這是吉祥的預兆啊！

可是曹髦卻一點也不認為是吉祥：龍在井中算什麼吉祥？還寫了一首〈潛龍詩〉：

傷哉龍受困，不能越深淵。上不飛天漢，下不見於田。蟠居於井底，鰍鱔舞其前。藏牙伏爪甲，嗟我亦同然！

曹髦的詩一發表，司馬昭就成為這詩的讀者之一。

司馬昭讀完這首詩，心裡很不爽：老子幫你守江山，你還不知足？能在井裡當龍就不錯了，你還想怎麼樣？

曹髦一無聊，便又改元。以前的皇帝跟現在很多人士一樣，很相信名字能帶給自己好處，能改變自己命運，因此不斷地改名──皇帝當然不改名，他們只是不斷地改年號。現在曹髦也覺得這個「甘露」年號很不好，因此又決定改元為景元。

改元也算是一件大事，因此又得對一些大臣進行提拔。曹髦便又從垃圾桶裡找到原來的詔書，再次加封司馬昭。這一次，司馬昭毫不客氣地笑納。

在司馬昭笑納之後，曹髦又鬱悶起來。

第七節　再玩政變　曹髦被殺

　　曹髦看到司馬昭的權力越來越大，現在已把他的榮譽和官銜加到離最巔峰沒多遠了，再加下去，只有讓他當皇帝了。也就是說，司馬昭離皇帝的座位已經近得不能再近了。

　　曹髦這麼一想，覺得危機感已經壓得他喘不過來。他發現自己這個皇帝唯一的許可權就是坐在全國最豪華的椅子——龍椅上，按司馬昭的意思，在詔書上用印，別的什麼也沒有了。如果硬說還有與眾不同的地方，那就是他是住在皇宮裡面，人家的老婆叫老婆或者叫夫人，而他的老婆叫皇后。

　　曹髦覺得再這樣下去，他不被司馬昭廢掉，也要被司馬昭逼得發瘋，然後徹底崩潰，因此就決定跟司馬昭攤牌。

　　從他有這個想法來看，也算是個有骨氣的皇帝，可是他光有想法，卻沒有配套的實力或者有個可行性的計畫來配合，這個想法是一個愚蠢的想法。

　　曹髦貴為皇帝，卻連個死黨都找不到。

　　他把侍中王沈、尚書王經、散騎常侍王業找來，對他們說：「司馬昭之心，路人皆知。我不能坐在這裡等他來廢掉我。現在我命令你們一起去討伐他。」那句「司馬昭之心路人皆知」的話，後來成為一句名言。只是路人皆知又怎麼樣？這是曹家和司馬昭的關係，關人家路人屁事。這傢伙跟所有帝王一樣，覺得所有臣下只能聽他的話，照他的指示辦事，做他的好奴才。可是他也不去複習一下那句「得民心者得天下」的古話。司馬昭透過三代人的努力以及一系列的動作，不但培養了一大批死黨，也成功地樹立了美好形象，贏得了民心，並已成功地把曹氏形象矮化成一個只有象徵意義的符號。

　　可是曹髦卻不知道現在自己僅僅是個符號，就像人家門面上掛著的招

第二章　一對權臣兄弟　兩個過渡人物─司馬師和司馬昭

牌，而司馬昭卻是門面裡的老闆──老闆什麼時候都可以把招牌換掉。

這傢伙把討伐司馬昭看得很簡單，手中沒有一個兵，而這三個姓王的，更沒有一個是他的死黨──決定這樣的大事，沒一個死黨在旁邊，最後的結局只能死路一條了。

王經還算有點良心，聽到曹髦把這個小兒科的討伐計畫說完，馬上就舉了幾個經典事例，認為不能這樣做啊，這樣做後果很嚴重啊！可是曹髦的憤青腦袋一發熱，哪顧得上什麼後果？他從懷裡掏出黃色綢緞詔書，很酷地摔在地板上，說：「我已經決定了。大不了一死，何況可能不會死。」

你一看他這個架勢，就知道是個失敗的開始。做這樣大的事，叫三個不是自己的親信來一宣布，也不再做什麼商量，更不做什麼布置，也不看看這三個傢伙的反應，就進去向太后報告。

王沈和王業一看，就知道這個皇帝要去送死。曹髦要去送死，本來跟他們無關，可是他們在現場，如果不趕快出去自首，到頭來自己也會被當成「曹髦反叛集團」的一分子受到「法律的制裁」，那就真正的冤枉了。兩人看到曹髦進去，馬上就決定溜走，到司馬昭那裡揭露曹髦的陰謀，就算不能立功，也能保住吃飯的傢伙。他們走的時候，還叫王經一起走。可是王經不想做出賣皇帝的人，所以不跟他們走。

司馬昭接到二王的報告後，馬上命令賈充過來對付憤青皇帝，自己卻躲到一邊去。司馬昭在處理這件事上，還是做得有分寸的，準備得也很充分。

曹髦從宮中出來，拔劍上了專車，帶著宮中所有的武士和那些長工，高喊著「打倒司馬昭」向司馬昭的住宅衝過去。

這個陣勢看上去雖然有點可笑，一點也不成規模，但畢竟是皇帝親自出馬，旗號大得不能再大，因此當司馬昭的弟弟司馬由在東止車門跟他們

第七節　再玩政變　曹髦被殺

相遇時，也覺得不知如何是好。曹髦的人大聲罵司馬由幾句，叫他滾到一邊去，別吃飽了撐著擋爺們前進的道路，他真的就乖乖地滾到一邊去。

這時，賈充帶著一批人過來，把曹髦的隊伍攔住。

曹髦這時什麼也不顧了，舉著寶劍，親自出戰。

所有的人都知道，曹髦這小子的武力指數比他的智商更低，但他到底是皇帝，是全國第一把手，是可以殺死全國任何一個人的老大啊！因此，賈充的那些手下一看，都不敢動，個個都打算後退，連賈充也覺得沒辦法。

偏在這時，那個倒楣的成濟隆重登場，對賈充說，我們該怎麼辦？

賈充一看，原來還有豬頭在旁邊。這時正是利用他的大好機會，便對成濟說：「司馬老大天天大魚大肉地養你們，為的就是今天。現在事情都到了這個時候，你還問怎麼辦做什麼？」

成濟的智商雖然不高，但對賈充這話還是能夠深刻領會的，馬上抽出長矛，對準曹髦刺過去。這傢伙這一次是真正的賣力，一矛把曹髦刺穿了。魏國皇帝曹髦當場死亡。這時他只有二十歲。

司馬昭到了這時，還玩了個把戲，一接到報告後，裝著驚嚇的樣子，從床上滾落到地板上，讓臉面變得沒一點血色。他的叔叔太傅司馬孚跑到案發現場，抱住曹髦的大腿，痛哭起來，而且還把所有的罪過包攬過去：「皇帝被刺殺，是我的罪過啊！」

叔姪倆演完這些戲後，司馬昭馬上來到宮中，召集在京的所有高級官員，討論如何解決這個突發事件。只有僕射陳泰不來。這個陳泰當時還算有點名望，因此，司馬昭必須把他請到場，就派他的舅舅荀顗用專車去請他過來，而且還叫所有的親朋好友去遊說他——這些親朋好友，當然知道不賣力遊說的後果，因此都積極地「動之以情、曉之以理」勸他去見司馬昭。

陳泰最後只得去見司馬昭。司馬昭這時像劉備一樣，大力發動眼淚攻

第二章　一對權臣兄弟　兩個過渡人物─司馬師和司馬昭

勢，當著陳泰的面放聲大哭，然後問陳泰：「事情到了這個地步，我們該怎麼辦？」

陳泰說：「只有砍掉賈充的腦袋，才能平民憤。」

司馬昭一聽，遲疑了半晌，才說：「能不能把要求降低點？」

陳泰很乾脆：「我只想到這個方法。」

如果司馬昭這時答應陳泰的要求，後來的晉朝可就不會亂得那麼快了，中國的歷史估計也是另一個模樣。可惜，司馬昭不願殺賈充。在這時候，他不殺賈充是有他的道理的。此時，他的權威雖然達到了最高峰，是到了可以說殺誰就殺誰的地步。但他也知道，目前他還不能這樣，他還需要像賈充這樣的死黨為他賣命。如果這時殺了賈充，以後誰還肯為他捨身，敢把皇帝拉下馬？所以他必須留下這樣的心腹。

司馬昭在處理這件事是傷了很大的腦筋的。他一直把這件事拖了二十多天，這才決定把全部責任推到成濟的身上，把成濟說成一個野心家，是不忠不孝的典型，然後宣布成濟的罪狀。這個罪狀是什麼罪狀？是弒君之罪。這個罪是歷史上最大的罪──你做其他事，做出歷史之最，那是件好事，可是罪狀成歷史之最，那可不是好玩的。犯這個罪的後果是──誅滅三族。是一人犯罪，全家倒楣的事。

成濟這個沒有頭腦的傢伙，當初那一矛刺過去時，肯定以為自己為司馬老大立了一件大功，這個獎賞不知有多高，說不定比王基、鄧艾那些在戰場上拚死拚活的將領功勞還大，因此坐在家裡每天面對牆壁也發笑著，等司馬老大封官封侯的任命書。哪知卻等到一個弒君之罪，連同家裡所有的人，一同押赴刑場，成濟心裡一定很冤，他這才知道天下不是什麼功勞都可以去搶的。

在這二十多天裡，司馬昭再次利用郭太后這塊招牌，讓她宣布曹髦的

第七節　再玩政變　曹髦被殺

罪狀。把皇帝曹髦打成篡國奪權的野心家，雖然野心家曹髦已經自絕於人民，但也要追奪他的皇帝稱號。

郭太后又決定立燕王曹宇的兒子常道鄉公曹璜當皇帝，並且派司馬昭的兒子司馬炎為代表去宣布這個決定，並迎接他到洛陽來。大家都知道，郭太后的這些決定，其實都是司馬昭的決定。這個郭太后平時什麼事也沒有，只有這個時候才能出面，幫司馬昭背一下書。中國歷史的太后很多，但像郭太后這樣替權臣當招牌幾次釋出免去皇帝命令的太后卻獨此一家。如果要評一個歷史最窩囊的太后，這個老人家很有奪冠的實力。

司馬昭還做了一個動作，就是辭去相國、晉公、九錫之命，算是為這個事件負點責任，並作個交待。太后當然同意。

任命了新的皇帝，殺了那個倒楣的成濟，再表彰了一些功臣之後，司馬昭的權力更加鞏固。雖然這個事件沒有發生大的衝突，其流血程度跟街頭群架的規模差不多，但因為關係重大——被害人是皇帝。雖然司馬昭從曹髦的〈潛龍詩〉看得出，兩人的矛盾已不可調和，曹髦遲早會找個機會跟他攤牌，但他的內心並不想殺死這個憤青，而是想複製一下曹芳的經歷，讓郭太后廢掉曹髦，再把一個姓曹的推到那個座位上當皇帝，這應該是最好的辦法。而且他有這個實力，只是覺得機會還沒到來。哪想到，曹髦這傢伙沉不住氣，率先製造事端，最後變成這個結果。司馬昭接受這個結果是很被動的，但又不得不接受。

司馬昭覺得自己的「德」還沒有到位，而弒君之罪，在當時是最大的缺德之事。司馬昭知道要是處理不好，他此前的形象將大受損害，聲望大大下跌。說不定某個有實力的反對黨乘機發難，結果就難以想像了。幸虧曹家的人氣已經一點不剩，雖然有王經、陳泰幾個人表示憤慨，但這幾個人除了幾滴眼淚外，別的什麼也沒有，實在不足為患。相反，從這個事件中，司馬昭徹底檢驗了內部百官對他的態度——除了一小撮心存不滿的

117

第二章　一對權臣兄弟　兩個過渡人物—司馬師和司馬昭

人之外，其他人不是他的死黨，就是當中間派，兩眼左顧右盼，隨時倒向有實力的那一邊。

司馬昭對內的整頓已經結束。

接下來，應該對外用兵，透過武力統一中國，把統一的功勞有力地記在司馬氏的帳上，這才是他最終的目標。

第八節　出兵滅蜀　鍾鄧授首

司馬昭經過一番思慮，認為應該先打敗蜀國。主要原因有二：一、蜀國的國力相對較弱，而且人才短缺；二、劉禪這個傢伙又隔代傳承漢靈帝寵信宦官的傳統，把宦官黃皓當作頭號親密戰友，害得姜維不敢回成都，而是帶著大軍到沓中屯田，讓全國最精銳的部隊，變成生產建設兵團。這是解決蜀國的最佳時機。

當司馬昭把他的決定交給大家討論時，很多人都反對，只有鍾會認為他的決定是正確的。司馬昭最後決定伐蜀，而且把這個光榮的任務交給鍾會和鄧艾。

大家都知道鍾會和鄧艾這兩個人吧？鄧艾出身低微，在把門第看得很重的當時，司馬懿硬是大力提拔鄧艾，這說明鄧艾的能力是沒話說的，更說明鄧艾是司馬氏的鐵桿部下。鍾會是世家，而且也是個憤青，就連曹髦也曾經叫他到宮裡來清談。這傢伙也跟當時很多名士交往——但心胸卻不夠寬大。他本來很崇拜竹林七賢之一的嵇康，曾經親自跑過去跟嵇康聊天。哪知嵇康硬是不理鍾會，專心打自己的鐵，展現自己的肌肉，讓鍾會在一旁當觀眾。這還罷了，在鍾會離開的時候，居然不冷不熱地問一聲：

第八節　出兵滅蜀　鍾鄧授首

「何所聞而來？何所見而去？」鍾會答得也不錯：「聞所聞而來，見所見而去。」兩人對話不多，但卻極為精彩。只是鍾會大為不爽，後來憑自己跟司馬昭的關係良好，找了個機會把嵇康押上刑場。嵇康乾脆把名士風範做到底——在臨死的時候，硬是在刑場上舉行了一次個人獨奏會，演奏了一首〈廣陵散〉，達到了死而不朽的目的。當然，鍾會的主要功績不是憤青，而是他的其他才能——尤其是軍事才能。前面已經提過，他曾在幾個關鍵的時刻為司馬昭出謀劃策，成功地使司馬昭擺脫困境——要不，哪能成為司馬昭的心腹？

在伐蜀這件事上，司馬昭跟鍾會一樣，絕對信心爆棚，但鄧艾卻有些擔心——鄧艾長期幫司馬昭在西邊對付姜維，打得難分難解，因此覺得沒有把握，可是司馬昭叫主簿師纂去說服鄧艾，並留下來監督他。鄧艾終於表示贊同。

司馬昭召集十八萬人馬，在首都舉行誓師大會。有個叫鄧敦的將軍不知受什麼天氣的影響腦子突然發起熱來，硬是無話找話，對正站在檢閱臺上的司馬昭說，魏國不可能戰勝，勸司馬昭不要發動戰爭。司馬昭毫不猶豫地把這個勇於唱反調的傢伙的腦袋砍下來，然後命令部隊出發。

所有的人都沒有想到蜀國居然那麼容易就搞定。這個過程，大概連司馬昭也沒有想到會這麼快。

本來滅蜀之後，魏國上下應該一片歡騰，慶祝空前勝利，全國人民沉浸在歡樂裡才對。可是在蜀漢政權徹底消失之後，卻又出了一個更大的事件。

這個事件要是處理不好，或者說沒能力處理，其危害性比蜀漢政權的存在更加可怕。

這個事件就是鍾會事件。

第二章　一對權臣兄弟　兩個過渡人物—司馬師和司馬昭

　　鍾會是個憤青。憤青的一個特點就是心理膨脹得厲害——尤其是取得輝煌成就的時候，那個心態就會像宇宙大爆炸那麼膨脹起來。

　　司馬昭用鍾會這個人，實在有點絕，其膽量之大，看人之準，堪稱經典。在他決定重用鍾會的時候，很多人都對他說，鍾會這個傢伙是個職業野心家，就連鍾會的哥哥鍾毓都這樣說——這個老兄當然不想陷害老弟，只是覺得平時鍾會的野心顯得有點過頭，怕連累自己，才出賣老弟一下，他出賣老弟是為了自保。可是司馬昭卻硬是把十多萬大軍交給鍾會，讓這個憤青將軍當滅蜀部隊的帶頭大哥。

　　而鍾會和鄧艾果然不負司馬昭的期望，一舉把蜀國滅掉。

　　滅了蜀國之後，兩個傢伙心態一起膨脹，但膨脹的性質大不相同。鄧艾只是覺得自己從一個牛郎成長為太尉，而且都七十來歲了，還有機會展示一下自己的威風：趁姜維在劍閣跟鍾會對壘的時候，只帶一萬部隊走小路過來，直插蜀國的心臟地區，在差不多糧盡彈絕的情況下，以孤軍一旅就把尚有數萬大軍的蜀國滅掉，這種仗簡直漂亮得不能再漂亮了，最後還代表魏國接受劉禪的投降，直接從征西將軍的位子提拔到太尉。他覺得自己應該好好地驕傲一下，可以目空古今。這個心態一浮現，就難免做出一些出格的事——本來這些事並不怎麼出格，但老大對你這個心態是看不慣的——你雖然位列高官，但要知道，你仍然是老大的一條狗。鄧艾的出格，就是一邊請示上級，一邊重新安排蜀國員工，也不等老大的回覆，然後還上書說以後要如何如何以德懷人，以德降服東吳——儘管這些建議是對的，但司馬昭一看，覺得字字是在教訓他一樣，因此就叫監軍衛瓘對他說：「事當須報，不宜輒行。」就是做什麼事，要先請示一下，不要一想到就做，這樣不好。誰知鄧艾這時的心態正處於膨脹的高峰期，也不分析一下，衛瓘這話可是代表司馬昭說的，便氣勢磅礡地把衛瓘駁責了一通，其中還用《春秋》中的一句話作論據：大夫出疆，有可以安社稷、利

第八節　出兵滅蜀　鍾鄧授首

國家，專之可也。你看看，孔老夫子都這麼說了，帶兵在外，可以自作主張一下啊！你想想，這話傳到司馬昭的耳朵，他不破口大罵才怪？要是每個將軍帶兵在外，都這麼自作主張一下，他這個老大還有什麼意義？

鄧艾絕對不是從政的料。這傢伙哪想到他的這些話會讓他父子死在異鄉？

鍾會的膨脹不是一般的膨脹。在蜀國滅掉之後，看到自己手裡有十多萬部隊，這可是大大的資本啊——蜀國一個國家的軍隊也沒有這麼多，卻能在四川盆地割據了幾十年。姜維看出鍾會的這個苗頭，當然找機會煽動一下，果然馬上就讓鍾會心動了，準備打回老家去，滅掉司馬昭。

司馬昭打仗或許不是鍾會的對手，但玩權術卻比鍾會老練多了。他覺得自己父子三人，幾十年的所作所為，已經徹底獲得了民心，堅信前線的部隊不會跟鍾會走的。

而鍾會卻沒有想到這一點。他只把鄧艾當作自己的對手，就設法先陷害一下鄧艾。

司馬昭本來就想找機會解決鄧艾，正好鍾會來這一手，他就假裝智商很低地相信了。於是，滅蜀最大的功臣鄧艾就被裝上囚車，押送回首都接受審判，後來鍾會事敗，鄧艾的部下想去把他搶回來。可是衛瓘卻先派田續去把鄧艾的頭砍了下來。

鍾會以為把鄧艾搞定，就可以想怎樣就怎樣了。哪知，司馬昭已率十多萬部隊駐紮長安，雖然沒對他表示什麼，但他哪能不知道這是為了對付他的，於是就急忙舉事。這傢伙在冷靜的時候，腦袋好用，思維很嚴密，可是慌亂的時候，犯的全是小兒科的毛病，最後居然死在本來已被他控制的部隊手裡——這個細節，羅貫中的作品裡有詳細的描寫。

總之結果就如司馬昭所料。

第二章　一對權臣兄弟　兩個過渡人物—司馬師和司馬昭

　　司馬昭沒費什麼力，就滅掉了蜀國，也解決了鍾會和鄧艾。要知道，如果鍾會和鄧艾不那麼自大，只是學司馬懿那樣，老老實實，把滅蜀之功歸之於人民、歸之於老大，然後夾著尾巴繼續當司馬昭的高級員工，司馬昭還真拿他們沒辦法——尤其是那個鍾會，還年輕，只要等到司馬昭一死，大權十有八九會落到他的手上，到時他極有可能成為司馬氏第二。可是這傢伙不是司馬懿，不會等機會，卻把這個機會送給司馬昭。

　　司馬昭搞定這兩個人之後，心裡鬆了大大一口氣。他們父子走的是權臣路線，他肯定不會容忍別人也走這個路線。

　　司馬昭滅蜀之後，其聲望已經漲得無法再漲了。這期間曹奐又把他以前辭去的那些榮譽交給他，也就是說，封他為相國、晉公加九錫，司馬昭爽快地接受了這一大堆榮譽證書。

　　可能因為羅貫中的原因，很多人都把司馬氏父子當作陰險狡猾、心術不正的典型人物——尤其是曹髦那句「司馬昭之心，路人皆知」的名言，更是讓人們不把司馬氏父子當好人看待。其實司馬氏父子歷來重視以德服人，而且他們對這方面是很自信的。以前，司馬懿還玩弄點權術，司馬師還靠手中的兵權，達到鞏固權力的目的，司馬昭當然也靠槍桿子，但他卻更相信自己的德能服眾。在他對待鍾會這件事上，你就可以知道，他早就看出鍾會的反骨，居然還讓鍾會帶著十多萬大軍上前線。他堅信即使鍾會造反，但軍隊是不會跟鍾會走的。而結果跟他預料的一樣。

　　幾個月之後，司馬昭回洛陽，又接受了一個更高的榮譽——晉王。這個王就比皇帝差一個級別，跟以前曹操的魏王一樣。到了現在，可以說，誰都不懷疑司馬昭已有讓司馬氏取代曹氏的意思了，只不過是遲早的事而已。於是手下的那一幫人就開始在這件事上拍他的馬屁——這些部下知道，現在最大的功勞不是滅蜀或者滅吳，而是勸司馬昭當皇帝。滅掉敵國，功勞固然比天還大，可是往往會掉進「功高震主」的惡性循環裡，

第八節　出兵滅蜀　鍾鄧授首

歷史已經無數次證明，誰掉進這個惡性循環裡，誰就會死得很難看。倒是勸老大當皇帝是最好的功勞，他不當那是他的事，他當了，自己就有好處——反正也就幾句話，不用去偷雞摸狗，更不用去殺人放火。

司馬昭是個有點政治遠見的傢伙——估計這個政治遠見也是從曹操那裡學到的。他聽到這些話後，就說以前曹操沒有稱帝，我為什麼去稱這個帝？他在這幾年裡，在大力提拔親信的同時，更大力提拔他的兒子司馬炎。他一當上相國，就任命司馬炎當副相國——這個官職在中國歷史上僅此一家——類似於一千五百年後的副統帥。只是這個副統帥沒有這個副相國的幸運罷了。而且這個副相國可以「開府」——也就是可以自己有個辦公大樓，任命自己的官屬，為以後接班作準備。司馬昭這一著，大概是為了防止以前司馬師突然死去時的情況，避免像他接班時那麼被動，差點被曹髦解決了。

他這一招還真的做得很及時。因為這一年的八月九日，司馬昭突然覺得很不舒服，身邊的人趕來看他的時候，他已經說不出話來了。

司馬昭沒有想到，他的生命會停止在五十五歲這一年，因此一點心理準備也沒有，更沒有立下什麼遺囑，只是對著他的那一大批手下，指著他的兒子司馬炎。意思是說，以後，你們繼續跟著他，他叫你們往西，你們不能往東，然後就與世長辭了。

在中國歷史上，像司馬氏父子三人，有如接力賽一樣當了幾十年魏國的權臣，是不可多見的。不過，縱觀他們三個的人生軌跡，就可以看得出，他們三個人一生都在向曹操學習。只是起點不同而已。曹操是靠自己奮鬥，組織武裝力量，讓起義從小到大，最後做大做強，他抓住漢獻帝，只是為了「挾天子而令諸侯」，最後達到了這個策略目的，是屬於創業型的老大。而司馬氏本來是曹操的部下，靠幫曹操打工來維持生活，後來逐步爬上高階主管的位子，看到曹家後代的智商越來越低，一不小心就當上了實

123

第二章　一對權臣兄弟　兩個過渡人物—司馬師和司馬昭

際最高領導人。可以說，司馬氏是曹氏身上的寄生物，靠吸取曹氏的營養越長越大，越長越強悍，最後把宿主搞得一命嗚呼，然後取而代之——期間，曹氏以及司馬氏的反對黨也多次起來發動「倒馬運動」，但通通被司馬氏父子血腥鎮壓——而且司馬氏還能在血腥鎮壓反對派的同時，處理得「有理、有節、有利」，雖然殺了很多人，但讓人看到的形象卻越來越光輝、越來越高大。這就是寄生物的聰明之處。

當然，司馬氏能把事業做到這一步，不僅靠自己的本事，也靠了運氣。最大的運氣就是曹丕父子只會當皇帝，不會養生之道，弄得皇帝沒當幾年，通通來個「英年早逝」——如果曹叡多活十年，歷史就不會是今天的歷史。此後的皇帝身體也許沒什麼，但智商太低，根本不是司馬氏的對手。而司馬氏的運氣就在於，司馬懿太長壽了，居然活到七十三歲。而且他到七十歲才真正掌握魏國的政治命脈，成為魏國的實際最高領導人，他的兩個繼承人也都不長壽：司馬師只活了四十多歲，而司馬昭的生命也在五十五歲那一年畫下了句點。如果他們的歲數跟司馬懿交換一下，歷史可能又是另一個局面了。

當然，這只是一些題外話。歷史的車輪永遠無情地碾碎這些「也許」，向前隆隆前進。

這時，這個車輪已經把歷史帶進了另一個全新的時代。

第三章

人為藝術奪嫡的花花公子
種下亡國禍根的開國皇帝（上）

第三章　人為藝術奪嫡的花花公子　種下亡國禍根的開國皇帝（上）

第一節　暗拉山頭　成功奪嫡（奪嫡的祕密武器）

司馬炎是宣布晉王朝開張大吉的首任皇帝。

他的這個開國皇帝，大概是歷代開國皇帝中最幸運也得來最容易的皇帝。其他的開國皇帝，每個都得拚個你死我活，甚至打一輩子的仗，死裡逃生了無數次，先是從奴隸到將軍，然後才從將軍到皇帝，屁股挪到龍椅上時，頭髮和鬍子都白了一大半，直到臨死的那一天，都還在感嘆「江山來之不易」，勝利全靠自己拚出來的。唯獨司馬炎這個開國皇帝靠的是他老爸的一句話 —— 當然，這句話也不很容易。

司馬炎是司馬昭的長子。

司馬昭跟他的大老婆本來生有五個兒子，最後只剩下司馬炎和司馬攸這兩條好漢，另外三個小弟弟全都在未成年時，不知是吃了病雞得了禽流感，還是中了非典型肺炎，或者是跑到阜陽不幸患了手足口病，全都先後掛掉。如果按照那個「立嫡以長」的規矩，他這個繼承人是沒有什麼懸念的。偏偏司馬昭不這麼想，他覺得弟弟司馬攸能力強，人又乖，是個品學兼優的好學生，心裡超級喜愛，在夜深人靜，舉頭望明月，心裡琢磨這個接班人時，硬是把他作為接班人首選 —— 當然，如果他堅持這個選擇，晉代的歷史估計又是另一個模樣了。

司馬昭跟所有的父母一樣，覺得哪個孩子可愛，嘴巴就不停地誇他，而且還當很多人的面說：「這個天下本來是我哥哥的天下。現在哥哥不幸英年早逝，才輪到我坐這個位子。所以等我死了之後，應當讓小攸兒繼承，這樣才對得起我的哥哥。」

司馬昭對曹丕兄弟奪嫡的精彩故事當然很清楚，因此，他從不讓自己的兩個兒子私下結黨，引起內部衝突，以免又上演曹丕和曹植的故事 ——

第一節　暗拉山頭　成功奪嫡（奪嫡的祕密武器）

這個故事雖然迭宕起伏，情節令人感動，最後還與那首〈七步詩〉一起流芳百世，但司馬昭知道，這個故事只能讓曹家上演，不能讓司馬氏再回放一遍。

司馬攸是司馬氏家族中難得的老實人，每天只知道好好讀書，天天向上，名氣越來越大，但卻沒有他哥哥那麼有野心。

司馬炎的能力比老弟差得多。但他很會包裝和推銷自己。司馬炎雖然不算是個聰明人，但絕對不是豬頭之類的人物。他知道，按現在的發展趨勢，這個天下遲早會變成司馬家的天下，皇帝的璽綬遲早會落到司馬氏的手中。而且現在只有他和他的弟弟有拿住這個大印的資格。他太渴望這個大印了，但父親好像不怎麼看好他。如果是別的人，看到老爸都這樣表態了，恐怕也就算了。可是司馬炎認為，老爸正式下詔確定接班人之前，他還是有機會的。雖然機會不大，但不是說「有一線生機，就要用百倍的努力去爭取」嗎？

他知道老爸的脾氣，千萬不能在他面前提出這個要求。最後，他想到了一個推銷自己的方式。司馬炎肯定鑽研過帝王術，最後從劉邦那裡借鑑了一個辦法。劉邦這個傢伙是個將無賴進行到底的好漢，為了表示自己的與眾不同，居然編了一個謊唐得不能再謊唐的故事──說他自己是大蟒蛇的後代，而且目擊證人居然是他的老爸。這個故事經過是這樣的，一天，勤勞善良的劉老媽出去工作，突然下起誰也沒考證過是多少年一遇的暴雨來。他那個忠厚老實的老爸趕緊帶著雨具去找劉邦的母親，趕到現場時，卻看到一條龍正在與他的妻子交歡，他當時呆住了，也不知如何反應，反正從此就種下了劉邦這個龍種。一看就知道，這個故事根本就是瞎扯蛋。可是劉邦不管扯不扯蛋，編出來就發表，而且覺得還不夠威猛，還對人家翻開大腿，在盡顯流氓本色時，也把大腿根的那一大堆黑痣展現出來。他問人家你們猜這裡一共有多少個黑痣？人家猜了幾次，他都說錯，

第三章　人為藝術奪嫡的花花公子　種下亡國禍根的開國皇帝（上）

最才說這裡一共有七十二顆。到底有多少顆，誰也沒有細數一番，因此他說七十二顆就七十二顆，反正多幾顆也不會是你的，少幾顆也不會從你這裡做手術移植過去。他最後說，這下你們知道，我為什麼當上皇帝了吧？就因為有這七十二顆黑痣。這個痣不是壞痣，是好痣。他這麼一說，人家一想，覺得也對。

於是，這七十二顆痣就成了決定歷史的一個表徵記在史書裡——然後向人們宣告，這是老天老早就定下的天子。至於張良、蕭何、韓信這「三傑」的作用，哪比得上那七十二顆痣？

司馬炎覺得，現在只有讓老天來說服父親了。可是他不能像劉邦那樣編出一些不倫不類的故事。因此，只能從長相上學習劉邦。可是翻遍全身，也數不出七十二顆痣來。他後來突然來了靈感，沒有天然異相，為什麼不來個人造的？他當然沒有整容的本事，因此，他只能選擇一個最簡單的辦法，就是不剪頭髮，然後不知道用什麼牌子的洗髮精，硬是讓頭髮長得像馬尾一樣，可以拖到地板上。

他看到自己的頭髮長得不能再長了，就用洗面乳把臉洗得白白嫩嫩的，把自己很藝術地裝扮成一個大帥哥的模樣，突然去拜訪一個人。

這個人叫裴秀，就是《禹貢地域圖》的作者——一千多年以後，還被李約瑟授予「中國科學製圖學之父」的光榮稱號。這傢伙是世家出身，從小就已經很出名。據說八歲就會寫文章（如果活在現代，也是個大紅大紫的少年作家）。因為他的叔叔裴徽也是個大名士，家裡就成為清談專區，很多人都來這裡閒談。那些人在跟他叔叔聊過之後，還要來跟他吹噓，看看他的貼子，覺得很不錯。那時，他才10多歲，粉嫩得很，但名氣卻很大。他原來是曹爽手下的跟班，司馬懿搞定曹爽之後，他曾被開除公職。這傢伙不但學問好，是中國歷史上有名的地理學家，其政治頭腦也很不錯。在站錯隊之後，馬上來個棄暗投明，到司馬昭手下掛職，司馬昭也是

第一節　暗拉山頭　成功奪嫡（奪嫡的祕密武器）

名士們的粉絲之一，因此他很快就得到司馬昭的信任。在司馬昭跟諸葛誕對壘的時候，全靠他與鍾會出點子，而且每個點子都是金點子。而且他深知，現在只有跟定司馬昭，以後才有好果子吃。因此，他只做司馬氏的忠實部下，不像鍾會那樣，一看到有點機會，野心馬上極度膨脹起來，最後弄得命都丟了。司馬昭是個政治家，當然看得出裴秀是個好搭檔，因此很信任他。這時，他的官已經爬到尚書僕射這個位子了。他的話對司馬昭是有影響力的。

司馬炎找到這個人，是經過深思熟慮的。一來，這傢伙有學問，二來老爸聽這傢伙的話。這兩者缺一不可。

司馬炎在這件事上，做得很到位。他把自己打扮好之後，就去找裴秀聊天。

他笑著問裴秀：「人的相貌真的可以決定命運嗎？」

裴秀當然不是唯物主義者，歷來相信相貌決定命運這個說法，馬上說：「當然啦！」

司馬炎站了起來，頭很酷地一甩，只見一片烏黑油亮的的頭髮從全身的最高點飄落下來，一直垂到地面，完全可以編成一條純毛披肩或者一件真絲蓑衣。

博學的裴秀第一次看到男性有這麼長的頭髮，他想問一下，老弟你是用什麼護髮的，但他知道，如果他這麼一問，就有點膚淺了。他又抬頭一看，只見司馬炎這時簡直帥呆、酷斃了，馬上伸出大拇指對司馬炎說：「你的相貌貴不可言。」

司馬炎是有備而來的，等的就是這幾個字，當場就抓住這句話，這可是您說的啊！

從此裴秀就成了司馬炎的鐵桿兄弟。

第三章　人爲藝術奪嫡的花花公子　種下亡國禍根的開國皇帝（上）

　　裴秀以前因為站錯隊，被開除過公職，知道要是一步走錯，以後就會步步走錯。以前年輕，錯了還有機會「改邪歸正」，重新轉一下方向盤，現在年紀這麼大，可沒有重新做人的資本了。他肯定在心裡做過盤算，雖然司馬昭已有意讓司馬攸接班——現在司馬攸正坐等老爸掛掉之後，撿起這塊肥肉。但司馬攸的這個做法，完全是一種消極等待的做法。司馬炎可不一樣，已經在為將來奮鬥了。這傢伙的學問沒有白學，知道機會永遠留給有準備的人。因此，他把政治前途押到司馬昭這個潛力股上。

　　司馬炎看到裴秀這麼容易搞定，膽子就越來越大，與裴秀又去拉攏了賈充、何曾這幾條好漢，這兩個傢伙也都是聰明人，看到司馬昭主動招攬他們作為祕密小團體的成員，哪能放過這個機會？因為如果幫司馬昭當了皇帝，他們就是開國功臣——這種開國功臣比什麼韓信、蕭何要來得容易多了，而且看司馬攸那個清高樣，到現在都不理他們一下，估計當了皇帝也不會讓他們好過到哪裡去。他們馬上就達成共識，找機會不斷地向司馬昭吹耳邊風。要知道，這幾個傢伙都是司馬昭的得力部下，是目前在司馬昭面前說話最有分量的人物——雖說不能一句頂萬句，但幾句話頂一句是可以做到的。另外，司馬炎的朋友羊琇是個機靈鬼。他跟楊修一樣，一天到晚老睜著那雙賊眼，觀看形勢的發展，然後加以分析，得出結論，教給司馬炎。只要司馬昭一問，司馬炎就對答如流。估計在這方面，司馬攸這個老實人就鬥不過他哥哥了。

　　司馬昭在這方面也學他的老爸，對兒子考核來考核去，比較來比較去，經過幾次考核、反覆比較，覺得這個攸兒怎麼就比不過炎兒了？心裡也有點波動起來，後來又跟幾個心腹聊起這件事。先是問山濤——這傢伙也是竹林七賢之一，嵇康那篇雄文〈與山巨源〉的絕交書，就是寫給這個老兄的（山濤，字巨源），是當時的大名士，人氣很旺，社會上的知名度大得要命，而且深得司馬昭的器重——司馬昭也是名士們的粉絲——

第一節　暗拉山頭　成功奪嫡（奪嫡的祕密武器）

當初他哥哥司馬師要殺號稱中原第一名士夏侯玄時，他居然為夏侯玄求過情，他對大名士們也很客氣，曾經求阮籍來當官，並要跟他結成兒女親家，哪知阮籍愛酒勝過愛官，勝過愛老大，愛隔壁酒店老闆娘，勝過愛做皇帝的親家，硬是不管司馬昭雙手送過來的任命書，更不理司馬昭的提親要求。據說這傢伙一聽到司馬昭提出跟他做親家時，他一連大碗喝酒，喝得大醉，而且連續醉了六十天不醒。司馬昭哪天去看他，都見他打著呼嚕大睡，也只得打消了跟他做親家的念頭了。大多數人都因酒壞事，唯獨阮籍卻靠酒度過難關——那個害死嵇康的鍾會曾多次找阮籍說話，想抓他的小辮子，哪知每次阮籍都喝得大醉，不讓鍾會抓到什麼把柄。而且阮籍又清高得要命，看不起很多人——如果看不起人家，只在心裡看不起，那也沒什麼，可這傢伙卻用他的眼睛來表示——阮籍有個特技，就是會「青白眼」，可以把眼睛弄到全白的地步。如果他看得起你，他就用黑眼珠對著你，如果他看不起你，他就會用白眼對著你。嵇喜就享受過這個白眼待遇。嵇喜也是阮籍的粉絲，去找他聊天，哪知一見到自己的偶像時，偶像卻用一對白內障一樣的眼睛對著他，越看越覺得心頭發毛，就知道這天聊不成了，屁都不放一個，夾著尾巴就逃跑了。嵇喜的老弟嵇康聽說，馬上就跑去找阮籍。阮籍馬上改用黑眼珠跟嵇康聊天喝酒。這傢伙做了很多讓人家看不順眼的事。比如，他的嫂子要回娘家了，他一接到消息，酒也不喝了，瘋瘋癲癲地跑得鞋都掉在地上，去跟他的嫂子依依惜別，持手相看淚眼，好像在送自己的情人一樣。人家跟他說，叔嫂關係不是這樣啊，你這麼做有點不合禮儀了吧？這傢伙白眼一翻，說，這些俗禮難道是為我設的嗎？他家隔壁有個酒店，酒店的老闆娘是個美女。他就經常去酒店裡喝酒——如果光喝酒，然後色迷迷地看美女老闆幾眼，響亮地吞下幾口唾沫，那也是人之常情，算不了什麼。可是阮籍卻不是這樣的。他一喝就醉，一醉就在美女老闆的身邊睡下去，醒來以後，什麼話也不說，夾著尾

第三章　人為藝術奪嫡的花花公子　種下亡國禍根的開國皇帝（上）

巴就走。老闆一來知道，阮籍就是這樣的人，二來，知道這傢伙口袋裡有錢，得罪了他可就少了一位常客，而且他又是皇帝的紅人，因此也沒說什麼。有個才女還沒嫁人就突然掛了，阮籍一聽，什麼也不顧，跑過去對著死美人，大哭特哭一場，比情人還悲痛呢！弄得很多人都以為他跟小美女有一腿——而且這一腿情深意重得很，說不定才女就是因為單相思而掛掉的，弄得美女的老爸和哥哥臉上無光。他卻一點不管，把悲痛的心情表達完畢之後，就跑了，找幾個酒友喝他個痛痛快快，這才罷休。

你想想，做人做到這個分上，就是放在今天，也還會有很多人看不慣，不罵他幾聲瘋子才怪，何況在當時？

很多人都在司馬昭面前打阮籍的小報告，要求司馬昭把種人殺掉算了，讓這樣的人留在這個社會，除了汙染人們的精神世界外，沒別的作用。可是司馬昭卻只是笑笑：讓這個社會也多元一點嘛——足可看得出司馬昭心裡的名士情結，因此他信任山濤也不是什麼怪事了。他對山濤的信任表現在：當他帶著皇帝一起西駐長安，準備對付鍾會時，就是讓山濤帶兵留守鄴城——那時曹家的親王全都集中在那裡，因此只要把那個地方的城門關死，就可以把曹家的菁英分子一網打盡。這等於把後方交給了山濤。山濤這傢伙跟其他竹林七賢一樣，有喝酒的愛好（竹林七賢裡酒喝得不多的只有向秀和嵇康，但這兩個傢伙愛磕藥，尤其是嵇康，一有時間就往山裡跑，抓來很多樹根藤條，回來做保健食品吃——不過，跟那句「武功再好，也怕菜刀」一樣，再怎麼健康，也擋不了砍刀。後來他的身體沒什麼毛病，但卻被人家砍了頭，只活了三十九歲），而且酒量很大，但他最能節制，每次只喝八斗，然後就堅決不喝了，不像劉伶和阮咸那樣，貫徹「有酒必喝，一喝必醉」的原則。阮咸一生狂喝，從不管酒的品質，更不管喝的環境如何。有一次，他跟親朋們一起喝酒，可能那酒的度數有點偏低，他就不用小杯子，而是改用大盆來乾。大家正喝得瘋狂，一群小豬

第一節　暗拉山頭　成功奪嫡（奪嫡的祕密武器）

居然也跑過來湊熱鬧，加入喝酒的行列。大家都去趕豬。趕完之後回頭一看，發現居然還有一頭小豬沒有被趕走，而且這頭小豬正與阮咸頭挨著頭，像兄弟一樣，一起把頭埋在大盆裡，喝得咕咕響呢！阮咸喝得過癮，小豬喝得痛快，算是「哥倆好」了。人家跟他說，你為什麼跟豬一起喝酒呢？阮咸卻眼睛一翻，說：「天地與我並生，而萬物與我為一。」你看看，這傢伙喝酒也能喝出境界來了。山濤是不會喝成這個樣子的。

司馬昭聽說山濤只喝八斗，有點不信，曾經讓人換上小杯，暗中加酒，哪知他表示堅決不喝、放下酒杯的時候，司馬昭一計算，正好只喝了八斗。弄得司馬昭對他更加佩服。

山濤雖然不是司馬炎祕密小團體中的成員，時尚先鋒的鬼怪舉止幾乎每天都有，但他聖賢書讀得多，滿腦子全是「立嫡立長」的觀念，因此司馬昭問他時，馬上就搬出這套理論來說服司馬昭，說：「廢長立少，違禮不祥。」

司馬昭又問賈充。這傢伙就更不用說了，一聽到老大的問話，馬上就對司馬昭大放司馬炎的讚歌：「中撫軍有君人之德，不可易也。」在賈充說完這話之後，何曾和裴秀立刻接下去更深一層分析：「中撫軍聰明神武，有超世之才，人望既茂，天表如此，固非人臣之相也。」這些話放在今天當然是屁話，可在當時卻是大道理。這就從倫理和生理上充分論證了司馬炎才是合格的繼承人。司馬昭一聽，想了一想，為什麼以前沒有想到這方面？差點違背了上天的意志。還是廣納建議好，什麼事都獨斷，會斷送司馬家的天下的。

他馬上下決心立司馬炎為唯一繼承人。並著手大力提拔培養這個兒子，第一步是讓司馬炎當中撫軍兼副相國，而且可以開府辦公，一個月之後，又提拔他當撫軍大將軍──以前司馬昭就是從這個位子接過哥哥的權力大棒的。到了這一步，誰都知道，司馬氏下一個帶頭大哥就是司馬炎了。

第三章　人為藝術奪嫡的花花公子　種下亡國禍根的開國皇帝（上）

　　司馬攸這時到底是什麼心情？我們無從知道，因為史書沒有記載。但估計是超級鬱悶，否則，就不會有以後的那個結局了。

　　現在只剩下司馬炎在嘎嘎大笑了──只等他的老爸一掛，他就是全國第一把手了，想要哪個美女就要哪個美女了。還有裴秀、何曾、賈充這幾個投機的傢伙也在狂笑著。只等司馬昭一嚥氣，他們就成為開國功臣了──哈哈，這個開國功臣也太容易了。

　　司馬昭絕對想不到有這麼多人在希望他死去，而且全是他的死黨啊！

　　果然過了不到一年，即魏國年號的最後一年──咸熙二年的八月九日，司馬昭就真的死翹翹了。這一年是西元二六五年。

　　司馬炎繼承了司馬昭所有的官爵，成為魏國實際最高領導人。

　　司馬炎早就想當皇帝，到了這個時候已經沒有耐心了。當了幾個月的晉王之後，覺得沒一點意思了，馬上決定罷黜曹奐──曹奐什麼名字不好取，硬是取了個「奐」字，現在果然被換掉了。

第二節　大種禍根的開國之君

　　司馬炎以晉代魏的過程按照曹丕的例子進行著，讓曹奐當陳留王，待遇參照漢獻帝──曹丕地下有知，肯定哭笑不得。

　　但司馬炎不會去管曹家人的感受，他只是把曹氏稱帝後的這一段歷史複習一遍，得出一個結論：曹操的子孫被司馬氏祖孫四人像玩麵糰一樣，想叫他圓就圓，想要他們方就方，而居然沒有一個人出來說一句公道話──即使現在把曹奐換了，手下那一班員工都是「今日魏臣，明天晉

第二節　大種禍根的開國之君

臣」，忙著轉換身分，倒是他的叔祖司馬孚不知是哪根筋作怪，當了大晉朝的皇叔祖之後，卻跑過去拉著曹奐的手，一臉淚水地說自己是徹頭徹尾的魏臣。其他人對曹家卻沒一點表示。出現這個局面的最主要原因是，自曹丕開始，就有一個傳統，對自家人都不相信，所有的皇親國戚都集中在鄴城，個個都有個「王」的爵位，但卻只拿高薪，沒有一點權力，他們的存在只是相當於一個大財主。一旦內部出現像司馬氏這樣的強人，登高一呼，推翻他們的政權，比推翻一個里長還容易──雖然有很多人想反抗，想不同意，可是你拿什麼來表示你的不同意，拿什麼來反抗？只有乖乖地交出權力，你要是不滿，連頭也得讓人砍去。

司馬炎也跟很多皇帝一樣，想得最多的不是人民的生活，而是如何讓他的子孫世世代代地把皇帝這個職業當下去。他在總結了曹魏政權教訓之後，馬上就進行體制改革，先把曹家的這個不信任自家人的傳統廢除，接著改革了另一個制度，就是「人質制」。原來曹家不止不信任自家人，也不信任別人，但總得有人做事，需要人家去幫他們打仗，對付吳、蜀兩個敵人，因此他們就制定了一個政策：凡是帶兵出征的高級將領，都得把家屬留在首都當人質，然後隻身上前線。用這一招來防止將軍們叛國投敵。司馬炎認為，這是缺乏誠信的政策，司馬家既然改朝換代，就應當努力建設一個誠信政府。所以曹家的這些制度不能留下來。

他覺得只有把權力交給自己人，才能讓他的子孫長治久安下去。因此，他一上任，先按慣例追尊爺爺司馬懿為宣皇帝、司馬師為景皇帝、老爸為文皇帝。擺平這幾個死人之後，就開始大封活著的親戚：封皇叔祖父孚為安平王，叔父榦為平原王、亮為扶風王、伷為東莞王、駿為汝陰王、肜為梁王、倫為琅邪王，弟攸為齊王、鑑為樂安王、機為燕王，又封群從司徒望等十七人皆為王。他不但封他們為王，而且還給這些王很大的權力──因為這些王都是他的叔伯兄弟。他認為，只有讓本家兄弟掌握國

第三章　人爲藝術奪嫡的花花公子　種下亡國禍根的開國皇帝（上）

家的大權，萬一司馬氏有什麼意外，他們就像當年的周幽王一樣，點燃烽火臺，這些宗親就會帶著部隊從四面八方趕來救援，可以萬無一失，從根本上保證了司馬氏王朝能一統江湖、千秋萬代。哪知，卻種下了亂國的大禍根──中國歷史上的王朝沒有哪個是千秋萬代的，但開國之君就為亂國做了如此充分準備的，只有這個司馬炎了。

不過，司馬炎一開始時，做得還算稱職，並做了幾件可圈可點的事。

第一件事是大力提倡勤儉節約。司馬炎雖然是花花公子出身，尚未登基時，吃喝賭嫖扮酷做時尚先鋒，一個不少，但當了皇帝之後，居然也知道這個家難當，因此，馬上下詔要求大家發揚勤儉節約的優良傳統。司馬炎也是個很會做秀的高手。他把宮中很多珠寶都分給那些在職的王公大臣，一來可以收買人心，二來也可以表示自己已經不奢侈了。有一次，人家向他報告，祭祀大典用的牛的青絲繩斷了。他眼珠一轉，馬上叫人用麻繩補上──麻繩比青絲在價格和等級上低了不止一個級別。人家看到大帥哥連這一點都捨得把成本降低下來──這可是祭祀用的啊！就知道這皇上真的很勤儉節約了。

第二件事是大力提倡農耕。

他現在雖然是皇帝，但孫皓還在南方當他的吳國皇帝，因此，他這個晉國皇帝當得也有點不過癮，必須消滅孫皓，使得江山全歸司馬氏，這才是一個完整的皇帝。但要讓孫皓變成劉禪，還得打仗啊！打仗靠的是綜合實力，而不是靠頭腦發熱。因此，司馬炎決定大力發展農業，努力提高國力。他在洛水一帶承包了一塊責任地，以示對農業的重視──當然，他並不像農民那樣，天天到那塊田裡，插秧到收割，做得不亦樂乎──他只是在那裡做一下秀，在泰始四年，跑到那塊田裡，推了三次犁。這個動作，跟現在很多高官一樣，常到某個工地視察，等人家拍完照，他也就拍拍屁股走人，第二天，照片放到頭版頭條就行了。司馬炎時期，沒有報

第二節　大種禍根的開國之君

紙，也沒有攝影器材，他的做秀，只是做給大臣們看，做給史官看——這個史官也太認真了，連皇上推了幾次犁也記得這麼清楚。

他雖然做秀，但卻取得了很好的效果，使得他當政的前幾年，國內生產力和人口迅速增長。

第三件事是他叫賈充主持制定了一套法律。當然，這種制度是做不到以法治國的，不過，有一套完善的法規，總比沒有的好。賈充很多事做得不管你橫看豎看，都不順眼，但這傢伙主持修定的這套法律卻是有劃時代意義的，他也因此成為中國歷史上有名的法學專家。這套法律就是《晉律》。

司馬炎做了上述的幾件事，還算是很有積極意義的——當然，他不是為了社會進步，才做這幾件事的。他做的這些就像我們歷史書上所說的：完全是為統治階級服務，是為了讓司馬氏當這個國家的第一把手當到地老天荒的。

可是接下來他做的一件事，對他開創的晉朝產生了沉重的打擊。

這件事，就是立太子的事。

大家都知道，如果接班人選得不對，那後果不堪設想，因此，很多皇帝雖然也很菜，但也不會選一個腦殘的人當接班人的。

可是司馬炎硬是選司馬衷當了太子，要這個傢伙在他死後當晉朝的第一把手——其實司馬炎一點不缺兒子，他一共生了二十六個兒子，這些兒子除了司馬衷個個正常得很，而且有的還很厲害——後來八王之亂的「八王」中，就包括他的三個兒子。

司馬衷要是活在今天，肯定能得到殘疾人的福利待遇。可是在當時，他享受的是接班人的待遇。司馬衷腦殘到什麼地步呢？腦殘到連宮女都敢叫他豬頭的地步。司馬炎把自己的才人謝玖轉讓給這個兒子，主要意圖就

第三章　人為藝術奪嫡的花花公子　種下亡國禍根的開國皇帝（上）

是讓謝玖教兒子泡妞的招數，教了沒多久，就教出成果來——謝玖就生了司馬遹。本來生了這麼一個兒子，也是很正常。可是司馬衷居然不知道自己生了這麼一個兒子，早已成為一名爸爸了。有一次他在一個地方看到一個孩子，覺得很可愛，就想跟他玩。他老爸問他：「衷兒，你知道這個孩子是誰的嗎？」他搖搖頭說不知道。他的老爸說，這是你的兒子啊！他這才知道自己有了個兒子。

司馬衷腦殘，但司馬炎並不笨。這傢伙腦袋靈光得很，否則，現在坐在這個位子上的就不是他而是他的老弟司馬攸了。他也知道這個兒子智力有問題，他之所以立這個兒子做太子，居然是因為司馬衷生了一個他認為很聰明的兒子。這有點像野史裡傳說康熙立雍正為太子的原因——可是你也知道，雍正的智商高得要命。估計司馬炎做了這個決定之後，會很佩服自己是哪來的靈感，能做出如此高瞻遠矚的決策。只是打死他也沒有想到，他的這個決定，再加上加封那幾個同宗為王，已經種下晉朝大亂的禍根。

而且在他做出這個決定時，居然沒有反對的聲音。

要知道，司馬炎雖然是當時中原最大的獨裁者，但做起事來還是很民主的——否則，他就不會進行體制改革，多設了那個諫官的職位。這個職位是什麼職位？就是專門向皇帝進言的職位，如果是秦始皇一類的皇帝，能設這個職位嗎？後來很多朝代不斷地進行體制改革，但這個職位卻留得很久。司馬炎在這方面繼承了他老爸的傳統，對勇於向他發出不同聲音的人還是很寬容的。還記得竹林七賢的那個山濤吧？他在當時應該是最吃香的人。平時跟阮籍他們一起混，努力擠出時間去竹林裡喝酒，以喝酒為第一要務，還順帶吃一些「七步散」之類的東西——就像現在很多人吃搖頭丸一樣（後來那個裴秀就是吃這種「搖頭丸」掛掉的），時時頭重腳輕，看上去很有人文藝術的味道，人氣很旺，然後又投靠司馬氏，官當到

第二節　大種禍根的開國之君

尚書，說的話對司馬昭都有影響力，屬於黑白兩道通吃的那種人。那個司隸校尉李憙曾經舉報劉友、前尚書山濤、中山王睦、尚書僕射武陔各占官稻田，應當革職。可是司馬炎一看，別人可以處理，可是山濤是什麼人？是大名士，是皇上的恩人啊！沒有他那句話，司馬炎能不能當皇帝還是未知數呢，因此就在舉報信上批示：「友侵剝百姓以謬惑朝士，其考竟以懲邪佞。濤等不貳其過，皆勿有所問。憙亢志在公，當官而行，可謂邦之司直矣。光武有云：『貴戚且斂手以避二鮑。』其申敕群寮，各慎所詞，寬宥之恩，不可數廷也！」把責任都推給那個立進縣的縣長頭上，其他三個朝廷大員居然只是幫凶而已，最後還本著懲前毖後、治病救人的人道主義精神，讓他們無罪過關。這是典型的只打蒼蠅，不打老虎的手法。不過，他還是大力表彰了李憙一下。這個李憙雖然沒能把貪官拉下馬，但卻因此受到表彰，比起後來那個郭允光因為舉報貪官而坐了八年牢要好得多了。

司馬炎對這件事的處理，後來被他那個同宗的司馬光批評得很厲害。但司馬炎就是這樣一個沒什麼原則的人。

這時，他看到立太子時，居然沒有一個反對的聲音，他還以為大臣們都認同他的抉擇呢！其實這關大臣們什麼事。這天下是你家的天下，誰當皇帝是你家的事，我們只是打工的，只要給我們薪資，讓我們謀利，不把我們從利益集團裡踢開，我們就高興了，何況要是立個精明的人當太子，以後他當了皇帝，倒不好辦了——說不定，突然來個整治貪汙，那才可怕。你看這個司馬衷，一天到晚連口水都管不住，他有能力整治貪汙嗎？估計什麼叫貪汙都不知道呢！哈哈，等司馬炎一死，貪官的春天就要到來了。誰去反對立司馬衷當太子，就說明誰比司馬衷還要傻。

立了這個太子之後，司馬炎又走錯第二步棋。

這步棋原本他是不打算走的。

第三章　人為藝術奪嫡的花花公子　種下亡國禍根的開國皇帝（上）

但因為他耳根子太軟，本來決定得好好的事，硬是讓別人的幾句話全部推倒重來。

這步棋就是關於太子妃的問題。

話說劉邦早就知道，皇帝老婆要是插手朝政是相當危險的事，因此，老早就有個規定，後宮不得干政。而且歷史多次證明，後宮干政的後果是很嚴重的。這一點，司馬炎一開始應該是很清楚的，尤其是他那個豬頭衷兒，要是娶了個強悍老婆，早晚這天下就會成為媳婦的天下了。所以，他為他兒子安排了一門親事。那時，是講究出身的，能跟皇帝結親家的家庭一定也是個好門第，也就是說，老爸也是個大官。司馬炎經過長期觀察，認為衛瓘的女兒可以當他的兒媳婦。

可是後來的一件事，讓司馬炎改變了這個決定。

原來北方的胡人作亂，並內外勾結，把涼州刺史牽弘扁死在戰場上，司馬炎問侍中、太子少傅任愷：「誰可以去擺平北方的作亂分子？」

這個任愷跟賈充歷來有矛盾。前不久，賈充想把任愷的侍中位子換掉，就向司馬炎建議，要任愷當專職的太子老師，不要老跟在司馬炎的屁股後面，讓他一眼就心煩。誰知司馬炎不但讓任愷當太子少傅，還繼續留任侍中，氣得賈充差點吐血。

任愷是什麼人？到了這個時候，當然沒有忘記報復一下賈充。他馬上對司馬炎說：「宜得威望重臣有智略者以鎮撫之。」

司馬炎又問：「誰可者？」

任愷說：「就是賈充啊。現在朝中誰像他那麼有威望？」

司馬炎一聽，把這件事又跟河南尹庾純商量一下。這個庾純其實一點也不純，也是任愷的死黨，同時也是賈充的死對頭，估計平時兩個在一起時，就經常設計過這方面的事，早就達成共識，這時聽到老大一問，馬上

第二節　大種禍根的開國之君

就表示舉雙手贊同：「只有賈充這樣有威望的人才可以完成這個光榮而艱鉅的任務啊！別人去，我們不放心，皇上您能放心嗎？你看看那個牽弘，前車之鑑啊！」

司馬炎一看，大家都同意這個方案，說明這個方案是可行的，馬上就下詔，任命：以充為都督秦、涼二州諸軍事，侍中、車騎將軍如故。

賈充一接到這個任命書，兩隻眼睛就對著牆壁發呆。他不用想就知道，一定是任愷那傢伙搞的鬼，想把自己調出首都。這傢伙知道自己這麼多年來，得罪的人多，只是因為天天跟在皇帝的屁股後面，反對黨沒有打擊他的機會。如果遠離權力中心，以後就不好說了。雖說司馬炎是個很寬大的人，但同時也是個耳根軟的人。而且更要命的是，賈充知道自己也不是打仗的料，估計跟敵人在戰場上決鬥，能力不會比那個牽弘高到哪裡去，越想越覺得全身發冷。但皇帝的任命書已經下來，你再怎麼發冷也不能推脫。

他準備去報到時，很多官場上的朋友也像往常一樣，過來替他送別。賈充知道，他今天一去，以後的命運可就不好說，因此抓住最後一個機會，就問荀勖你還有什麼辦法讓我留下來？

荀勖的腦袋很靈，當場就勸賈充說，只有讓太子變成你的女婿，才有藉口不去啊！

賈充一聽，我的媽呀，果然好計謀。這不但保住了政治前途，而且還可以繼往開來，為賈家以後打下更好的基礎啊。現在只是老大的跟屁蟲，要是這婚事一成，不就成了老大的親家了？等司馬炎一掛，自己可是皇帝的岳父大人——你看看那個司馬衷的模樣，以後權力不全交給岳父大人還能交給誰？

賈充突然之間，臉上就容光煥發起來，不管把眼睛轉到哪個方向，都

第三章　人爲藝術奪嫡的花花公子　種下亡國禍根的開國皇帝（上）

覺得前途無限光明。

告別宴會一結束，他並沒有離開首都，而是著手女兒的婚事。賈充打仗是外行，可是拉幫結派卻是高手。

這傢伙雖然被很多人罵他人品有問題，反對黨到處都有，但死黨也是不少。他馬上發動荀勖、荀顗、馮紞等一批死黨，只要有機會，就對司馬炎吹耳邊風，說賈充的女兒如何的好，如何的漂亮動人，美若天仙，要德有德，要貌有貌，反正什麼好處她都有──這些死黨都知道，要是賈充離開首都，遠離決策中心，那些反對黨接下來可就放開手腳大幹一場了，到時可就不是賈充一個人的事了，他們都得跟著被人打翻在地再踩上一腳。因此，保住賈充的政治生命，就是保住他們這一群人的生命，因此個個都為這事努力奔波，努力把賈充的女兒推銷給司馬炎。賈充還全家動員，讓他的老婆郭槐拿著錢財去收買楊皇后身邊的人，那幫皇后身邊的工作人員，跟很多高層的祕書一樣，看到白花花的銀子，哪有不買帳的道理？而這個楊皇后也跟很多上級一樣，最容易聽得進身邊的人的話。沒多久，楊皇后也成了擁賈派，每晚在司馬炎面前大吹枕頭風。

司馬炎先聽到皇后要求娶賈女為太子妃的建議，但他卻不同意，不同意的理由是：「衛公女有五可，賈公女有五不可：衛氏種賢而多子，美而長、白；賈氏種妒而少子，醜而短、黑。」可是楊皇后卻用上女人特有的糾纏功夫，不管老公提出什麼理由，她就是要求娶這個賈美女。後來，那幾個賈充的死黨又進一步在司馬炎面前大力讚揚賈充的女兒是個德才兼備的美女，是下一代皇帝老婆的最佳人選，如果老大看不上，那真是浪費了大美女，非常可惜──這個賈女雖然離美字差得很遠，但現在是介紹給司馬衷，又不是介紹給他們。這幾個傢伙也是看透了司馬炎這個人，他們當然知道，賈女醜得讓人一見，臉面就會像吃了青柿子那樣，變得很難看，但這漂亮又沒有國際標準，你可以說醜，但我為什麼不能認為漂亮。

第二節　大種禍根的開國之君

司馬炎本來那雙耳朵就有問題，這時，看到輿論全倒向賈充的女兒，想了一想，就同意了這門婚事。本來，他們提名上去的是賈充的小女兒賈午，可是因為十二歲的賈午「短小未勝衣」，非但一點不性感，就連嫁衣都撐不起來，只得換上賈充的另一個女兒冒名頂替。這個女兒就是後來大大有名的賈南風。

歷史後來證明，司馬炎先前娶衛女的決定是沒有錯的，而他現在的選擇，又為晉朝不久之後大亂的局面加上了最後一根稻草。

司馬炎只顧讓耳朵少一點噪音，卻完全沒有想到，賈充是個什麼樣的人？這可是個為了自己利益都能把皇帝殺死的人啊，現在選定他的女兒為未來的皇后，那將是個什麼樣的局面？如果司馬衷的腦筋好一點，賈充可能還會放老實一些，可是你看看司馬衷這個樣子，到頭來晉朝的天下還不是賈充說了算？司馬炎一天到晚為以後著想，花了大量的心思，卻在這件事上短視得不可思議。

賈充高興得牙齒差不多掉到地下。他終於又留在首都。

司馬炎為兒子討了個醜老婆，可是他對自己要泡的妞要求高得很。他在這方面不但重質，而且也講究量。

他在泰始九年公開選美，規模的隆重，堪稱歷史之最。一開始他覺得後宮的編制太少，就下了個命令：經研究決定，為增加後宮規模，最大限度地滿足皇帝的生理需求，以便讓皇帝懷著愉快的心情帶領國家發展，現決定從三公以下官員的女兒中挑選符合標準的美女進入皇宮，充當嬪妃。希望各級官員將這件事作為今年度任務的重中之重。有膽敢瞞報不報的，都當作「不敬」依法辦理。在這項任務宣布結束之前，全國禁止結婚。由皇后楊豔擔任選美小組組長。「不敬」這個罪名，是欺君之罪，是可以殺頭滅九族的。

第三章　人為藝術奪嫡的花花公子　種下亡國禍根的開國皇帝（上）

　　楊皇后對司馬炎這麼大規模選妃本來就很反感，這時還要當選妃小組的負責人，心裡當然有氣，便定了個標準：只選身材苗條高挑的，以及皮膚雪白的進宮，那些容貌漂亮的，她看一眼就宣布落榜。

　　司馬炎一看，這些妃子雖然長得雪白粉嫩，又高又苗條，完全可以當時裝模特兒。可是這臉蛋好像龍的傳人──恐龍的傳人，高挑粉嫩是不錯，可是恐龍的傳人卻讓他受不了。他大為憤怒，立即免去楊皇后的組長職務，由他親任組長，而且親臨第一線，對美女進行面試，一旦他覺得不錯，說一聲要的，就用黑紗在那位美女的粉嫩手臂上打個結，表示妳入選了。過程大大地簡化了。

第三節　名將與名將的對壘

　　司馬炎最大的成就，不是制定了《晉律》，更不是立了豬頭太子，而是派軍隊打過長江去，使中國經過幾十年的分裂之後，又重新統一在他的領導之下。

　　他決定搞定孫皓是在當了十四年皇帝的那一年──這可是差不多四屆美國總統的任期啊！從這點上看，就知道，司馬炎是有備而來的，這跟當初他謀劃當接班人一樣。其實從他當皇帝不久，就接受了羊祜的建議：要取得滅吳戰爭的勝利，最好的辦法就是派艦隊從上游順長江而下。並按照羊祜的規畫，派王濬任益州刺史，並加號「龍驤將軍」──你一看這個「龍驤」就知道是個海軍，專門負責組建攻吳艦隊。王濬到益州後，馬上帶著部隊大砍大伐，製造當時世界上最大的船隻，準備打造一支全世界戰鬥力最強的水上作戰部隊。那船大到什麼程度？「長百二十步，受二千

第三節　名將與名將的對壘

餘人，以木為城，起樓櫓，開四出門，其上皆得馳馬往來」。居然能在上面騎馬，相當於當時的航空母艦。據說，他造船的廢料「蔽江而下」。驚動了東吳的建平太守吾彥。吾彥馬上從江上取了廢料的樣本，跑到吳帝孫皓面前說：「晉必有攻吳之計，宜增建平兵以塞其衝要。」可孫皓也是個豬頭，對吾彥的話，卻一點也聽不進去。吾彥沒有辦法，只得大興鋼鐵，「為鐵鎖橫斷江路」。如果這時，孫皓看出問題的嚴重性，加強防備，後果也許還不那麼嚴重。可是這傢伙只認為自己是全世界最聰明的人，自己覺得沒事，這天下一定沒事。

而且這期間，吳國在陸抗的帶領下，曾經取得了一次對晉戰爭的勝利。

這是一次名將與名將之間的對決。這一次吳國的前線指揮官是陸抗，也就是陸遜的兒子，而晉國的前線總指揮就是羊祜。羊祜和陸抗兩人不但是當時有名的大將，也是人氣很旺的名士。陸抗的出身那是不用說的了，而羊祜的出身也是很厲害的，他的老爸雖然只是上黨太守，按官職來說，算不了什麼，可是他的外公卻是鼎鼎大名的蔡邕先生——那時講的都是出身名門，你是大官的後代，你這一輩子肯定有出息，同樣，你要是名士的後代，你過得同樣不錯，可以或多或少地從那裡分到很多人氣。所以，即使羊祜小的時候他的父親就去世了，但他還是很有名。據說，他在很小的時候，「遊汶水之濱，遇父老謂之曰：『孺子有好相，年未六十，必建大功於天下。』」這個父老是誰，我們不知道，但這麼一句話，卻替羊祜做了一次強大的廣告——那時的輿論還是很重要的，即使是一些八卦，也能讓你人氣大漲。而且這傢伙也確實是個當名士的料，雖然還很粉嫩，但卻是個大帥哥，「美鬚眉、善談論」，這兩個特點完全符合做名士的條件。他也因此得到夏侯威的看重。這個夏侯威就是夏侯霸的弟弟——那時還是曹家的天下，夏侯氏當時也是有權有勢一族。夏侯威看重他之後，為了表示這個看重的價值，還把夏侯霸的女兒嫁給他當了老婆，這就讓他的社

第三章　人為藝術奪嫡的花花公子　種下亡國禍根的開國皇帝（上）

會地位迅速上升，為以後的升遷打下了良好的基礎。

羊祜的處世的能力很不錯，雖然跟曹家有這一層親戚關係，但卻在夏侯霸叛國投敵後沒有受到一丁點處分，而司馬炎在改朝換代之後，對他更加重用，沒多久就做到「都督荊州諸軍事、假節、散騎常侍、衛將軍」。他雖然是將軍，但就是在軍營裡面，也是「輕裘緩帶，身不披甲」，一副休閒打扮。有一次，他半夜外出蹓躂，也不帶什麼隨從，軍司徐胤拿著兵器擋住大門，對他說：「老大你以為你跟我一樣？死了沒什麼損失？你現在帶著大軍，要是掛了，是國家的損失，人民的損失。今天除非你把我殺了，才能開這個門。」羊祜一聽，對徐胤謝了一謝，從此不再夜出散步。司馬炎這輩子重用的人，很多都是垃圾，唯獨他堅持重用的羊祜和杜預是當時難得的人才，而且能重用到底，從不懷疑，並且放心地把完成統一大業的重任交給了這兩個人。羊祜第一次最引人注目的出場，就是跟東吳名將陸抗的對決。現在，我們來看看，這兩個名將的較量。

故事發生在泰始八年，事件的起因是原於步闡的叛逃。這傢伙當時是昭武將軍兼西陵督，本來在西陵吃好住好，從沒有叛國投敵的想法。可是這一天，突然接到孫皓要他回京的通知。這時所有的人都知道，這個孫皓已經接近變態的邊緣，到了動不動就殺人的地步。步闡以為一定是自己在什麼地方得罪了孫皓，現在叫他回去是想殺掉他，心裡怕得要命，決定向晉朝舉白旗。

陸抗知道後，馬上命令左奕和吾彥帶兵去討伐。

司馬炎也馬上作出相應的部署，「遣荊州刺史楊肇迎闡於西陵，車騎將軍羊祜帥步軍出江陵，巴東監軍徐胤帥水軍擊建平，以救闡。」這是司馬炎上任後第一次與東吳發生大規模的軍事衝突，因此，他還是很重視的。

這時，晉軍的兵力遠遠多於東吳，按道理取勝是沒有問題的。可是因

第三節 名將與名將的對壘

為他們遇到的敵人是陸抗。面對來勢洶洶的敵人，陸抗卻一點都不怕，只是「敕西陵諸軍築嚴圍，自赤溪至於故市，內以圍闡，外以禦晉兵」，這個命令下得很急，弄得將士叫苦不迭：當兵是打仗的，現在都加班去修什麼工事，差點成了挖土方的農民工。他們一致強烈要求陸抗趁現在大夥士氣旺盛，向步闡發起總攻，把這個叛徒內奸抓住。西陵的工事以前是陸抗修築的，他最清楚這決不是豆腐渣工程，也不是大叫幾聲就會垮下來的。但他看到這些將領的情緒太激動，只得下令攻擊。結果，白費了一天的力氣，除了總攻失敗外，其他沒一點收穫。這些將士這才老老實實、繼續加班修築工事。

這時，羊祜帶的五萬大軍正浩浩蕩蕩地衝向江陵。

陸抗卻一點不管，只是帶著主力部隊向西陵狂奔。

他知道，西陵才是真正的策略要地。

羊祜知道江陵有一條人工河。他現在最想利用這條人工河作為運輸的水道，因此就玩了個虛虛實實的手段，到處叫嚷著要破壞這條水道──因為這條人工河是東吳開的工程。他以為，這麼一叫嚷，東吳人肯定會更加保護這條人工河，保護這條人工河就是保住了幾萬大軍的生命線。如果他的對手是其他人，估計這個辦法會很成功。可是他現在的對手是陸抗，而且他更想不到的是，這條河原來就是陸抗下令做的。陸抗深知這條水道的利害關係：平時可以切斷兩國交通，一來可以防止叛徒逃走，二來可以抵抗一下晉國的入侵。而現在，既有叛徒在內，又有敵軍狂奔來援，這條河對他來說，原先功能已經喪失，而羊祜還這麼宣布，肯定是懷有不可告人的目的──你想想，他要是真的想破壞，他還需要這麼大聲宣布嗎？陸抗稍用腦袋一思考，就知道羊祜玩什麼把戲。好啊，就讓你玩。

陸抗馬上命令張咸把水壩掘開──這個張咸以前是這條人工河的總指揮。

第三章　人為藝術奪嫡的花花公子　種下亡國禍根的開國皇帝（上）

很多人都對陸抗說，不要破壞這個工程啊，現在全國那麼多豆腐渣工程，你想破壞就去破壞，這樣一個品質良好的水利工程，全國就這麼一個了。你還是留下來吧！

但陸抗卻不接受，說，我要破壞的就是它。

羊祜帶著大軍來到時，一看，水壩沒有了。只得把帶來的船艦丟掉，改用車輛運輸，每天走不了幾步路，痛苦得很，這才知道遇上高手了。但到這時才知道遇上高手，能有什麼好結果？

陸抗用這一招使羊祜的主力部隊只能在山路上苦不堪言地行軍。

這時，楊肇率晉軍的另一路部隊已開到西陵。

陸抗叫公安督孫遵在長江南岸跟羊祜對壘，叫水軍督留慮迎戰徐胤，他自己率主力進入西凌，跟楊肇對決。

就在這時，陸抗手下的管都督俞贊不知是吃錯了什麼藥，還是覺得前景不光明，突然跑到楊肇的指揮部裡，表示要投降——本來，對他個人而言，從東吳投降到晉國，絕對是個很好的選擇，可在這個時候去投降，時機明顯不成熟。

因為，這時楊肇正被陸抗包圍得一口氣也不能放鬆，其前景比俞贊更加不光明。如果你硬說他的前景光明，也只有俞贊投降過來時，他才感到光明。因為俞贊長期跟在陸抗的屁股後，最了解陸抗現在的作戰部署。現在俞贊就把陸抗部署包圍圈的薄弱環節全都告訴楊肇。楊肇一聽，原來這個地方是少數民族部隊負責的，好啊，這些少數民族哪有什麼戰鬥力。於是命令全軍，好好吃飯，好好休息，明天就從這個地方攻擊，突圍出去。叛徒還真有用。

可是他們想到的，陸抗也想到了。本來，出了這樣一個叛徒，對陸抗來說，問題很嚴重，但他卻把嚴重的問題變成有利條件。他連夜換防，調

第三節　名將與名將的對壘

走少數民族部隊，把精銳部隊部署上去。

楊肇哪知道陸抗已經做了手腳，叫那些吃飽喝足睡夠了的部隊向既定方向發起衝鋒，要衝破敵人的包圍圈。誰知，一到敵軍陣前，「矢石雨下」，那些肚皮裝滿了食物的士兵一片一片地倒下。楊肇這才知道，上了陸抗的當。只得又向烏龜學習，縮了回去。可是縮回去也不是辦法。最後又決定突圍出去。上次吃了白天突圍的虧，這次他就改在夜間，尋了個空檔，偷偷地溜出去。陸抗想追擊他，但又怕兵力不夠，反而讓那個大叛徒步闡逃之夭夭。因此，他只是叫士兵們猛擂戰鼓，不要怕鼓皮壞了，誰擂壞了獎勵誰。

楊肇正跑得路都看不見，也不去分析一下這鼓聲的用意，只怕被東吳兵追上，更是拚命狂逃。為了能輕裝逃跑，不但兵器都扔掉，最後連軍裝都脫下，丟在地下。陸抗看到他們現在除了逃跑之外，已沒有別的能力了，就派一支小部隊去追擊，硬是把楊肇痛扁了一頓。

羊祜看到楊肇部隊玩完，知道自己再努力下去也沒什麼作為了，只得宣布撤軍。

這樣，就只剩下步闡一個人在奮鬥了。

結果，陸抗順利地「拔西陵，誅闡及同謀將吏數十人，皆夷三族」。

陸抗是東吳國最後的將軍，這一場戰爭也是後三國時期最為精彩的戰爭。然而，孫皓卻沒有好好地利用陸抗。

但司馬炎卻很能利用陸抗的對手羊祜。雖然因為羊祜在這場戰役中，敗給了陸抗，不得不對羊祜進行了處分：「坐貶平南將軍」，但仍然讓他主導伐吳的事宜，級別降了一個等級，但權力還是原來那個權力。

羊祜知道，陸抗還在，想搞定東吳很難，因此，就在兩國邊境進行和平相處政策，以爭取民心。他因此還和陸抗結交成為一對好朋友。兩人在

第三章　人為藝術奪嫡的花花公子　種下亡國禍根的開國皇帝（上）

各為其主的同時，互有往來。先是陸抗送了一罎好酒給羊祜。羊祜收到，不用菜就一口喝下去，連叫好酒。當然，羊祜也不白喝陸抗的酒。他打聽到陸抗有病，就叫人帶了個偏方過去送給陸抗。陸抗的手下勸他不要亂吃這個藥啊！陸抗卻說：「哪有下毒的羊祜。」一點不懷疑地把藥吃了下去。這個時期，正是名士們張揚個性的繁榮時期，跌破眼鏡的事做了很多，但像羊祜和陸抗這兩人的交往，還真不多。兩人把戰場變成了張揚名士行為的舞臺。當然，兩人的作為，也不完全是為了當名士才這樣做的，也是帶有很強的政治目的。其目標都是為了取得邊境老百姓的民心，從而征服敵國。司馬炎是知道這個作用的，也知道羊祜會處理好這些事，所以羊祜獲得了預期的效果。而陸抗的上級太無能，根本無法理解陸抗的真正含義。還曾經派人去質問陸抗，為什麼這麼沒有立場，跟敵人在邊境上你來我往？幸虧陸抗後臺硬，否則，孫皓早就叫刀斧手上去，直接把頭砍下來丟到長江餵魚，享受一下水葬的待遇了。

孫皓因為取得了這場勝利，頭腦更加發暈，覺得擺平這個天下一點難度也沒有了，對內，實行恐怖政策，看誰不順眼，就殺誰——你怕了吧？你怕了可以逃啊，逃到晉國去。可是當叛徒的下場是什麼？那個步闡就是榜樣。老子現在就在制定滅晉大計啊！因此，他把吾彥的提醒當作屁話——現在是老子在制定滅晉政策，還怕他什麼順江而下？讓他造船去吧，那船造得再好，也是為我造的。

司馬炎對手下的相信程度，比他的老爸更高。司馬昭或多或少都還懂得點軍事，有時也上上前線，壯壯士氣。司馬炎只在宮裡，他大概覺得一來自己不會打仗，到前線去，只有誤事，還是讓會打仗的人在那裡，二來，自己是天下第一把手，主要任務是發掘人才，然後任用人才，這才是最關鍵的。現在，他發現了羊祜和王睿這兩個人才，把對付東吳的事交給他們。

第三節　名將與名將的對壘

　　他放心之後，想得更多的就是美女。

　　上次選美之後，覺得這個活動很成功，也很讓他舒服──如果不發起這個活動，能發現那麼多美女嗎？都說，山野藏麒麟，那山野是不是真的有麒麟，誰也沒見過，但人間有美女是一定的。那些高級官員的女兒雖然長得不錯，但生活在底層的美女一定不少。於是，司馬炎決定把這個活動大力推廣。

　　司馬炎在這方面的效率是很高的。他一想到這件事，馬上就向各級政府發文，為了解決皇帝的生活需求，決定徵集普通民家、低階軍官、低階武官的女兒進宮。此次徵集的目標為五千人。各地送上的美女陸續到達皇宮這些美女一進皇宮，才知道，她們的主要職責除了偶爾向皇帝提供生理需求的服務外，基本上都成為皇后以及那些妃子們的工作人員。這些人不是司馬衷，立刻知道，她們的月貌花容就會消耗在這個皇宮裡了，以後除了天天跟太監、女人打交道之外，不會再接觸到一個帥哥了。這些美女這麼一想，一下就哭了起來。這一次美女大哭，規模極為隆重，「號哭於宮中，聲聞於外」。

　　還是這一年，司馬炎的大老婆楊豔掛掉。司馬炎雖然向全國各地徵集了大量美女，但跟這個楊美女的感情還是不錯的。可是這個楊美女卻只為他生了一個豬頭兒子，而且她還為了捍衛這個兒子的接班人地位做了許多準備，又讓兒子娶了賈充的女兒，直接為晉朝的內亂埋下了兩顆定時炸彈。

　　楊美女為兒子的成長是操足了心。她在臨死的時候，最怕的不是她要死了，而是怕她掛掉之後，司馬炎立別人做第一夫人，那時，司馬炎肯定會聽下任第一夫人的話，廢掉兒子，那可就不妙了。她躺在病床上，經過長期的思考，終於想出了一個辦法，在司馬炎去看望她的時候，向司馬炎極力推薦她的堂妹楊芷來當她的繼承人。

第三章　人為藝術奪嫡的花花公子　種下亡國禍根的開國皇帝（上）

　　司馬炎本來就很聽楊皇后的話，到了這時，也就想，人之將死，其言也善，就再聽她一次吧！而且她長得這麼漂亮，那個楊芷也不會醜到哪裡去，當第一夫人還是有資格的，就馬上答應了她的要求。

　　楊芷的老爸就是楊駿。兩年過後，司馬炎跟楊芷結婚並任命她為皇后時，楊芷的叔叔楊珧就知道，這不是一件好事，為了自保，馬上對司馬炎說：「自古一門二后，未有能全其宗者，乞藏此表於宗廟，異日如臣之言，得以免禍。」司馬炎一聽，一門兩后，正是你們家的福氣，哪來的禍？但他覺得好玩，居然批准了楊珧的做法。

　　司馬炎就是打死也想不到，這個沒為司馬氏做過什麼貢獻的楊豔，在差不多歸西的時候，又替晉朝的大亂作了一次強而有力地輔墊。

　　司馬炎和楊豔的這些動作，再一次證明，有時歷史就是某些人改寫出來的。

　　同樣在這一年，吳國後期最耀眼的將星，那個大敗過晉軍的陸抗死去。

　　楊皇后死的時候，不聲不響地為司馬氏留下了禍亂的根源，而陸抗的死，對東吳是個致命的打擊。當然，這個打擊，孫皓是一點也感受不出來的——陸抗臨死時，用生命的最後時光，寫了一封長長的信給他的上級，說明了東吳西部策略地位的重要性，要求孫皓以後要不惜一切代價，堵住西陵那個國防漏洞。可是孫皓一看，你死就死了，地球照樣轉，還寫這麼長的信做什麼？誰有耐心看完？年紀這麼大了，都差不多要死了，還不知道「言簡意賅」，真不知道你這個文學家的稱號是怎麼得來的。

　　陸抗一死，對羊祜而言，是一件特大喜訊。

　　他在晉吳邊境上消磨這麼多年的美好時光，等的就是這一天。他不怕陸抗死去，但他最怕孫皓掛掉。萬一孫皓一死，東吳突然出現一個真正的英明領袖來，要搞定他們還真不容易，因此，要在陸抗死後，孫皓未死，

東吳只有暴君沒有人才的時候，打響對吳最後一戰，是一件成本低，成效快的事。否則，就不好說了。

他把這些想法做成一個可行性報告，交給司馬炎。

第四節　終於出兵滅東吳

司馬炎拿著這個報告跟大家一起討論。一班大臣這些年來，大都手執牛尾、穿著寬大的衣服清談以及勾心鬥角，好像都記不起長江以南，還有個以孫皓為首的大吳帝國，還需要他們跟司馬炎一起努力，完成統一大業，這時突然看到老大拿著這個報告來把滅吳之戰提到議事日程，覺得太突然了，我們都還沒有準備啊，打什麼仗。打仗可不是清談，像遊戲一樣，今天敗了，明天再來。這仗一失敗，可就永遠抬不起頭啊！皇上執意要打，我們也沒有辦法，但我們的意見是不要打這種沒有準備的仗。

司馬炎在國事上還是比較民主的，聽到這麼多人反對，耳朵就軟了下來，收起羊祜的可行性報告，不再討論下去了。

羊祜再次上書，但那些高層仍然持反對態度，而反戰派的中堅力量是賈充這些人——理由是北方那些少數民族還在作亂啊！針對這個理由，羊祜又說：「擺平東吳之後，這些胡人的叛亂自然能搞定。」不幸的是，又應了「真理有時只掌握在少數人的手裡」的名言，在這麼多領高級公務員薪資的員工中，主戰派只有度支尚書杜預和中書令張華，其他人不管有沒有理由，都一直支持賈充一派的意見。司馬炎只得再把這事擱置，忙著去操辦他與楊芷的婚事了——這事絕對沒誰敢反對。然後，把楊駿從鎮軍將軍提拔為車騎將軍——儘管有幾個大臣認為，楊駿能力不足，不能當

第三章　人為藝術奪嫡的花花公子　種下亡國禍根的開國皇帝（上）

車騎將軍，但在這種事上，司馬炎的耳朵硬得很。

羊祜無奈，唯有一聲嘆息，說了那句後來很有名的話：「天下不如意事，恆居八九」，然後就只有衷心祝願孫皓身體健康，不要「英年早逝」了。

第二年，也就是咸寧三年。

三月，平虜將軍文鴦率部把北方少數民族痛扁了一頓，穩定了北方局勢。

不久，那個衛將軍楊珧又向司馬炎提了個建議，在高層進行一次大洗牌，重新進行人事大調整，把所有的親王都派到各地去，散布全國，以便捍衛中央。司馬炎一聽，好，正合朕意——你一看就知道，司馬炎的這個動作，又把晉朝向亂世進一步地推進。

司馬炎手下最堅定的主戰派羊祜不久也跟陸抗一樣掛掉了。司馬炎很傷心，哭得眼淚流到鬍子上都結成冰塊。他雖然因為反對意見太多，沒有批准羊祜伐吳，但他絕對信任羊祜。因此，他在羊祜還沒有徹底嚥氣的時候，抓緊時間問他，你死了之後誰來接你的班啊？

羊祜說，我死了，還有杜預呢！皇上您放心吧。

司馬炎馬上任命杜預接替羊祜的職務，統領對吳的事業。從這個角度上看，司馬炎滅吳的決心是很大的。

只是因為那些反對意見，使得這個決心老是擱置。

直到咸寧五年，那個奉命造船的王睿再上書，要求消滅東吳。王睿向司馬炎陳述了三個條件：一、萬一孫皓掛了，東吳立了個偉大、正確的領導人，那就不好辦；二、大船已經造好，現在只是泡在水裡，不斷地爛下去，等以後爛完了，拿什麼「順流而下」？三、現在我已七十多歲了，隨時都可以掛掉。要是我掛了，誰來統率這個水軍？

司馬炎接到這個報告後，覺得跟羊祜講的一個樣，而且再不打，一

第四節　終於出兵滅東吳

年接著一年，不光杜預、孫皓要死光光，自己也會死啊！誰能真的千秋萬歲？

他這麼一想，就下了決心，向東吳進軍。而賈充、荀勖、馮紞這幾個熱愛和平的傢伙還是表示堅決反對。司馬炎這時沒有耐心了，把「怒」字大寫在臉上。賈充他們一看，這才知道，再反對下去，後果會很嚴重，慌忙脫帽子趴在地下，表示與老大在國事上保持高度一致，老大說要打，那肯定沒錯。

山濤過後居然說：「自非聖人，外寧必有內憂，今釋吳為外懼，豈非算乎！」在這傢伙看來，一搞定東吳之後，會出現內亂，所以為了保持大晉王朝國內的社會穩定，必須留下這個敵國。

幸虧司馬炎沒聽從他的這個理論。

咸寧十年冬，司馬炎釋出了對吳作戰的命令：「遣鎮軍將軍琅邪王伷出涂中，安東將軍王渾出江西，建威將軍王戎出武昌，平南將軍胡奮出夏口，鎮南大將軍杜預出江陵，龍驤將軍王濬、巴東監軍魯國唐彬下巴、蜀，東西凡二十餘萬」，目標東吳國的首都。

三國時期的最後一戰，終於嘩啦啦地拉開了序幕。

司馬炎做了這個部署之後，又任命「賈充為使持節、假黃鉞、大都督」。可是賈充大概一來怕打仗，二來怕離開權力中心，三又是歷來的反戰派，接到任命書後，居然還說現在還不是打東吳的時候啊！皇上一定要打，我也不多說什麼了，但現在我的年紀大了，還當什麼元帥？

司馬炎一聽，到了這時候還說這個屁話？你不去我自己去。

賈充這才知道，再推辭下去，問題就嚴重起來，只得「節鉞，將中軍南屯襄陽，為諸軍節度」。

轉眼又到了新年，也就是太康元年。

第三章　人為藝術奪嫡的花花公子　種下亡國禍根的開國皇帝（上）

這年正月，晉國正式向東吳開戰。杜預率部向江陵進軍，王渾向橫江方向推進，都取得了壓倒性的勝利。

二月一日，在成都過完年之後的王濬和唐彬的大形船隊順江而下。一支對吳水軍的剋星從長江上游破風而來。

東吳人對上游還是有一點準備的，「於江磧要害之處，並以鐵鎖橫截之；又作鐵錐，長丈餘，暗置江中，以逆拒舟艦」。東吳的高層以為，這些東西就可以擋住上游的來船了——當然，如果只是一些從事走私的船隻，那是完全可以擋得住的，你不放，他們絕對過不去。可是現在他們面對的是王濬。這傢伙為了扁死他們，早就做了七年的事前準備。

王濬馬上打造了幾十個可以讓劉翔在上面跑百來步的大筏，讓軍中的游泳健將駕駛在前開路。那些鐵錐就被掛在筏底，一直跟著漂流下去，最後沉到江底。至於那些江鎖，王濬的辦法也很有效：作大炬，長十餘丈，大數十圍，灌以麻油，在船前，遇鎖，然炬燒之，須臾，融液斷絕。這一次火攻雖不如赤壁大戰那樣氣勢磅礴，但場面也是很可觀的。這幾個操作，都充分說明王濬的事前準備做得相當的好。難怪他勇於誇口說，要是他掛了，這仗就不好打了——換了別人，也許碰到這些鐵鎖，要不就以為晉國的船世界最大，怕什麼鐵鎖鐵錐？硬衝過去，王濬七年的造船之功可就全沒了。要不一看，這麼多的鐵鎖，木船哪能開過去？撤軍，保留實力才是最重要的。

王濬的部隊從上游借水勢，狂奔而下，只五天時間，就先後斬掉吳都督留憲、夷道監陸晏，攻克曾被陸抗認為是東吳國第一策略要地西陵以及荊門、夷道兩城。至此，東吳西邊大門已經徹底被開啟。

而此時，杜預派牙門周旨帶了個八百人的突擊隊半夜渡過長江，襲擊樂鄉。周旨到對岸後，就像現在籌備慶典活動一樣，到處插旗，然後在

第四節　終於出兵滅東吳

巴山上人為縱火，製造緊張局勢。吳國的都督孫歆一接到報告，就怕得要命——吳國居然叫這樣的人當邊防軍的指揮官，其任務主要就是防止敵軍渡江而來，可是現在敵軍夜渡長江，他老兄除了害怕之外，沒別的招數，更沒有其他有效的行動，只有寫信給另外一個同事江陵督伍延：「北來諸軍，乃飛渡江也」。把敵人來得這麼容易說成是坐了飛艇來的，是防不勝防的——這封信除了把緊張情緒傳染給伍延外，實在沒有別的作用。

周旨得手之後，便埋伏在城外。

孫歆把他的愚蠢又充分地表現了一次。他居然也不偵察一下，那股「飛渡」而來的敵軍到底到了什麼地方，只是派部隊去迎戰王睿。

這傢伙連周旨都對付不了，能是王睿的對手嗎？才一接觸，就全面敗退下來。如果僅僅是敗退，這傢伙的豬頭程度還不算到家。要命的是他在退軍途中，周旨的部隊也跟著混進城中，他居然一點也沒有發覺，還以為自己雖然打了敗仗，但部隊並沒有什麼損失，現在還有這麼多的部隊進城，也算不得丟臉。

在孫歆覺得這個失敗中也還有閃光點的時候，周旨的小分隊已經衝進他的司令部，將正想喝一杯水的他一把抓住，回到江北。這傢伙到被抓的那一刻還不知道自己為什麼被抓。

王睿的水軍自出戰以來，表現出強大的作戰能力。在他大敗孫歆之後，二月八日，又把東吳的水軍都督陸景的腦袋砍了下來。東吳的看家部隊就是水軍，以前曹操就是敗在水軍上。現在水軍都督都被人家砍了，結果如何，可想而知。

杜預向江陵發起總攻。那個剛收到孫歆的信的伍延，比孫歆還要倒楣。孫歆敗得有點窩囊，但他本人只是成了俘虜，人卻還能窩囊地吃喝拉

第三章　人為藝術奪嫡的花花公子　種下亡國禍根的開國皇帝（上）

撒。伍延卻被人家一刀砍掉。「於是沅、湘以南，接於交、廣，州郡皆望風送印綬。預杖節稱詔而綏撫之。凡所斬獲吳都督、監軍十四，牙門、郡守百二十餘人。」

吳國的大部分領土只幾天的時間內，都歸於晉國的版圖。

司馬炎下達了向東吳國首都進軍的命令。

不過，在戰爭已向一邊倒的時候，東吳國也取得了一次區域性的勝利：俘虜了晉朝的八千人——要不這仗還真的沒有看頭了。

話說孫皓接到王渾部已經隆重南下，急忙派東吳國的第二把手「丞相張悌督丹楊太守沈瑩、護軍孫震、副軍師諸葛靚帥眾三萬渡江逆戰」——這傢伙到了這時，居然踐行了一次「最好的防禦就是進攻」的理論，派主力渡過長江去，要拒敵於國門之外。本來諸葛靚反對登陸作戰，但張悌卻硬要棄船陸登。諸葛靚也沒辦法——這個時候是誰的官大誰說了算，而不是行家說了算。

王渾想不到東吳國到了這個時候，還能來這麼一招，一時沒反應過來。

張悌渡江之後，馬上包圍了王渾部下張喬的部隊。這時，張喬手下只有八千人。這傢伙的算術不錯，知道對方有三萬人，是自己部隊的三倍多，也就是說，人家三個人扁自己一個，還剩半個當觀眾，無論如何也沒法打。因此，在張悌還沒有進攻的時候，張喬就舉了白旗。

那個諸葛靚一看就知道，張喬的投降是因為援軍沒到達，才不得不玩的。留下這八千人，等於留下八千個定時炸彈，因此建議張悌把這八千人全都活埋了，讓這些定時炸彈成為大地的肥料。可是張悌卻是個純粹的人道主義者，堅決不聽諸葛靚的建議，硬是讓這八千人轉換身分，從萬惡的晉朝侵略軍變成英勇的大吳人民子弟兵，跟隨大軍行動。

東吳的這幾個高層，顯然都不是打仗的料。他們收編了張喬之後，又

第四節　終於出兵滅東吳

遭遇揚州刺史周浚。這個周浚無論是智力指數還是武力指數或者是人氣指數，都算不了什麼，要是碰上個稍為內行一點的，拿下他是沒什麼問題的。可是雙方擺開架勢之後，「沈瑩帥丹楊銳卒、刀楯五千，三衝晉兵，不動。」敵人只是不動，那個沈瑩就沉不住氣了，馬上退了下來，而且退的時候，又是無組織、無紀律、無秩序地退。這種「三無」退兵的結果就是混亂不堪。如果光是沈瑩的部隊亂了陣腳，後果也許還不很嚴重。可是這個混亂就像病毒一樣，迅速傳播，只片刻功夫，全軍都加入混亂的行列。晉軍的將軍薛勝、蔣班都抓住這個機遇，向吳兵發起攻擊。雖然，東吳的各級指揮官都向後退的士兵叫停，可現在能叫得停嗎？

更要命的是那個張喬帶著他的八千士兵，從吳軍的屁股後面進行有效地搗亂，更加速了吳兵的潰敗。

諸葛靚一看這個局面，就是「大勢已去」的局面，帶著自己的幾百個手下要閃人。這傢伙還算有點義氣，在閃人的時候，還記得上級張悌，叫大夥過去拉張悌一起逃命。可是張悌卻硬是覺得自己已經到了該死的歷史時刻，不管諸葛靚如何拉扯，他就是屁股生釘一樣坐在那裡。諸葛靚沒有辦法，只得自己閃人。他才跑了一百多步，回過頭一看，他的上級，東吳國的最後一任丞相張悌已經被撲過來的晉兵砍死。

經此一戰，吳國的家底也就消耗得差不多了。

而這時，晉軍中的將領表現的就不同了。尤其是那個杜預，是個真正以國家為重的人。當初司馬炎向他們釋出了一道命令：如果王濬經過建平時，就受杜預的指揮，攻擊建業時，就接受王渾的指揮。你一看這個命令，就發現那個造了七年大船的水軍總指揮現在成了被人指揮的專業戶。司馬炎的這個命令是很有問題的，遠不如他老爸有水準——司馬昭在滅蜀時，即使看出鍾會有反骨，還是讓鍾會負滅蜀全責，一點不保留地讓他帶二十萬大軍過去。主要是因為鍾會是個主戰派。

第三章　人為藝術奪嫡的花花公子　種下亡國禍根的開國皇帝（上）

現在的主戰派是王濬和杜預，而且王濬是經過了七年的準備，內心的堅決程度是無與倫比的。這些主戰派之所以主戰，原因還不是為了建功立業，名留青史？所以，只要有功可建，他們就會搶——蜀國一掛，吳國可是最後一個機會了，現在不搶，以後還有什麼可搶？而現在攻擊吳國的主要力量就是那個從上游狂衝下來的王濬水軍。只有他才是最有能力搶這個功勞的，他要不搶，他還是王濬嗎？

杜預知道王濬的想法，因此老早就寫了一封信給他：你老兄一路狂扁下來，已經把吳國扁成這個樣子了。現在你就應當繼續扁下去，按你的意思，打到建業去，把孫皓往死裡扁。

王濬一看，杜預夠朋友。就把這封信轉給司馬炎，底氣更足了。

那個王渾就沒有杜預這個水準了，以為有了皇上的詔書，王濬來了之後，還不乖乖地來到他的指揮部報到，他叫王濬坐下，王濬絕對不敢站起來。哈哈哈，到時這個功勞可是我的。

王渾不但可以節制王濬，同樣也可以節制那個把張悌扁死的周浚。周浚有個手下何惲。這個何惲的官不大，但卻是個有點子的人，他對周浚說，吳軍在王濬的痛扁之下，已到了土崩瓦解的地步。現在我們渡江過去，直攻建業，滅吳的功勞就全是老大你的了。

周浚一聽，就知道這是個好主意。可是這傢伙是個遵紀守法、一切行動聽指揮的軍人，做什麼事都得請示一下。他派何惲去向王渾請示一下。何惲一聽，就知道這事沒指望了，但還是去了。

王渾果然還處於等王濬過來聽從他指揮的得意之中，似乎不指揮王濬一次，會造成他終生遺憾一樣。何惲還是把王濬不會過來聽從他指揮的理由耐心地說了一遍，主要理由是：王濬一路殺來，所建立的威名已經足以讓他有可以不聽從你指揮的資本。現在您不抓住時機，打過長江去，以後

第四節　終於出兵滅東吳

還有什麼機會。

　　王渾一聽，你是什麼人？在官場混，還嫩得很，知不知道官大一級壓死人的道理？難怪混了這麼久才混出這個模樣。先回去好好學習幾年官場的潛規則，再來跟老子對話。現在你趕快回去跟你的長官說，做好所有的準備，等王濬的艦隊開過來時，再匯合一處，聽我的號令，一齊出發，對東江鼠輩作最後一扁。

　　在王渾做著把進攻艦隊做強做大，不斷在腦子裡彩排著發號施令的美夢時，王濬艦隊已經在長江上游狂奔而下，從武昌的身邊飛掠而過，浩浩蕩蕩直抵建業。

　　孫皓叫游擊將軍張象把殘餘的江防艦隊集中起來，還有一萬多人。然後就叫張像帶著這股部隊去迎戰王濬。張象帶著部隊逆流而上，看到敵人的船，全是高大威猛，自己的船跟人家的一比，那簡直是矮人國裡的小孩跟日本的相撲選手站在一起。這仗要是能打贏，天下還有什麼仗不能打？東吳的游擊將軍到了這個時候，既不游，也不擊，當場宣布：本將軍本著以人為本的理念，決定投降，以保障一萬子弟兵的生命安全。

　　孫皓接到報告，啊，這個張象你要是怕死不接受命令也就罷了，現在居然把老子最後的資本全部免費贈送給人家。讓你去送，我不如自己去還有個人情。

　　在孫皓覺得輸光的時候，又有一個蠢材手下跑了過來。這個傢伙叫陶浚，本來是奉命去討伐東吳的一個叛軍，可是因為行動慢了半拍，才到武昌，就碰到王濬的大軍衝擊過來，便帶著部隊返回首都。孫皓一見，哇！居然還有一支作戰部隊，真是天助我也。現在命令你當全軍最高統率，而且要加「持節」、「假黃鉞」，帶著部隊出戰，把王濬扁個落花流水，朕大大的有賞。

第三章　人為藝術奪嫡的花花公子　種下亡國禍根的開國皇帝（上）

陶濬一聽，只覺得體溫狂飆，血液奔騰，毛孔短時間內迅速擴張，心裡叫了一聲：這就是熱血沸騰吧？！活了這麼大的年紀，領了這麼多年吳國的薪資，都領到吳國差不多滅亡了，才體驗到這個「熱血沸騰」。這一仗不打好，不把王濬扁死，讓他變成武昌魚的飼料，老子對不起「熱血沸騰」這四個字。

他的熱血沸騰過了頭，馬上對孫皓拍著胸脯：晉狗的船小得要命，一點也不可怕。明天我做出成績給老大看看。

這傢伙的信心超級爆棚，一手拿著孫皓給他的那根節杖，一手舉著那把黃鉞，心裡道，幸虧只有兩種，要是多一種，手就不夠用了。以前這兩個待遇都是張悌他們拿的。哈哈，幸虧王濬這小子打過來，把張悌他們全都扁光了。這不輪到我了？你這個王濬怎麼這時候才來？

可是陶濬只顧自己熱血沸騰，哪想到那些士兵卻理性得很。

第二天起來，陶濬跑到軍營裡，要釋出命令。可是到軍營一看，一片靜悄悄，大概是年輕的水兵正頭枕著波濤，在夢中露出輕輕的微笑——現在是什麼時候，還微笑，得動員大家。可是他一叫，沒誰答應。不由生氣起來，派身邊的人進去看看。手下一進去，就出來說，報告老大，沒人啊！看來半夜全當逃兵了。

陶濬這時才知道，自己成了光桿司令，這才知道，命裡不該當官，就是讓你當了你也當不起。只得跑回去向孫皓如實報告。

孫皓遠遠的看到陶濬跑了過來，這麼快就取得了勝利？早知這樣，派你去不就好了？呵呵，你不用跑了，就站在那裡，直接聽我的命令，再接再厲，乘勝追擊，乾脆把司馬炎也搞定。可是陶濬一抹汗，卻說，玩完了，不是他們玩完了，而是我們玩完了。

孫皓叫道：「什麼玩完？去叫何植來……」。可是傳令的人還沒有走，

就接到報告：司徒何植、建威將軍孫晏悉送印節詣渾降。

孫皓一聽，知道真的玩不下去了，玩不下去，投降還不行嗎？劉禪能投降，我為什麼不能投降？馬上決定：向以司馬炎為首的晉朝投降。

孫皓的效率很高，一下子就準備了三份降書，分別送給王渾、王濬、司馬伷。

到了這時，居然還發生了一件差點讓孫皓苟延殘喘的事。

就在東吳全國上下都已經覺得沒有辦法的情況下，晉國後方的大臣們都認為，取得這樣的勝利已經不錯了，不宜再冒險輕進了。只有張華認為，可以繼續進攻。就是在襄陽前線的賈充也不知哪根筋作怪，老是覺得東吳不該滅掉。居然又向司馬炎報告：「吳地未可悉定，方夏，江、淮下溼，疾疫必起，宜召諸軍還，以為後圖。雖腰斬張華不足以謝天下。」現在他覺得張華比東吳更加可恨。賈充的另外幾個死黨也在司馬炎身邊起鬨，說只有退兵殺張華。哪知，司馬炎這時清醒得很，說，為什麼要殺張華？這是我的意思。杜預知道賈充上書後，也趕忙寫一封信給司馬炎。誰知，「使至轘轅而吳已降」。

第三章　人爲藝術奪嫡的花花公子　種下亡國禍根的開國皇帝（上）

第四章
人為藝術奪嫡的花花公子
種下亡國禍根的開國皇帝（下）

第四章　人爲藝術奪嫡的花花公子　種下亡國禍根的開國皇帝（下）

第一節　勝利之後的爭功

後方的大臣們都認爲吳不可滅，但前方的人就是用屁股去想也知道，搞定東吳容易得很，只是誰更接近這個歷史性時刻而已。王渾和王濬更知道，現在他們最有名留青史的資格。王濬仗著他的艦隊，可以直搗建業，站在歷史的最前方，接受孫皓的投降。而王渾卻可以指揮王濬，要他把這個時刻讓給自己。當王濬的艦隊在長江上呼嘯而下時，王渾接到報告，一看，這個艦隊果然厲害，王濬是怎麼做到的？你有本事做到，老子就有本事指揮你。他馬上通知王濬：到指揮部開會，以便統一部署。

哪知王濬卻不理他，只派個通訊員過去對他說了六個字：風利，不得泊也。這話，簡潔吧？在這個時候越是簡潔，王渾就越覺得王濬不把自己放在眼裡，他這才知道，有時官大一級未必壓死人，而是靠實力說話。自己在這個地方眼巴巴地等了這麼多時間，現在卻讓這傢伙奪去了頭功。但有什麼辦法？他只得站在岸上看著江面。只見王濬的艦隊兩船相併，前後銜接一百多里，船上戰鼓如雷，向建業發起衝鋒，場面要多震撼有多震撼。歷史性的時刻，就在他的眼前上演。本來他是主角，現在他卻只能當觀眾。

孫皓這時已早有準備，用歷史上最高規格的投降儀式，向王濬投降：孫皓脫掉衣服，秀著一身肌肉，以裸奔的形式，雙手反綁在背後，還讓人抬著棺木，來到王濬的指揮部裡投降──一個叫王濬的老人家，在長江南岸邊，畫了一個圈。這個圈就是混亂了幾十年的三國時代的句號。

王濬在畫這個圈的時候，覺得他現在是天下最爽的人。

可是王渾卻覺得他是天下最不爽的人。

他後來就發起火來，覺得再也不能容忍王濬這麼威風了。雖然都姓王，

第一節　勝利之後的爭功

幾百年前是一家，但那是幾百年前的事，跟現在已經扯遠了！你有暴扁孫皓的本事，我就有痛打你的能力。他的腦袋裡一上火，居然決定向部隊釋出命令：攻擊王濬部隊，把這個老傢伙往死裡打。

王濬的別駕何攀知道後，對王濬說：「現在只有把孫皓移交給王渾，這事才算完。」

王濬一聽，好主意。反正歷史性時刻已經過去，現在孫皓還值個屁錢，留在這裡還得安排人員天天去照顧他的吃喝拉撒，還是把這些麻煩事交給王渾去做。既免了麻煩，又讓王渾滿足一下虛榮心。反正同是姓王的人，我們吃肉，也給他喝點湯。於是，就把孫皓免費送給王渾。

王渾一接到孫皓，氣雖然沒有全消，但也找不到攻打王濬的理由了。而且在這個時候，進攻本國部隊，後果是很嚴重的。因此，王渾放棄了軍事行動，改用政治手段──也就是採用汙衊的手段，向司馬炎打小報告，說王濬有反骨，不聽指揮等等──王渾打仗時沒什麼創意，但網羅陷害的本事倒是不低。幸虧，司馬炎這時很清醒，加上人也還算厚道，並不把王渾熬夜為王濬編織的那些罪名當一回事，只是下了個詔書，指責了一下。否則，這兩個姓王的就會變成鍾會和鄧艾了。

司馬炎滅了東吳後，心情很高興。他不是司馬衷，他比誰都清楚滅吳的歷史意義。為了讓這個意義充分的閃亮一下，也就是讓自己的心情超爽一次，他決定在金鑾殿裡再舉行一次受降儀式。

同是祖宗的敗家子、亡國之君，孫皓在這方面的運氣就比劉禪差一點了。這傢伙只失敗一次，卻要經過兩次投降儀式才過關。上一次是向王濬那個老頭兒請罪，這一次是向司馬炎鞠躬。這一次的規格比上一次大多了，而且地點是在金鑾殿裡，晉國在京的高層全都參與。

孫皓登殿之後，按程序向司馬炎叩頭。司馬炎指著旁邊的座位對孫皓

第四章　人爲藝術奪嫡的花花公子　種下亡國禍根的開國皇帝（下）

說：「不要客氣，請坐啊！這個座位我老早就替你準備了。」

孫皓這傢伙治國沒本事，做皇帝做得很失敗，但嘴巴卻硬得很，如果去當律師，肯定有搞頭。他馬上對司馬炎說：「我在南方也設有這個座位等您去坐呢！那個座位也是實木做的啊！」

賈充看到司馬炎被孫皓回嘴，覺得自己該出馬幫老大挽回一點面子，就對孫皓說：「聽說你在南方，挖人眼珠，剝人面皮。這算什麼刑法？」這傢伙是法學專家，一開口就來個「刑法」，以為這麼一來，法盲孫皓就無話可說了。

誰知孫皓轉頭看看賈充，想也不想就說：「人臣有弒其君及奸回不忠者，則加此刑耳。」誰幹過殺害皇帝的勾當，誰就適用這種刑法。

賈充馬上緊閉嘴巴，老臉紅通通的，不敢再跟孫皓槓下去了。

孫皓的心情卻好得很。

做完這些事後，司馬炎就大力表彰一下功臣。

當司馬炎的手下，還是很幸福的。王濬就是典型的例子。他得罪了王渾——那時王渾在朝中很有勢力，他的兒子王濟就是常山公主的老公，是當朝駙馬，每晚泡的是皇帝的女兒，所以朋友很多，這時都跟他保持高度一致，要搞定王濬這個老頭，天天努力在司馬炎面前控訴他，說他不但功勞不如王渾，而且還犯了很多罪。如果是別人當皇上，聽到這麼多的控訴，又因為他立了這麼大的功，而且這個老傢伙也天天把自己的功勞掛在嘴上，一見司馬炎就擺譜，估計早就藉機把他嚴厲地處分一下，輕的也是來個行政雙除，回家當農民，重的則全家老少同年同月同日死。

司馬炎聽那些人講得多了，就叫劉頌調查一下，二王在滅吳時，誰的功勞大。這個劉頌也是個豬頭，以為司馬炎肯定不放過王濬了，大筆一揮：王渾的功勞最大，是上功，王濬呢，勉強算個中功吧！

第一節　勝利之後的爭功

司馬炎一看，劉頌，你矇騙別人也不要矇騙我啊！立即下了個詔書，把本來是廷尉的劉頌降職去當京兆太守。劉頌這才知道，有時看不清方向是要付出代價的。

這事一鬧之後，王濬便認真地總結了一下，突然覺得自己現在有點像當年的鄧艾，而王渾卻有點像當年誣陷鄧艾的鍾會，以至於王渾來拜訪時，他居然下令衛士武裝戒備，然後相見。

司馬炎知道，滅吳的功勞王濬第一，因此不久又把他提拔了一下：任鎮軍大將軍。

司馬炎大概也是歷代開國皇帝中最厚道的人之一，就連對待那個諸葛靚也是不錯的。諸葛靚本是諸葛誕的兒子，跟老爸一起反抗司馬昭。那時諸葛誕為了得到東吳的援助，就把他派到東吳去當人質。他老爸玩完之後，他當然不敢回來，就把戶口轉到東吳，並當了東吳的公務員。諸葛靚以前是司馬炎的朋友，兩人經常在一起聊天泡妞喝酒，現在東吳滅了，司馬炎就懷念起這個以前的哥兒們來。這傢伙的姐姐是司馬伷的老婆，因此，司馬炎知道，他一定躲在司馬伷的家裡，就親自跑過去要跟他重溫一下以前聊天的情景。諸葛靚聽說司馬炎來了，馬上就躲起來。還跟很多小朋友一樣，以為洗手間最安全，就躲到洗手間裡。誰知，司馬炎對他的性格瞭如指掌，又親自來到洗手間，呵呵，現在你還能跑嗎？再躲只能跳到糞坑裡當潛水員了。就這樣，司馬炎當場就把他抓住，然後任命他當侍中。可是諸葛靚卻堅決拒絕，硬是回家務農，而且竟然「終身不向朝廷而坐」——這話估計有些誇張，他總不會坐下的時候都用指南針確定一下方位吧？

把東吳那片大好河山歸到晉朝的版圖之後，司馬炎覺得天下已經太平。天下太平了，還用養這麼多的兵幹嘛，白白讓一批年輕體壯的人在軍營裡大吃大喝，這不是浪費國家的錢是什麼？而且讓地方政府手裡有那麼

169

第四章　人為藝術奪嫡的花花公子　種下亡國禍根的開國皇帝（下）

多兵，以後他的那個腦殘兒子能對付嗎？於是，他馬上宣布進行大規模裁軍。具體如下：「昔自漢末，四海分崩，刺史內親民事，外領兵馬。今天下為一，當韜戢干戈，刺史分職，皆如漢氏故事；悉去州郡兵，大郡置武吏百人，小郡五十人。」一個大郡只有一百個兵，小郡五十個兵。

當然，這個政策同樣招來很多反對聲音。包括山濤也說，老大這不行啊！可是司馬炎這一次卻很堅決，說，我說行就行。司馬炎在發動滅吳戰爭時，力排眾議，最後證明他是正確的，現在他再一次力排眾議。可是後來的歷史證明，他這一次的力排眾議，排得錯了。因為，後來各地發生越來越多的反動事件，這些事件的參與者又變成匪徒，各地方沒有武裝，無法鎮壓，弄得天下到處是亂子。各地的政府不得已，只得又各自組織武裝，於是地方第一把手的實力又雄厚起來。

第二節　花花公子的本色

司馬炎消滅吳國之後，花花公子的習氣更加氾濫起來。花花公子的習氣一氾濫，滿腦子想到的就是美女。這傢伙雖然沒到過江南，對江南的其他東西也許不很了解，但也知道江南是出產美女的地方。到了太康二年三月，也就是說平定東吳才過了不到半年，他就抓緊時間把孫皓宮裡的美女全都調到他的皇宮。這個孫皓在其他方面比不過司馬炎，但徵集美女的能力跟他有得比──居然也有五千人之多。司馬炎一個不留地全叫了過來。這樣，司馬炎宮中美女的編制已到一萬人──可以成立一個女人國了。

司馬炎看到有這麼多的美女，覺得跟美女玩耍比上班處理那些國家大

第二節　花花公子的本色

事好玩多了。

　　司馬炎面對這麼多美女，一時也應付不了啊，突然覺得不知怎樣下手。這傢伙動了一下腦筋，馬上得到一個創意，趕緊叫人去做一架羊車。不過，他是不會坐這個羊車出差的，更不會坐著羊車去檢閱部隊，而是坐著羊車去泡妞。司馬炎覺得這一萬個美女，個個漂亮，不分上下，就決定把該與哪位美女過夜的事交給羊來決定，來一個「房事不決問母羊」，——皇上坐著羊車，咩咩而來，如果羊車在哪位美女的屋前，他就下車去泡那個美女。

　　你想想，那些美女也是人，而且宮中只有這個帥哥，其寶貝的程度絕不低於地球上任何一個瀕危物種，誰不想跟帥哥來一下？如果運氣好，就這麼一次，肚裡就懷了孩子，那可是天大的喜事——因為這個孩子可是龍種啊！生下這個孩子，那可就順著那句成語「母以子貴」，下半輩子可就吃香喝辣到死翹翹的那一刻啊！

　　這些美女個個腦袋靈得很，知道帥哥把寵幸的決策權交給羊車後，馬上就做起羊的文章來。這麼一來，後宮美女馬上掀起了科學養羊的新高潮。先是有美女把竹葉插在門口，那羊一看，馬上就咩咩而去，然後停在那枝竹葉門口，帥哥從車上下來，就直接進門。後來其他美女也發現了這個辦法，個個都白天去採竹枝，到羊車上路的時候插到門前。可是每個房子前面都有竹葉，就跟沒有竹葉一個樣了。後來，某些美女又把羊知識學得更進一步。她們知道羊不但愛吃健康食品，更喜歡吃鹽，便馬上請來農工，把鹽撒在地上，一直引到自己的屋子前面。做得最絕的一個美女，居然知道羊雖然不是人，但也是個以「羊」為本的動物，偷來羊的子女，放到自己的房中。那幾隻負責為帥哥拉車的母羊（司馬炎做得也太絕了，這個宮中，不但沒有其他男人，連拉車的羊也是母的），望子心切，也顧不得滿地的鹽了，向小羊的住處狂奔。弄得司馬炎大感驚訝。

第四章　人為藝術奪嫡的花花公子　種下亡國禍根的開國皇帝（下）

司馬炎下車來到房中，這才知道羊跑得快的動力，不由得大拇指一伸：這一招聰明啊！

司馬炎這才發現，自己的這個創意居然還開發了妃子們的智力——這樣生出的孩子，肯定個個諸葛亮，要不就個個司馬懿。這可是個百年大計的事業，要是以前也這麼做，衷兒的腦袋就不這麼遲鈍了。他一直對衷兒的腦袋不放心，只怕衷兒的腦袋不好使，連妞都泡得不像樣——堂堂皇帝的兒子，連這種快感都享受不到，豈不太誇張了？得想辦法幫他一下。有一次，他正與一位姓謝的宮女翻雲覆雨，覺得謝女不但頗懂床笫之事，人又聰明。正適合讓她去當衷兒的師傅。就這樣，這位宮女就被轉讓給太子司馬衷。謝女開始的職責是教小蠢材床上功夫，練習多了，還真為司馬衷生了一個兒子。據說，這個兒子還不錯。他才五歲時，宮中失火，就對在身邊的司馬炎說，黑夜裡不能讓光照在皇帝的身上啊！司馬炎一聽，覺得自己也不得不佩服這個小孫子。有這樣的小孫子，晉朝前途光明得很。

司馬炎一想到這裡，全身內外都洋溢著高興的色彩。

當然，現在不是司馬炎一個人在高興，楊駿他們也在高興，而且他們比司馬炎更高興。

司馬炎有個特點，就是對他認為是自己人的人最信任，最捨得放權。現在他的「自己人」就是新皇后楊芷的老爸楊駿。楊駿以前很低調做人，歷史上找不到他的什麼光輝事蹟，但女兒一當上皇后，立刻就換了一副嘴臉，鼻子翹得老高。而司馬炎為了開發妃子們的智商，更好更快地為百年大業打下良好基礎，把權力不斷地交給楊駿。楊駿手中的權力一多，覺得用不完，就又像司馬炎一樣，把權力分給「自己人」。他的自己人就是他的兄弟楊珧和楊濟。三個姓楊的傢伙，迅速組成晉朝政壇的「三楊」牌三駕馬車，什麼事都由三人商量拍板，誰不聽話誰倒楣。山濤找了個機會，

把「三楊」的事跟司馬炎彙報了很多次。司馬炎這傢伙不是笨蛋，也知道他的岳父做得過分了，但他卻一點都不計較，對「三楊」一句都沒說。你一看到這裡，就知道，一個人走向昏庸的道路是多麼的容易。

而且司馬炎的昏庸不同於別人的昏庸，他是一個知道自己已經變成昏庸皇帝而仍然昏庸下去的人——估計這傢伙覺得做昏庸君主比做個明君過癮多了。

太康三年，他在南郊進行祭祀活動時，問司隸校尉劉毅：「朕可方漢之何帝？」司馬炎現在平定東吳，一統天下，很想聽幾句讚美的話來為自己的自豪感錦上添花。他這麼一問之後，估計劉毅會把他說成跟劉邦或者劉秀差不多，至少也比得過漢武帝那小子，讓他好好地自豪一下。哪想到他問這話，卻問錯了人，劉毅這傢伙是個實事求是的人，一聽到他的問話，卻一點面子也不給，當場回答：「桓、靈。」簡潔得讓司馬炎連續倒抽幾口冷氣。

但這傢伙的胸懷還是不錯的——如果是「桓、靈」二人中的一人聽到劉毅這話，估計馬上就把劉毅砍頭了，他卻在倒抽了幾口氣之後，厚著臉皮說：「何至於此？」

劉毅馬上說出證據：「桓、靈賣官錢入官庫，陛下賣官錢入私門。以此言之，殆不如也！」

司馬炎一聽，再說下去，估計要比紂王好不到哪裡去了，馬上找到了自己比那兩個歷史上著名昏君更好的長處來：「桓、靈之世，不聞此言，今朕有直臣，固為勝之。」你一聽他說這個話，就知道，這傢伙對自己的要求越來越低了。人對自己的要求一放鬆，後果是不言而喻的，而一個開國皇帝對自己的要求放鬆，那這個朝代的後果也是一樣的。

這個時期是司馬炎的轉型期。他的轉型是轉向奢華的一面。司馬炎以

第四章　人為藝術奪嫡的花花公子　種下亡國禍根的開國皇帝（下）

前可是提倡勤儉節約的，而且做得很堅決徹底，太醫院的醫官程據獻給司馬炎一件色彩奪目、滿飾野雉頭毛的「雉頭裘」，他馬上把這件「雉頭裘」帶到朝堂，讓大臣們看。那些官員都是識貨的人，一看就知道這東西是稀世之寶，當時都驚嘆不已。司馬炎問大家：這東西好嗎？大家都說此裘真好。可是司馬炎卻說有什麼好，當場點火，把這件雉頭裘燒掉，然後下詔表示，這東西觸犯了他禁止奢侈的禁令，以後誰再犯，殺。可是現在他覺得天下都統一了，還那麼苦做什麼？再複習一遍曹操的詩：對酒當歌，人生幾何。這人活在世上，活一天少一天，再不享受以後就沒享受的機會了。

本來，曹魏以來，大臣們大多都是世家出身，都是含著金湯匙出生的公子哥兒們，對生活品質的追求本來就很高，造就了很多有錢又有勢的名士。只是之前皇上要求節儉，大夥才不敢張揚，只是偷偷摸摸地享樂。這時老大一開戒，大家都大大地鬆一口氣，呼啦一聲，全都跟上，形成了一股潮流。而且那幾個拔尖人物還放下事業，像小學生作文大賽一樣，不定期地比試一下，看誰比誰富，誰比誰會享受。

最有名的就是王愷和石崇兩人比賽。這兩個傢伙的賽富，可謂是前無古人後無來者的巔峰對決。

王愷的官職是後將軍。你千萬不要以為王愷當上將軍是靠打仗從士兵到將軍的，他是像楊駿靠女兒當到大官一樣，靠的是他有個好姊姊。他的這個好姊姊是司馬昭的大老婆，他就是司馬炎的舅父。石崇的來歷也不一般。他雖然沒有一個嫁給司馬昭的好姊姊，當不成司馬炎的舅父，但他卻有一個好爸爸。他的父親是石苞，官當到司徒才退休，石崇是他的第六個兒子。

在這幾個兒子中，石苞對這個小兒子的前途最為放心，曾經說過，這個小帥哥雖然是老么，但以後會發達的。他原話是「此兒雖小，後自能

第二節　花花公子的本色

得」。石崇雖然生活不愁吃，不愁穿，年輕時也不是那種只喝酒、泡妞的公子哥兒。這個帥哥，不但努力開展喝酒泡妞的業務，也是個好好學習天天向上的好學生（《晉書》上說他「在郡雖有職務，好學不倦」），否則他老爸不會那麼看好他的。石崇有才氣，有膽量。不但司馬炎對他不錯，就是楊駿也對他好，兩人不斷地提拔他。

石崇對全國各地的財源進行了一次深入的研究，覺得荊州是發財的好地方，因此就申請當了荊州的第一號人民公僕。他當荊州刺史時，當然不是全心全意為人民服務的，而是「劫遠使商客，致富不貲」。你想想，一個荊州的第一把手，在批發官帽、向政府財政吃拿卡要的同時，還兼營「劫遠使商客」這個職業，想沒錢都難。

石崇就這樣，透過個人不擇手段的奮鬥，終於成為全國首富。

石崇跟所有的富豪一樣，有錢了就瘋狂地泡妞。不過他不像現在的富豪那樣偷偷摸摸。他把大量的美女弄到家裡，泡得公開透明，泡得理直氣壯。據說家裡最熱鬧的時候，美女人數有幾千個，比司馬炎後宮的美女編制也少不了多少。只是司馬炎靠的是手中無邊無際的權力，而他靠的卻是腰包裡數不清的錢。那麼多的美女，估計石首富自己都認不全，所以在這裡就先介紹一個美女。這個美女在很長一段時間裡，占領著石崇的寵愛，跟後來那個綠珠有得一拚。

這個美女叫翾鳳。很多人一看到這個名字，就以為她有名沒姓，估計就跟那個貂嬋一樣，是虛構人物。其實這個美女是真有其人。她沒有姓是因為她不是中國人，而是個老外，史書上說是來自北方的胡人。那時，北方的胡人很多都南遷，跟漢族人民打成一片，因此想泡個老外妞難度並不大。石崇家裡有的是錢，國產美女看多了，也就想換一下口味，把色瞇瞇的眼光放到外國美女身上。這傢伙發財的本事不低，審美的眼光也是超級高。他在生意上不光會長線投資，選美女居然也是長線投資。當他發現翾

175

第四章　人為藝術奪嫡的花花公子　種下亡國禍根的開國皇帝（下）

鳳時，翾鳳才十歲。但這傢伙硬是一眼就看出，這個十歲的小女孩長大了是個超級漂亮的美女，於是就花錢把翾鳳買到手。

當時很多人都以為石崇泡妞泡得變態了，買個十歲的小妹妹回去，太不講職業道德了。可是五年之後，石崇對大家說，我帶個美女給你們看。

大家說，看就看！

翾鳳款款而出，馬上驚豔當場！大夥都猛吞口水問，你從哪裡弄到這個美女？

石崇說，五年前就收購了啊！

大夥這才不得不佩服石崇的眼光。要是這傢伙去炒股，肯定會成全球頭號股神。

這個美女之所以越來越出名，不光是因為長得漂亮，她也是個玉器鑑定專家。

原來石崇家裡有大量的金玉寶石，而且大部分都是從海外進口過來的。這些走私品最大的特點就是真假難辨，很多人想要又不敢要。可是翾鳳卻有鑑定這些東西的能力，是石崇家裡金石鑑定的首席專家，也是石崇發家致富的好幫手之一。史書上說她「妙辨玉聲，悉知其出處」。她說了兩句很經典的話：「西方北方玉聲沉重，而性溫潤；東方南方玉聲輕潔，而性清涼」。這幾句話，讓當時很多專家都不得不佩服她。石崇更恨不得天天把她攬在懷裡。

翾鳳不但長得漂亮，又是個金石專家，更難得的是她還是個難得的管理人才。如果放到今天，肯定是個商界女強人，長期占據《財星》封面也沒有誰敢有意見。只是那時，女人不能開公司，她當不了集團公司的執行長。但石崇還是發現了她這個特長，讓她當了石府的管家。當然這個管家並不是什麼都管，而是只管那一堆美女。你知道，石崇的家裡美女太多

第二節　花花公子的本色

了。人家養一群牛都還有個管理辦法，何況幾千個美女在一起生活？當然也得有個管理制度，否則不發生群體騷亂才是怪事。皇宮裡還有太監在管理大小事，石崇是不可能在家裡養一群宦官的。於是他就來個以夷制夷，用美女來管美女。這樣翾鳳就成了石崇家美女小組的負責人。而且這個負責人一做就做了差不多二十年。

跟很多單位一樣，你當上級的時間一長，人家的心裡就不滿，就到處講你的壞話，打你的小報告，何況管的又是一群個個都有嫉妒心的美女？石崇家雖然有數千美女，就連石崇也知道，他養這些美女只是為了顯示一下自己的威風，而不會真的讓幾千人都陪自己睡覺——她們肯定願意，但他能受得了嗎？因此，幾千人中，他真正喜歡的只是美女群中的一小撮。其他大部分的美女不能跟老闆享受性福生活，心中的怨氣就特別強，她們對石崇沒有辦法，只能恨翾鳳，一有機會，就大造翾鳳的負面謠言。開始時，石崇也不當一回事，對翾鳳的信任跟以前一樣。可是後來形勢就不一樣了，估計一來，翾鳳日夜操勞，一半時間睜大眼睛沒完沒了地鑑定那些走私品，二來得時時刻刻處理那些美女的爭風吃醋——這可是連皇帝也難處理的事情啊！精力用得過多，美麗自然就不斷地打折扣，不再像以前那麼美若天仙了；三來，石崇跟所有男人一樣，喜新厭舊，能這麼久地寵一個美女，對他來說，已經是一件難得的事了。於是，在翾鳳快三十歲的那一年，石崇就讓她淡出自己的生活，退到後房中做下等人的大姐大，這個大姐大其實是相當於奴僕隊的隊長。她以前的地位，正式被新科首席美女綠珠取代。不過，她最後的命運顯然比綠珠好。在石崇玩完的時候，她的結局又無巧不巧地跟貂嬋一樣。這個結局就是不知所終。她雖然不知所終，但她的一首詩卻還是流傳了下來：

春華誰不羨？辛傷秋落時。

哽咽追自泣，鄙退豈所期？

第四章　人為藝術奪嫡的花花公子　種下亡國禍根的開國皇帝（下）

桂芬徒自蠹，失愛在蛾眉。

坐見芳時歇，憔悴空自嗤。

不用多說也知道這是她被石崇冷落之後寫的一首哀怨的詩。

這詩雖然字字哀怨，但才氣橫溢，幾乎可以混在當時另一個才女左芬的詩集當中，沒有人會說這不是左才女的作品，讀一次感動一次，可是石崇卻一點不為這首詩感動。他只是繼續泡他的美女，繼續大規模地去發自己的財，繼續在富人榜上威風凜凜。

石崇連續幾年上了《富比世》榜首富，而且時時刻刻又是那麼威風十足，王愷就有點不服氣，不斷地向他挑戰。

石崇的觀念絕不保守，而是高調得很，當王愷要向他挑戰時，他也不管人家是皇帝的舅舅，有老大撐腰，硬是來招接招，在中國歷史上演了一齣精彩的鬥富大戲。

第一場比試，王愷出場表演的是用米漿來洗鍋子。石崇一看，堂而皇之一個後將軍，搞得像個在飯店打雜的小弟一樣，場面很不好看。石崇搬出一堆蠟燭，說，現在不是講求環保嗎？以後不准燒木柴了，煮飯全用蠟燭。

不用評分，王愷也知道這一輪自己輸了。

王愷當然不服。他發揚運動家精神，繼續比下去。這一次，王愷把舞臺擺到了高速公路上來，用紫色絲綢夾道做了四十里的屏幛。可是他這邊還沒收工，石崇那邊已經用亮光錦綢做了五十里的夾道屏幛，不但工程規模超過了王愷，而且用料根本不在一個等級。

石崇在裝修房子時，把花椒拌在油漆裡用來刷牆壁，弄得屋子裡香噴噴的。這個花椒就是現在川菜裡常用的那個花椒，現在看來是一點都不值錢，可當時是進口產品，是從西域進口過來的昂貴油漆，只有皇宮才能用

第二節　花花公子的本色

來刷牆壁，所以皇后的臥室也叫「椒房」，現在石崇居然也有這個能力，說明他的富有已經跟皇家差不多了。王愷捂著鼻子到石崇的「椒房」裡轉了一圈，回到家裡，一咬牙，這回一定勝你一場。他把老婆、小妾、女眷們的化妝品通通集中起來，用胭脂當塗料，把牆壁刷得紅紅的，讓牆面跟剛化妝的小妾的臉差不多，終於扳回一城。

不過，王愷還想贏一次，但翻遍家底，卻翻不出什麼必勝的花樣來。家底不足，但辦法還是有的，他的辦法是跑到宮中，跟外甥皇帝訴起苦來。司馬炎一聽，覺得舅舅比不過一個石崇，他自己也臉上無光，就決定幫舅舅一把，拿出一顆兩尺高的珊瑚樹，送給王愷。王愷一拿到這寶貝，馬上就跑去找石崇。可是石崇一看，什麼話也不說，順手操起一把鐵如意，在王愷手中的寶貝敲了一下，寶貝就變成了無數碎片，落在地上。

王愷一看，當場氣得發差點發狂。你石崇也太沒品了，沒有這個寶貝，就把人家的敲爛……

石崇卻笑了笑，說，不用氣成這個樣子。然後大叫一聲，拿來！只見僕人們從後堂搬來很多珊瑚樹，三四尺高的就有六七棵，至於像王愷那個規格的更是擺滿了王愷的眼前。王愷這才知道，就是皇帝也比不過石崇。這個石崇估計還會當全球首富幾年啊！

還是有一些人看不慣這種拿財富來炫耀的現象的，上書司馬炎要求整頓一下社會風氣，重新提倡一下勤儉節約之風。可是司馬炎一看到這個上書，就扔到一邊，自己都勤儉了大半輩子，現在都四十多歲了，人生幾何這道題都差不多算完了，再勤儉那不等於要窮到死？這種炫富有什麼不好？這正好體現國家在當今皇上的治理下，百姓生活富有了啊！你們這幫蠢材，連這點也不知道，一天到晚抱著陳舊的觀念，難怪你們都富不起來。

第四章　人為藝術奪嫡的花花公子　種下亡國禍根的開國皇帝（下）

第三節　偷香偷出幸福生活

　　司馬炎想到自己這道「人生幾何」差不多算到頭了，當然又想到自己玩完之後，接班人怎麼辦，就問了一下張華：「如果我掛了，誰可以託付後事？」張華說：「明德至親，莫如齊王。」齊王就是他的老弟司馬攸。所有的人都知道，張華的這個建議絕對正確。哪知司馬炎雖然認為同宗兄弟值得信任，可就是不放心把權力交給這個老弟。因為以前他就是從這個老弟手中奪了接班人的位子，怕這個老弟一旦權力在手，到頭還不把他的豬頭兒子廢掉。所以，他可以把權力交給任何人，也不會把權力交給司馬攸。因此，他一聽到張華的話，心頭就有氣。

　　張華因為當時堅決站在杜預的同一陣線，主張消滅東吳，本來主戰和反戰，都是為了國家，可是賈充那一班人覺得主戰派不給他們一點臉面，心裡就一直對他們不爽。後來的事實更證明主戰派是正確的，弄得連他們自己也覺得沒面子，總想找個機會整治張華，挽回一點臉面，這時看到司馬炎對張華有點意見，就由賈充的死黨中書監荀勖和侍中馮紞向司馬炎建議，把張華調離京城，去「都督幽州諸軍事」。司馬炎也懶得再看到張華的臉，馬上同意。

　　這時候，司馬炎手下那些得力員工，都已掛得差不多了，只有這個張華還算是個人才，而且他又沒什麼野心，是最佳輔政的人選之一。他也知道張華是個人才，重用這樣的人肯定沒有錯，但硬是聽從賈充他們的話，把張華調走。雖然後來他又想把張華調回來重用一下，可是司馬炎這時卻頭腦不清楚，居然把這個想法跟荀勖交流了一下，那個荀勖一聽，想都不想，就表示堅決反對。於是，司馬炎身邊除了「三楊」以及賈充這一批人之外，幾乎沒什麼可用的人。這傢伙雖然除了泡妞之外，就為兒子著想，

第三節　偷香偷出幸福生活

可是到了現在，也沒為兒子找到一個可靠的輔政人才。

從這一點上看，司馬炎雖然在政壇上混了幾十年，但卻沒什麼政治遠見。

而且，他的兒子後來也因為他的這些短視，付出了代價。

張華離京後不到一個多月，賈充就得了大病。

賈充也知道自己離死期已經很近了，近得可以摸到死神的鬍鬚了。不過，他現在對死倒不覺得很可怕，而是怕人家對他死後的評價。你千萬不要以為這傢伙沒有是非之分，他稍微一總結就知道自己這輩子做的壞事比好事多得多，因此，對於死後的諡號很擔心。他的姪子賈模倒是看得開，說這也是白擔心，你做過什麼，大家的眼睛是雪亮的，誰也掩蓋不得。

賈充一聽，什麼話也說不出來，然後就眼睛一閉，徹底掛了。

賈充死後，按當時的慣例，得有個接班人來繼承他的爵位。可是賈充沒有兒子。本來，他是有兒子的，名字叫賈黎民——名字取得不錯，可就是命不長。賈黎民的短命，既不是因為染上了非典型肺炎，更不是被哪個暴徒殺了，而是因為他的老媽，也就是賈充的老婆。這位老夫人叫郭槐，是個強悍的角色。賈充本來有一個老婆，姓李，是李豐的女兒，是個美女，可是他的老爸卻是司馬氏的政敵，被司馬氏當作反動分子殺了，李美女也因為老爸的原因被流放。郭槐是賈充的第二任老婆。別看賈充在外面威風八面，什麼事都做得出來，連皇帝也敢殺，跟政敵也是死拚到底，更敢發動一班死黨，把他那個史上最醜的皇后女兒成功地推銷給皇太子，讓自己成為司馬炎的親家。可是一回到家，在這個老婆面前，卻變成一隻小綿羊，放一個屁都得請示一下，拿到通行證後才放。真不知道賈充怎麼會選這樣的女人當老婆。而且從她生的兩個有名的醜女來看，估計年輕時這個郭槐也是其貌不揚。

第四章　人為藝術奪嫡的花花公子　種下亡國禍根的開國皇帝（下）

　　史書上說，郭槐「性妒忌」。本來，這三個字是大部分女人都有的性格特徵，但這位女士可能因為長得太不性感，而她的這個性格特徵又太過突出——而且那時的社會，又是名士風度橫行的社會，很多男人們都藉著向名士學習到處泡妞，所以郭槐對老公就更加提防了。有一次，也就是賈黎民三歲的時候，賈充下班回到家裡。那時賈黎民的保母正抱著賈黎民玩。賈黎民看到老爸回來，就向老爸笑了一下。賈充覺得兒子很可愛，就上前摸了一下小黎民。

　　這一摸不幸被遠處的郭槐看到。這個郭槐不知是眼睛有毛病，還是因為其他原因，看到的不是賈充在摸兒子，而是賈充正用手摸向保母，當場氣得發暈。她不能對老色鬼怎麼樣，就把倒楣的保母叫過去，用鞭子活活將她打死。那時像她這樣的人打死一百個保母也沒事，根本不用負什麼法律責任，而且在她看來，死了這個保母，還可以另請，天下什麼都缺，唯獨不缺保母。哪知，郭槐對保母沒一點感情，一生氣就可以把她打死，可是賈黎民卻對這個天天抱著他的女人有著深厚的感情。在她死後，天天懷念著她，最後到「發病而死」的地步。在這個兒子死後，郭槐又生了一個兒子。

　　本來，死了一個兒子，郭槐應當總結一下經驗教訓，要好好對待這個兒子才是。可是她卻死不悔改，不管做什麼事，只顧自己的心情。只要覺得不爽，孩子的性命也是小草一根，最終又讓上一次的戲碼重演了一次：同樣是賈充摸了躺在保母懷中小兒子的頭一下，郭槐當場就氣暈了頭，也不想想賈黎民是怎麼掛掉的，馬上把保母叫來，一頓暴扁，至死方休。賈充和郭槐這一對夫妻身上沒一絲情義可言，可是他們生出的兒子卻個個有情有義。這個小兒子看到保母死去，便也像他的哥哥一樣，懷念保母致死。這個兒子死後，賈充夫妻便再也沒有了兒子。如果是別的男人，老早就把這樣的悍婦退貨，重娶一個。可是賈充卻除了自認倒楣外，沒別的辦法。

第三節　偷香偷出幸福生活

現在賈充就要掛掉了，但賈家卻找不到一個繼承人，這對賈家來說是一個不可估量的損失。因為如果沒有繼承人，賈充的爵位也就隨著徹底終結。

郭槐就決定讓她的外孫當賈充的繼承人。

這個外孫後來也是個赫赫有名的人物，叫賈謐。

這個賈謐本來姓韓，叫韓謐才對。他的老爸韓壽也是個著名人物。不過，他的出名可不是因為打了什麼仗，做過什麼可以彪柄史冊的大事業，而是以風流名揚天下，流傳萬代的。韓壽也是世家子弟，他的祖先是魏國司徒韓暨。韓壽沒別的能耐，但「美姿貌，善容止」，是個大帥哥。賈充舉薦他當了司空掾，每天負責拎著上級的公司包，很帥很酷地跟在賈充的屁股後面，過著他的幸福生活。身為朝廷要員的賈充，也和很多士族一樣，喜歡舉辦聚會──竹林七賢們愛在竹林裡張揚個性，而這些地位高的人卻喜歡舉行家庭宴會，請來一批死黨，在家裡談天論地，交流心得。賈充當然也有這個愛好。因此，韓壽也就經常得以參加賈充的聚會。

還記得賈午吧？曾經是太子妃的第一候選人，可是因為太瘦小，連嫁衣都撐不起，賈充一看覺得讓這個沒一點女人味的人嫁給太子，有點過意不去，才讓她的姊姊賈南風頂替去當太子妃。現在這個賈午年紀已經不小了，還待在家當「剩女」。賈午也跟所有的美女一樣愛帥哥。她常躲在屏風後面，偷看來參加老爸宴會的老少帥哥們。

不久她就發現了韓壽，一時驚得目瞪口呆，天下居然有這樣的帥哥。這個讚嘆馬上擴展為「如果能嫁給這個帥哥，那有多幸福啊」，而且這個想法像放了酵母粉的麵糰一樣，沒日沒夜地膨脹起來。

賈午生長在賈家，當然也像賈充一樣，有很強烈的占有欲。自從見了韓壽之後，就跟很多一見鍾情故事中的主角一樣，茶飯不思，害上相思

第四章　人為藝術奪嫡的花花公子　種下亡國禍根的開國皇帝（下）

病，最後生起病來，不管用什麼藥也治不好。後來，她實在忍不住了，叫身邊的婢女去調查一下這個帥哥。誰知接受任務的婢女剛好認識韓壽，說還用什麼調查，韓壽是我的舊主人。

賈午一聽，這不是緣分什麼才叫緣分？就叫這個婢女去找韓壽。

雖然不知道這個婢女能力如何，但當媒婆絕對優秀。她跑到韓帥哥的家後，當著韓壽的面把賈午的相貌吹得像天仙下凡一樣。並說，現在她正瘋狂地思念著你哪！

韓壽一聽，原來賈充還有這麼一個女兒，要是搞定了賈午，不就成了老闆的乘龍快婿了？當他的女婿可比當他的祕書好多了。韓壽別的沒什麼自信，但對泡妞卻有信心得很，何況泡的是老闆的女兒？泡得好，泡得方向對，說不定能泡出大好前程來，於是馬上就叫這個婢女幫幫忙。

賈午聽說韓壽這麼乾脆，自己只有更乾脆了。就叫那個婢女去通知韓壽，這種事宜早不宜遲，晚上馬上過來。

到了晚上，韓壽就跑到賈家跟賈午約會。這傢伙不但長得帥，而且「勁捷過人」，輕功特別厲害。居然能翻過圍牆進入賈府（賈充家的圍牆可不是一般的籬笆，而是可以防盜的圍牆，要翻過去是要有一定能力的），跑到賈午的房裡，直接就上了床，任務完成後，又翻牆回去。這傢伙不但有耐心，也有恆心，連續一段時間，不管是月明星稀天，還是月黑風高夜，他都像跨欄運動員一樣如約翻牆而來，因此賈午身上的病不但全好了，而且還容光煥發起來，賈充夫婦看著也有點奇怪起來：我們家的女兒，到底是吃了什麼藥？不但病好了，臉色也比以前紅潤多了。

韓壽的功夫肯定不錯，賈午對他很滿意，便把老爸送給她的進口香水送給韓壽。

這個進口香水是人家送給司馬炎的，司馬炎又送給賈充。因此，全國

第三節　偷香偷出幸福生活

只有皇宮和賈充以及那個大司馬陳騫的家裡有這個東西。不知道韓壽是故意炫耀，還是真的不知道，他得到這個香水之後，就放在身上，每天香香地去上班，好刺激別人的鼻子。賈充的手下們，都知道這香水是名貴的東西，韓壽一個小祕書哪有享受的資格，就向賈充打小報告，說韓壽身上香得很特別。

賈充一聞，馬上就知道韓壽身上的是什麼香水了。他稍一思考，就知道韓壽和他女兒好上了。

可是他不知道韓壽是怎麼進來的，門口有侍衛啊，盤查嚴得很，難道韓壽能像孫悟空一樣，變個蜜蜂飛進來，到了女兒的房間再現出本尊？他不可能有這個本事吧？要是他有這個本事，還會來追自己的女兒？他也知道自己的女兒姿色平庸。

一天夜裡，賈充突然大叫有賊，然後叫大家關門順著圍牆捉賊，最後，有人報告，家中無賊，只是在圍牆的邊發現了一道像狐狸爬過的痕跡。賈充一聽，當然知道，那個痕跡可不是狐狸留下的，而是韓壽走出的捷徑。

別看賈充在其他方面很無恥，但也是個要臉的人。他發現「狐狸」的痕跡之後，並不張揚出去，只是把女兒的婢女叫來，做了一次問話。那些婢女又不是特務，本來就沒什麼意志力，一到老闆面前，哪還敢有什麼隱瞞？把掌握到的第一手消息都毫無保留地說了出來。

賈充這才知道，不是韓壽追他的女兒，而是他的女兒搞定了帥哥，這事就更不能講出去了。他想了一想，跟老婆一商量，覺得這個韓壽不但輕功不錯，而且人也確實是個帥哥，天天跟著自己，也沒出現什麼大錯，當祕書很稱職，想來做女婿也會很優秀，就決定順了女兒的這個心願，讓他們結婚算了，免得韓壽天天翻牆——雖然很浪漫，但哪天翻出事故來，

第四章　人爲藝術奪嫡的花花公子　種下亡國禍根的開國皇帝（下）

江湖上不知道要八卦這事到什麼時候，賈家的臉就沒地方放了。

於是，你好我好大家好。

韓壽就這樣透過翻牆，翻出了他人生中嶄新的一頁，從賈充身邊的工作人員，變成了賈老大的女婿。然後就生了那個叫韓謐的兒子。

這個韓謐當然比他老爸更幸福。他的老爸只成為賈充的女婿，得到了賈充那個不算漂亮的女兒，而他卻一下子就成為賈充的繼承人，是個貴族。當然，還是要辦個手續的。

在郭槐提出讓韓謐當賈充的繼承人時，賈充生前的部下韓咸和曹軫表示反對，理由是自古以來都沒有外姓人當繼承人的先例。

但是郭槐是什麼人，她能聽別人的這個建議嗎？什麼外姓不外姓，外孫改個姓不就姓賈了？就這樣，韓謐就成了賈謐。那兩個反對者卻還是上書司馬炎，頑固地表達自己的反對意見。可是司馬炎有時間回信給他們嗎？

郭槐也寫了一封信給司馬炎，說這是賈充的意思。

司馬炎對賈充算是給足了面子，一看是賈充的意思，馬上就簽上同意兩個字。不過，簽過之後，突然一想，這樣不太妥當，便跟著下了一道詔書：「以後，除非誰的功勞跟賈充一樣大，第一代封爵而無子，否則都不能享受這個待遇。」大家一看，誰的功勞能比得上賈充？除非你有膽量把皇帝幹掉。

在司馬氏父子看來，賈充對他們立下了很大的功勞，心裡對他的感激程度可以說是無邊無際。司馬炎只想到賈充對他們的好處，卻根本沒有想到賈充已經在他們身邊埋下了幾顆定時炸彈，只要一引爆，司馬氏的天下就血肉橫飛了。

第四節　終於逼死親兄弟

　　司馬炎不光對賈充好，就是對賈充的死黨也很看重。賈充最得力的死黨就是荀勖、馮紞這兩個人。由於司馬炎近來都把精力投入後宮的偉大事業中，他那個老弟的人氣又大漲起來。荀勖和馮紞知道，照這個勢頭發展下去，司馬攸就會掌權。這傢伙一旦掌權，他們肯定沒好果子吃。於是兩人馬上就找到司馬炎。

　　先由馮紞發言：「陛下詔諸侯之國，宜從親者始。親者莫如齊王，今獨留京師，可乎？」

　　然後荀勖接著說：「百僚內外皆歸心齊王，陛下萬歲後，太子不得立矣。陛下試詔齊王之國，必舉朝以為不可，則臣言驗矣。」兩人的話，由淺入深，深入淺出，馬上就戳到司馬炎的痛處——現在他最怕的是他的兒子以後的地位不保。

　　他照著荀勖的話下了一道對司馬攸明升暗降、調離京城的詔書：「古者九命作伯，或入毘朝政，或出御方岳，其揆一也。侍中、司空齊王攸，佐命立勳，劬勞王室，其以為大司馬、都督青州諸軍事，侍中如故，仍加崇典禮，主者詳案舊制施行。睗以汝南王亮為太尉、錄尚書事、領太子太傅，光祿大夫山濤為司徒，尚書令衛瓘為司空。」這個詔書裡雖然對司馬攸掛了很多頭銜，不費一番功夫，還真記不住，但真正的意思是讓他「都督青州諸軍事」，到青州那裡上班。

　　這個詔書一下，果然很多人都強烈反對。先是王渾上書，要求讓司馬攸留在中央任太子太保，與司馬亮和楊珧共同執政，形成三權分立，而且把司馬攸跟周公旦相提並論。扶風王司馬駿、光祿大夫李憙、中護軍羊琇、侍中王濟、甄德都跟著支持王渾，而且甄德和王濟還叫他們的老婆到

第四章　人為藝術奪嫡的花花公子　種下亡國禍根的開國皇帝（下）

司馬炎面前哭求留下司馬攸 —— 這兩人的老婆都是司馬炎的女兒。甄德的老婆就是長廣公主，王濟的老婆就是常山公主，因為，一來司馬攸確實是司馬家現在最有人氣的人，也是最有能力的，以後當上實際最高領導人，肯定能夠帶領國家迅速發展。二來，現在楊家幾兄弟在朝中已形成氣候。他們都知道，這「三楊牌」馬車，一旦失控，他們的日子就不好過了，而且能控制這「三楊」牌馬車的，也只有司馬家的人。

本來，這些建議，不管對司馬氏或者對國家而言，都是正確的，這些人以為這一次大家聯合行動，加大力度，肯定能夠說服司馬炎。可是司馬炎這時的心中，只為他的兒子著想，他很傻很天真地認為，只要保住兒子的地位，就能保住司馬家的天下。而且他又很傻很天真地認為，現在全國所有的男女老少中，只有他的老弟司馬攸才可以扳倒他的兒子，別的人都沒有這個能耐。而且這麼多人同時附和，恰好證明了荀勖的預見是對的。司馬炎一看到這麼多人都支持司馬攸，就認為，這些大臣都已站在司馬攸那一邊了，心中就更有氣，馬上對反對的人大發脾氣，並對王戎說：「兄弟至親，今出齊王，自是朕家事，而甄德、王濟連遣婦來生哭人邪。」把兩個駙馬都貶了一級，趕出宮廷 —— 你們以為你們娶了皇上的女兒，就可以有特權，亂說話了？朕可是個堅持原則的人。

到了第二年，也就是太康四年春，司馬炎再叫太常來討論一下，尊崇司馬攸應該賞賜他什麼器物。司馬炎知道現在司馬攸的人氣飆升得越來越快，而且也知道自己這麼對待兄弟，容易讓人想起曹丕對曹植的故事來，說自己跟曹丕是一個樣 —— 而且當時曹植遠沒有司馬攸這麼有能力（這裡不是說文采，而是綜合能力），有名望，因此，就想了這個賞賜的辦法來，以說明自己不是曹丕那樣的人，而且賞賜的時候，不是自己說了算，而是讓相關部門的人來討論，開明得很。

以庾勇為首的幾個博士都是司馬攸的粉絲，一接到這個任務，覺得應

第四節　終於逼死親兄弟

該利用這個機會為司馬攸講幾句好話，幾個人商量了一下，就上書司馬炎，用了大量事實和理論論據，說明現在應該讓齊王回到中央，主持日常事務。

太常鄭默和博士祭酒曹志的想法也跟那幾個博士一樣。曹志就是曹植的兒子。他說司馬攸有能力，又是皇上最親近的人，這樣的人都被趕到海邊去「觀海聽濤」，相當於一個領高薪的虛職，那麼「晉室之隆，其殆矣乎！」因此曹志也寫了一封信給司馬炎，表示同意那幾個博士的建議。

司馬炎一接到那幾個博士以及曹志的信，一看，全是司馬攸留在中央掌權是合情合理又合法、利國利民利晉朝的言論——現在「司馬攸、留在中央」這些字已經成為司馬炎的敏感詞，這幾個字一跳進他的眼裡，就恨不得當場殺人。他罵道：「連曹志也不理解我了。別的人還能夠理解嗎？」司馬炎現在腦袋已經進水了，你想想，曹志是誰的兒子？他的老爸是怎麼死的？他老爸的遭遇正是今天司馬攸的遭遇啊！他能不同情司馬攸嗎？司馬炎更沒有想一想，連天下人都不理解的事，這事做得對不對？司馬炎對賈充那幫人的話很寬容，即使知道他們說的狗屁不通，也很少對他們怎麼樣，可在這個大是大非、關係到司馬家長遠的大計上，硬是弱智得很。司馬炎這種選擇性弱智，是導致晉朝後來大亂的決定性因素。

司馬炎這次生氣不像之前，罵完曹志之後，便罵那幾個博士：「博士不答所問而答所不問，橫造異論。」我要你們討論的主題是什麼？你們卻去討論這件事？誰給你們這個權力了？你們還把皇帝的話當話嗎？看來，不處理一批人，言論是不會平息的。於是他馬上就免去太常鄭默的職務。

在官場上永遠少不了能看老大眼色吃飯的傢伙，一看到司馬炎這神態，知道投皇上所好的時機已經成熟。尚書朱整、褚鬺等幾個傢伙知道再不揪住這個機會，別人就搶先了，連夜加班，起寫了一份彈劾曹志的建議書：「志等侵官離局，迷惘朝廷，崇飾晉言，假託無諱，請收志等付廷尉

第四章　人為藝術奪嫡的花花公子　種下亡國禍根的開國皇帝（下）

科罪。」強烈要求擴大打擊面。

司馬炎一看，朕這一決定果然得到廣大的擁護，再不多處理一些人，還真對不起人民了，馬上下詔：免去曹志的職務，不過保留爵位，回家好好反省。其他的都集中起來交到廷尉那裡，依法辦事。庾勇的老爸庾純是個滑頭的人，當時他的兒子曾把那封信給他看，他一句話也不說。現在看到老大要嚴打了，馬上就跑到廷尉那裡自首。司馬炎本來也不是個愛殺人的皇帝，馬上就赦免了庾純。

廷尉那幫法官也都把這個案子當成重案，工作效率大大提升，沒幾天就做出判決：勇等大不敬，當棄市。就是庾勇他們敢對皇上不敬，只有以死謝罪。報到尚書省時，尚書省的官員一看，全都死刑，好像有點重，但這是皇帝親自抓的案子，你能說什麼？反正又不是判自己，再怎麼重也不關我們的事，所以大多數人都表示同意這個判決。只有尚書夏侯駿以及左僕射下邳王司馬晃認為太重了，不就幾句話，就把人往死裡打？人家會說這些人因言獲罪，皇上的臉上有光嗎？司馬炎一看，覺得也有點過分了，但又不甘心。因此，判決書在他的辦公桌上擺了七天，最後大概氣也消掉大半——何況人家也是為了自家兄弟求的情啊，這才懶洋洋地簽上他的意見：「勇是議主，應為戮首；但勇家人自首，宜並廣等七人皆免其死命，並除名。」這七人最後全都揀回性命，只是被免職了事。

這些事折騰了這麼久，把司馬攸也折騰得差不多了。他知道司馬炎對他的防範遠勝於對東吳以及西北那些少數民族，因此，向來做事低調，鬱悶過日子。其他親王都按照相關規定，適當培植一些勢力，但他卻事事向司馬炎彙報，很少使用自己的特權。可是想不到司馬炎還是不放過他，還要把他流放到邊遠地區去，心裡越發不是滋味。這一鬱悶，也就跟很多忠臣一樣，身體就有病起來。司馬攸病了之後，向哥哥上奏，請求留在首都，看守母親的墳墓。

第四節　終於逼死親兄弟

　　司馬炎卻不同意，誰的身體沒有病？病有什麼可怕的？吃藥就會好。他馬上就派自己的御醫去幫司馬攸治療。司馬炎對這位老弟的不放心已經到了難以容忍的地步，首先他在懷疑弟弟是在裝病騙他，就叫幾個御醫去證實一下，然後又可以作秀表現一下自己的兄弟情，你們看看，我對弟弟好吧？他一說自己有病，我馬上就派全國最好的大夫去看他。我不是曹丕吧？

　　這幾個御醫的醫術到底如何，我們不知道，但這幾個傢伙要是去玩政治，肯定很得心應手。他們認為，現在皇上正生司馬攸的氣，你幫司馬攸治病，就是跟老大作對。因此他們只是到司馬攸那裡跑了一趟，在司馬攸的身邊轉一圈，說是已經「望聞問切」，便回去向司馬炎說，齊王健康得很。那個河南尹向雄還在為司馬攸求情。可是司馬炎能聽向雄的話嗎？結果，司馬攸還沒有事，向雄就先「憤恚而卒」了。

　　司馬炎再次催促司馬攸動身。

　　司馬攸知道再也拖不下去了，只得打起精神去跟哥哥告別。司馬炎是個要面子的人，平時很注意穿著，全身上下都是名牌，很注重形象，每個動作都要求做到帥酷齊備、風度翩翩，這時雖然已病得不輕了，但仍然裝著沒事一樣，一身名牌很瀟灑地去跟司馬炎告別。司馬炎的智商不很高，但也不是個豬頭，如果司馬攸真的病得不輕，他肯定能看得出來的。但史書上卻說他「疑其無疾」，這是那個寫史書的傢伙為司馬炎找藉口，或者是司馬炎自己找藉口，甚至可以說是司馬攸幫司馬炎找了這個藉口。司馬炎就假裝弱智一下，他們說你有病，我就不信人家的這些謠言，呵呵，現在看看，你果然沒病啊！這話的意思就是，以後出什麼事，也怪不得我啊！

　　司馬攸不久就有事了。他一出京，就開始吐血。這血一吐得多，結果就只有死翹翹了。

第四章　人為藝術奪嫡的花花公子　種下亡國禍根的開國皇帝（下）

　　司馬炎聽說司馬攸死了，馬上暫停羊車駕駛業務，親自去祭悼老弟。司馬攸的兒子司馬冏就當面向司馬炎控告那幾個御醫誣稱老爸沒有病，這才導致老爸一命嗚呼的。

　　司馬炎一聽，馬上就把那幾個御醫殺了——這幾個御醫以為自己在皇宮裡久了，天天都跟政治人物零距離接觸，察顏觀色的能力已經爐火純青了，可以不用鑽研醫術而去玩一下政治了，到了現在才知道，這政治不是每個人都可以玩的。可是司馬炎覺得這政治好玩得很。他一面哭得比劉備還厲害，一面殺幾個醫生來洗雪自己對兄弟的殘忍。司馬炎別的本事沒多大的能力，但做秀的功夫卻是很不錯的。本來司馬攸的死，全是他一手造成的，現在倒好，大哭一場，表示自己「愛攸甚篤」，又殺了幾個皇家醫生，表示為兄弟報了大仇，讓人家把自己與曹丕區別開來。如果他真的「愛攸甚篤」，他就會不聽荀勖和馮紞的話，把司馬攸逼到這個地步——現在這個世界上能把司馬攸逼死的，也只有他這個全國第一把手了。如果說他因為昏庸，錯聽了那兩個傢伙的話，現在他也會把這兩個傢伙殺掉才對。

　　可是在他努力痛哭、大做「哀慟不已」之秀時，那個馮紞就在他的旁邊說：「王名過其實，天下歸之，今自斃殞，社稷之福也，陛下何哀之過！」他一聽，馬上就收住了眼淚。你想想，如果他真的「愛攸甚篤」、真的「哀慟不已」，這時有人把兄弟之死說成「社稷之福」，他的心情能好得起來？他不一刀把馮紞的頭砍下來再滅其九族才怪，哪能馬上「收淚而止」？他認為，老弟一死，確實是「社稷之福」，是司馬氏之福。然而，歷史證明，當他把司馬攸這個司馬氏最後一個有能力的人逼死之後，司馬氏就走上了一條病入膏肓的大道，誰也拉不回頭了。

　　而司馬炎在他心目中頭號政敵司馬攸死去之後，又一次覺得全身輕鬆，天下太平了，他就是馬上死去，他的兒子也可以舒舒服服地把皇帝當

到死的那一天，然後他的那個聰明的孫子馬上接過權力棒，把他開創的大晉王朝帶向更高峰。

因此，他什麼也不管了，抓緊時間，趕著羊車在那一萬個美女中深刻體會當皇帝的樂趣。就是很多大臣們上書建議改革用人制度，他也一概不理。

第五節　朝政是這樣荒廢的

晉朝的人事考核制度是沿用曹魏時代陳群制定的「九品中正制」。當時陳群認為，吏部不能公平地遴選天下人才，所以就叫各地方政府設考選官（即中正），讓這些中正負責考核本地的人才，然後讓他們當官，特別有能力、有德行的就推薦到中央。在考核中，把人分為九個等級，這就是「九品」。誰是第幾品，都由中正說了算，而且喝酒前和喝酒後的評定大不一樣。有一個例子，左僕射何邵去世，袁粲擔任中正，前來參加追悼會。何邵的兒子何岐因為生病，不能前來迎接中正大人，袁粲沒人陪同追悼，心裡就生氣起來。袁粲一離開，馬上就宣布：「今年我不把這個何岐的等級降到最下等，我就是廢材」，王詮說：「以前何岐做了很多違法亂紀的事，你為什麼不降他的等級？現在為了這點事就降他的級？」從這個故事中，你可以看到很多中正是不中也不正的。國家給了他們那麼大的權力，等於是種下了腐敗的根源──只要你捨得巴結中正，你就有搞頭。而且很多中正都推薦自己人去當官，久而久之，公務員中都是那些人的親朋好友，弄得整個社會形成了魏晉時期的「士庶制度」和「門閥制度」，直接導致了「上品無寒門，下品無世族」的社會現狀──不管你有沒有能力，只

第四章　人為藝術奪嫡的花花公子　種下亡國禍根的開國皇帝（下）

要你有辦法行賄受賄、吹牛拍馬屁，或者你乾脆就是某個官二代，你的前途就會一片光明，要當到你老爸那樣的大官不是夢。

有的大臣很清醒地看到，很多花花公子當上大官後，沒當官的能力，就天天聊天，到處清談，官場變成論壇，從中央到地方，所有的人都在崇尚空談。如果耍耍嘴皮子就能治國，那是很不錯的，可是空談能富國強兵嗎？因此，左僕射和太尉司馬亮、司空衛瓘都上書，要求進行一次政治體制改革。

司馬炎看到他們的建議，覺得很正確，可就是沒有行動。他大概覺得自己都五十來歲了，頭髮越來越白，身體越來越疲軟，羊車換了幾次，可是那一萬多個美女才泡了多少？要完成這個任務，還光榮艱鉅得很，哪有時間心情去啟動什麼政治體制改革？現在什麼都做完了，衷兒還有什麼可做，那個可愛的孫兒還有什麼可做──呵呵，留給他做吧，他會做得比自己更好。

大家一看，皇上一點動作也沒有，知道這個改革又「胎死腹中」了，個個回家去喝酒聊天才是正事──反正這個天下又不是我的天下。

司馬炎這麼折騰幾年後，身體就弱了下來，最後乾脆臥床不起，這才知道這個龍體跟普通人體也是一個貨色，同樣受不起酒色的消磨。

司馬炎的岳父楊駿看到皇帝女婿病懨懨到這個地步，知道他也活不了多久了，馬上就啟動奪權計畫，以便在女婿掛掉之後，獨掌大權，那時，什麼事都是自己說了算，那多好啊！

歷史上像楊駿這樣的人，當政治家不合格，但當政客，殘害別人，勾心鬥角的技巧卻十分地上手。他知道，司馬炎一掛，朝廷肯定又要進行一次大洗牌。而現在能跟他有得一比的只有司馬家族中的強人司馬亮，得想辦法把這個傢伙搞定，這叫提前洗牌。

第五節　朝政是這樣荒廢的

司馬炎估計自己也差不多到玩完的那一天了，也開始安排後事了。

太康十年，十一月二十三日，司馬炎再進行一次人事調整：以亮為侍中、大司馬、假黃鉞、大都督、督豫州諸軍事，鎮許昌；徙南陽王柬為秦王，都督關中諸軍事；始平王瑋為楚王，都督荊州諸軍事；濮陽王允為淮南王，都督揚、江二州諸軍事；並假節之國。立皇子乂為長沙王，穎為成都王，晏為吳王，熾為豫章王，演為代王，皇孫遹為廣陵王。又封淮南王子迪為漢王，楚王子儀為毘陵王，徙扶風王暢為順陽王，暢弟歆為新野公。

這個皇孫遹就是司馬衷的兒子。司馬炎之所以讓豬頭兒子當太子，就是因為看在這個孫子的分上。司馬炎到處為這個孫子打廣告、製造輿論，說這個小帥哥很像他的爺爺司馬懿，搞得司馬遹人氣很旺，全國都知道司馬炎有一個豬頭兒子，而司馬炎的豬頭兒子生了個聰明的小帥哥——這個小帥哥是大家的希望。為了這個小帥哥能健康成長，順利接班，司馬炎還是花了很多功夫的。首先是堅定不移地穩住司馬衷的接班人地位——怕其他兒子當了家，這個孫子可就沒戲了，甚至會變成司馬攸。然後採納王佑的建議，任命他的另一個兒子，也就是司馬衷的同母弟弟司馬柬、司馬瑋、司馬允「分鎮要害」。司馬炎對楊家也很不放心，怕自己一掛，「三楊」牌馬車會失去控制——他的這個擔心，本來沒有錯，可錯就錯在既然有了這個擔心，就應該徹底搞定楊家，讓楊家的權勢等於零。但他卻沒有這樣做，只是任命王佑「為北軍中候，典禁兵」，以防「楊氏之逼」，然後再幫孫子挑選一班手下做小孫子的幕僚。

在司馬炎為他的第三代接班人做前期準備時，楊駿也加緊掃除他以後的障礙。這傢伙的政敵有很多，他可能數都數不過來，但對他最構成威脅的也就那幾個人，一個是司馬亮，另一個是衛瓘。司馬亮是司馬家的強人，剛剛被提拔，一時還動不了。這個衛瓘還是可以解決一下的。你應該

第四章　人為藝術奪嫡的花花公子　種下亡國禍根的開國皇帝（下）

還記得吧？本來司馬炎想娶衛瓘的女兒當下一任的皇后。可是後來讓賈家和楊家聯手阻止了，因此，衛瓘跟他們楊家已經有了一點過節。後來，衛瓘又吃錯藥，假裝喝醉，指著司馬炎的座位說：「此座可惜！」

司馬炎一聽，就知道衛瓘這話不是醉話，但一想人家也是為了自己好，沒有當場發作，只說：「你喝醉了，先回去吧！」司馬炎為了堵衛瓘這些人的嘴，就決定讓太子試著處理一下公文。他以設宴為名，把東宮所有的人員都叫來，而「密封疑事，使太子決之」。可是賈南風提前探聽到這個消息，知道白痴老公肯定回答不了，老公要是回答不了，她這個未來的皇后就泡湯了。賈南風也不是簡單的人，知道試題之後，馬上請人來替考。司馬衷交卷後，那個張泓一看，全是古文，這麼多典故，深奧得要命，一個白痴能答得這麼好？馬上對賈南風說，太子本來學習就不怎麼樣。現在搞得這麼深奧，弄不好要露馬腳的。「不如直以意對」。

賈南風一聽，張泓你是我的大救星。好啊，你「便為我好答，富貴與汝共之」。

張泓一聽，哪有不做的道理？當時就重新寫了一份答案，讓司馬衷抄了一遍，然後交給司馬炎。司馬炎「省之，甚悅」。他「甚悅」之後，又把答案給衛瓘看。衛瓘還能有什麼話可說？這麼多人在場，可是司馬炎只把答案給衛瓘看，就知道這個衛瓘肯定在皇位繼承人這件事上多嘴。賈家的人一看，對衛瓘這個老傢伙就更恨之入骨了。

歷史上都把這個事件說成是賈南風為老公作弊，但我認為，真正作弊的人不是賈南風，而是司馬炎。如果司馬炎真正想考一下兒子，可以當場隨機提出問題甚至讓衛瓘們提出。可是他卻沒有這樣做，硬是先做好試卷，再讓他來考，而且「密封疑事」之後，賈南風居然提前知道，這裡面的疑問就多了。而且，司馬炎以前就曾用這一招，贏得接班人之位，因此對這一招肯定很精通，能被賈南風騙過嗎？

第五節　朝政是這樣荒廢的

這件事之後，天下人都知道司馬炎跟衛瓘的感情已經不那麼好了。

楊駿當然也知道。因此，楊駿就決定先把衛瓘搞定。

衛瓘是個老江湖，你要抓住他的把柄很難。但他的兒子卻很菜。

衛瓘的兒子叫衛宣，是司馬炎的女婿。這傢伙愛喝酒，而且一喝就醉，一醉就出事。楊駿就抓住他的這個不良習慣，跟幾個宦官聯合起來，向司馬炎打小報告，說衛宣天天買醉，喝壞了胃，太對不起公主了，不如讓公主跟他離婚算了。

司馬炎一看這個報告，覺得自己的女兒居然跟了一個醉鬼，實在是件丟臉的事，馬上就叫小夫妻離婚。

衛瓘一看，就知道這事是衝他而來的，他要是還不表示，只怕兒子的命都保不住，因此馬上申請退休。

司馬炎也乾脆，當場簽上意見：進瓘位太保，以公就第。

司馬炎的病情越來越重，很多人都知道他離嚥氣的時候不遠了，可是這傢伙到了這個時候居然沒有立下什麼「你辦事，我放心」之類的政治遺囑。要知道，全國第一把手的政治遺囑對國家的未來有著極大的影響，這種遺囑得在清醒的狀態下寫好。可是司馬炎到了現在，居然一個字也沒有釋出。

楊駿看到這個情況，覺得正中下懷，趁機把司馬炎身邊的人全部調換。有一天，司馬炎的病稍有好轉，眼睛一轉，發現身邊的人居然一個也不認識？他稍用腦袋一想，就知道是岳父大人搞的鬼，馬上把楊駿叫了過來——如果他在這個時候順便處理了楊駿，後面的事也許不會那麼糟，可是司馬炎只是責備了楊駿一下，然後什麼也不做。你想想，楊駿這樣的人能接受你的指責嗎？

這時，司馬亮還沒有去許昌赴任。司馬炎就叫中書起草詔書，要司馬

第四章　人為藝術奪嫡的花花公子　種下亡國禍根的開國皇帝（下）

亮和楊駿在他掛掉之後，當首席和次席輔政大臣，然後再選幾個有能力的人當他們的助手。楊駿等的就是這一天，他馬上跑到中書那裡借來詔書看看，然後做起偷雞摸狗的勾當，趁人家不注意，把詔書偷了過去。

中書監華廙回頭一看，詔書不見了，馬上就知道是楊駿做的好事，他也不揭發，而是「自往索之」。這傢伙以為楊駿也是老官員了，而且詔書裡也讓他當輔政大臣，他肯定會把詔書還給他的。哪知，楊駿卻耍起無賴來，硬是不給。華廙當然拿他沒辦法，只是瞪著眼睛，想不到天下竟有這樣無賴的人。

正在這時，司馬炎又昏迷過去。

皇后楊芷要求司馬炎讓她的老爸輔政。

司馬炎這時連說話都已經困難，只是點點頭。

楊駿看到他這麼一點頭，心裡高興得差點大叫。誰說生女不如男？要是生了像楊芷這樣的女兒，這輩子還用愁嗎？

楊芷在司馬炎病得不能說話的時候，馬上把中書那一班人找來，說是傳達皇上的遺囑。這個遺囑就是：以駿為太尉、太子太傅、都督中外諸軍事、侍中、錄尚書事。要他們根據這個內容起草詔書。詔書做成之後，楊芷就拿過去給司馬炎看。

司馬炎一看，怎麼沒有司馬亮的名字？就知道他的老婆做了手腳，可是他現在話也說不出來，只是呆呆地對著那幾行字。

皇上不說話，就算默認了，皇上一默認，詔書就可以釋出。

這個詔書一釋出，楊駿做的第一件事，就是催促司馬亮趕快去新單位報到，不要老留在京城。

沒幾天，司馬炎突然覺得自己能開口說話了，他的第一句話就是問人家：「司馬亮來過了嗎？」

第五節　朝政是這樣荒廢的

身邊的人說沒有來啊！

司馬炎就知道壞了事，心裡一氣，當場就不省人事。

到了四月二十日，晉朝的開國皇帝司馬炎就頭一歪，徹底掛掉了。這一年，他五十五歲。

雖然是開國皇帝，但司馬炎的一生，並不是革命的一生，更不是戰鬥的一生。他靠祖父兩代打下的基礎，然後搞小動作把老弟拉下臺，成為開國皇帝，開始時倒也做得不錯，頗為稱職，可是滅吳之後，花花公子的本色暴露無遺，無心治理國家。司馬炎唯一的長處就是能容忍難聽的話。不過，他聽得最多的不是正確的意見，而是賈充、荀勖那幾個傢伙的話，在關鍵時刻總是做出錯誤的決定。他最大的失誤是立了一個豬頭兒子作為接班人。他把那座龍椅留給了豬頭兒子，但卻沒有為兒子留下一個有能力的團隊。他留給司馬衷的輔政人員都是些什麼人？一個是楊駿。連司馬炎也知道楊駿不是個好人，一天到晚搞小動作，警告了多次，就是不改，但他還是讓這個傢伙當他兒子的監護人。另外那個司馬亮，也不是什麼大才。還有一個就是賈南風，一天到晚欺負著他的兒子，等他死後不搞鬼才是怪事，雖然賈南風「短、醜、黑」，他也多次想廢掉，可硬是看在賈充的面子上，寬大了一次又一次。

一個白痴領導人的周圍全是這樣的人，這個國家不大亂才是不正常了。

第四章　人爲藝術奪嫡的花花公子　種下亡國禍根的開國皇帝（下）

第五章

呆子當皇帝
群奸搶大權

第五章　呆子當皇帝　群奸搶大權

第一節　楊駿掌大權

　　司馬炎掛掉的當天，楊駿把他的皇帝女婿那具僵硬的屍體來個暫時擱置，放到一邊，先把皇宮裝修得喜氣洋洋，到處大紅燈籠高高掛，所有的人都穿上節日的盛裝，讓司馬衷當上新任皇帝。說是天不可一日沒有太陽，國家不可能一天沒有第一把手──至於司馬炎的屍體，什麼時候處理也行，留在那裡誰也不會偷走的。司馬衷就這樣隆重登場，從他老爸的屍體旁邊走過去，把屁股坐到他老爸剛剛離開的龍椅上。像所有新皇帝上任一樣，當天就「大赦，改元，尊皇后曰皇太后，立妃賈氏為皇后」。這個賈南風終於當上了第一夫人。

　　這次換屆，最高興的不會是司馬衷，這傢伙是個豬頭，連皇帝是什麼也搞不清楚，你要他往哪裡一坐，他就坐下去，然後面對群臣發呆，因此，最高興的人應該是楊駿和賈南風這一男一女。

　　楊駿終於把大權徹底地拿在手中，不用像前幾天那樣，要看個詔書，還得親自去當小偷，之後又得厚著臉皮耍無賴。而賈南風終於丟掉太子妃這個越看越覺得小家子氣的帽子，當上了皇后。

　　楊駿進入宮中，在太極殿中安居樂業起來。他善於搞小動作，因此也怕別人搞小動作，所以當司馬炎的棺木在一片莊嚴肅穆的哀樂聲中，從含章殿抬出來、楊皇太后帶領宮中全體女眷向司馬炎作最後一哭時，楊駿怕死，居然躲在殿內不出來，怕某個人肉炸彈衝上來與他「玉石俱焚」，還「以虎賁百人自衛」。

　　司馬衷當上皇帝之後，下的第一道詔書就是任命「石鑑與中護軍張劭監作山陵」。大家都知道，司馬衷大字不識幾個，這個詔書都是按照楊駿的意思寫的。

第一節　楊駿掌大權

現在大事小事都是楊駿拍板說了算，菜鳥皇帝只是個工具而已，或者說只相當於一個會蓋章的小夥計而已，楊駿要是看誰不順眼，誰就死無葬身之地。

現在怕楊駿的人很多，但最怕楊駿的人卻是司馬亮。司馬亮是司馬懿的兒子，也就是司馬炎的叔叔，算是司馬氏的老前輩了，本來司馬炎很看好他，想讓他當首席輔政大臣，用來平衡楊駿，哪知司馬炎做事拖拖拉拉，一件本該早就決斷了的事，卻硬是「明日復明日」，等到嗚呼哀哉的那一刻也搞不定，最後弄成今天這個局面，一個好好的司馬家天下，他才死了不到一天，就變成楊家說了算的天下。司馬亮知道，因為他曾經是司馬炎指定的顧命大臣，所以楊駿是不會放過他的。楊駿要是放過他，楊駿就不是楊駿了。

照道理，司馬亮應該出席他這個姪兒皇帝司馬炎的葬禮，可是現在大家左看右看，硬是看不到司馬家輩分最高、官位最大的司馬亮在現場老淚縱橫地帶領大家。很多看不慣楊駿的人都希望能看到司馬亮，希望他在現場，當司馬家的帶頭大哥，而且他現在的官是侍中、大司馬、大都督、兼都督豫州諸軍事，還假黃鉞，頭銜一大堆，不管哪個位子都是可以嚇死人的。可是這傢伙居然不到場，只是站在門外在侍衛的保護之下，放開最大的音量痛哭著。楊駿是在殿內看著送葬隊伍走過去，人們可以體會到他那冷冰冰的目光，而司馬亮卻一頭花白地在那裡大哭，讓人覺得可憐。楊駿不敢出殿，是怕人家暗殺他，司馬亮不敢進來，是怕楊駿對他下手。都是一個「怕」字。

司馬亮完成痛哭的程序之後，就退到洛陽城外暫時住下來，然後上書給新上任的皇帝司馬衷，要求等喪事結束之後再到許昌報到。

這個報告，說是給司馬衷，可是處理這個報告的肯定是楊駿。

第五章　呆子當皇帝　群奸搶大權

　　楊駿現在最提防的人就是司馬亮，一接到報告，馬上就請人來研究。有人說，估計司馬亮現在要發動政變啊！要不，為什麼一定要等喪事結束後才離開首都？這是緩兵之計啊！

　　楊駿一聽到「政變」這兩個字，就覺得冷空氣突然南下，把他狠狠地襲擊了一下，腦袋一轉，對付這種人只有先發制人。現在他唯一的優勢是皇帝在他的掌控之下，要下個解決誰的命令容易得像放個屁一樣——而且屁有時你想放都放不出來呢，而這樣的命令，就是半夜他都可以下發。楊駿先去找他的女兒——新皇太后（這個稱號，其實相當於新的寡婦，這種寡婦一般都在非常時期被人家利用，得以頻頻出鏡，司馬氏就曾多次利用那個郭太后）楊芷，叫楊芷把皇帝找來，讓他抄好那份早就擬好的詔書，命令那兩個負責修王陵的石鑑和張劭，馬上停止工程建設，帶領工兵們去進攻司馬亮，務必把老傢伙捉拿歸案，陵墓以後再修也不遲。

　　你一看就知道這個楊駿只是個小人，而不是一個做大事的人，去捉拿一個大司馬，而且這個大司馬又早已對他提防得要命，居然只派幾個工兵過去，而且這隊工兵的指揮官又都不是他的心腹之人。那張劭雖然是他的外甥，可石鑑卻不是啊！

　　兩人接到命令之後，張劭馬上響應號召，叫部隊放下工具，拿起武器，準備戰鬥。可石鑑卻不動。他很冷靜，他認為司馬亮是不會發動什麼政變的，所以不能亂來。

　　在兩人僵持的時候，司馬亮也得到情報。

　　司馬亮雖然是司馬懿的兒子，但與他老爸的智商差距太大。如果他是司馬懿，一接到這個情報，估計就會馬上採取反制措施，未等人家的兵過來，他就已經把楊駿搞定了。可是司馬亮不是司馬懿，他叫廷尉何勖來，問他怎麼辦？

第一節　楊駿掌大權

　　這個何勖倒是個乾脆的人，馬上對司馬亮說：「現在大夥都對楊駿有意見，只是缺乏一個帶頭人。大家都把你當成打倒楊氏的帶頭大哥，都盼望你出來帶領大家。現在倒好，你還沒有動手，反而讓人家先動手了。天下哪有這個道理？再不動手，人家都看不起你了。」

　　哪知，司馬亮這個傢伙年紀很大，官位很高，但膽子卻很小，聽到何勖的話，覺得年紀都這麼大了，還冒這個險做什麼？看衰就看衰吧！看衰總比冒險好千萬倍，馬上就收拾行李，連夜摸黑狂奔到許昌，覺得能躲就躲，躲不了再說。

　　司馬亮跑路之後，楊駿居然也沒別的動作。這兩個傢伙也算是棋逢對手了。你想想，都以中央決議的公文指責人家搞政變了——這個罪名是可以殺頭的啊！可是人家一離開首都，就沒下文了，這種做法給人的印象，除了誣陷之外，還能做什麼解釋？

　　楊駿的老弟楊濟和外甥李斌知道，這事的後果會很嚴重的，兩個人都跑到楊駿那裡，勸楊駿要心胸開闊一點，主動跟司馬亮搞好關係——這個司馬亮都一大把年紀了，離死那一天也不遠了，何必跟他鬥下去呢？現在最好的辦法是，讓司馬亮回到中央，一同參與日常事務啊！這樣，他沒話說，人家也沒話說了。

　　可是楊駿能聽得進這樣的話嗎？一個人掌權比兩個人掌權的感覺好多了。

　　楊濟又去找全國首富石崇，讓他出面去勸楊駿。如果石崇挑著金磚滿頭大汗地送過去，楊駿肯定愉快地接受，可是來勸他讓司馬亮回來跟他一起分享權力，他能答應嗎？這權力才拿了幾天，才剛剛拿出感覺來，你們就讓我馬上把一半權力分給那個老傢伙？打死我也不幹。他馬上對石崇說，如果你沒別的事，就請回去了。現在我日理萬機，沒時間陪你聊天了。來人，送客！全國首富只得拍屁股走人。

第五章　呆子當皇帝　群奸搶大權

　　不過，楊駿也知道自己的名聲不太好，得想個辦法好好打造一下形象。如果他從現在開始改變一下作風及人品，跟同事團結友愛，釋出幾個以人為本、富國強兵的政策，任用一批有能力的人，那麼形象不久就會得到很好地改變。可是楊駿不是這樣的人。他認為他的形象不佳，是因為從來沒有獎勵過各級公務員。因此，他決定在全國掀起一股獎勵公務員的風潮。這傢伙以為所有的人都和他一樣，只要多調一些薪水，晉升一下職稱，大家一定會高呼萬歲，說楊駿是個好上級，我們一定要擁護他。

　　想不到，方案才發表，左將軍傅祗就表示反對，寫信給他說，先帝剛走，可不是一件喜事啊！自古以來沒有皇上剛駕崩，朝廷馬上就對官員論功行賞的例子。

　　楊駿一看這個信，罵道，你懂什麼。我這是玩政治，你知道什麼叫政治嗎？玩政治跟玩書法一樣，叫法無定法。什麼事都是古代就有了，社會還會進步嗎？古代有楊駿嗎？肯定沒有。古代沒有楊駿，那現在就不就有楊駿了？

　　這傢伙到現在還以為自己是玩政治的高手——要不，哪能玩到今天這個分上？人家當權臣時，是一人之下，萬人之上，現在自己，萬人之上了，好像沒誰在自己之上呢！這個司馬衷雖然是皇帝，只不過是個名義皇帝而已，自己說過的話，他連個標點符號都不會改呢！你要是叫他改，估計他連這個皇帝也不願做。

　　楊駿到現在只以為自己是靠玩政治玩到今天這個局面的，卻忘記了自己原來是靠女兒爬到這個位子上的，說得清楚點，目前他只是個外戚而已。在很多人眼裡，外戚當權是最不順眼的，而且歷史多次證明，外戚當權，最後下場都很難看。外戚的「外」字，說明你還是個外人啊！一個外人亂發言，亂作主，人家是容忍不了的。可是他沒有想得這麼多，他以為自己現在跟以前的曹操司馬懿他們差不多呢！當然，他現在的權力跟司馬

第一節　楊駿掌大權

昭差不多。可是他忘記了，人家司馬氏靠的是真本事，是打拚過來的，是從基層一步一個腳印走出來的，而且還培養了一大批敢為他們殺掉皇帝的死黨，他靠的僅僅是個女兒，權力基礎薄弱得很，朝中的死黨數來數去，沒幾個，就連本家兄弟都不敢跟他走在一起——那個楊濟老早就跟他劃清界線。而且他在掌權的第一天，居然連門也不敢出，這是哪門子的大政治家？

五月十八日，也就是司馬炎死後不到一個月的時候，司馬衷按照楊駿的意思，下詔：左軍將軍傅祗群臣皆增位一等，預喪事者增二等。二千石以上皆封關中侯，復租調一年。這個詔書下來之後，石崇和何攀仍然反對，說哪有這麼大規模地獎勵？比當初滅吳的獎勵還要厲害啊！如果以後都按這個辦法實施，全國人民個個都有爵位，就不再有平民百姓了。到時全體人民都是貴族，這不是太荒唐了？

楊駿一看，全是一群政治蠢材。老子只管今天的事，以後的事管那麼多幹什麼？

楊駿在獎勵全國中高層官員之後，也提拔了自己一下：詔以太尉駿為太傅、大都督、假黃鉞，錄朝政，百官總己以聽。他終於得以名正言順地站在朝堂上，說話最算話，放屁也算最高指示了。

這傢伙雖然沒有大智慧，但智商也不算低，也知道司馬衷的老婆賈南風是不好惹的角色，要是被她搶了風頭，局面就難以收拾，因此也採取積極措施壓制賈南風。這傢伙在處理這件事時，跟司馬炎沒有兩樣。司馬炎早就發現這個賈南風不但醜得要命，而且人品極壞。她自己沒有生男孩，最怕宮中別的美女生下男孩子，那她這個未來第一夫人地位的安全係數又少了一點，因此最看不得宮中其他美女懷孕。只要看到人家的肚子一大，就氣得吃不下飯，日夜不停地動腦筋，想辦法把人家解決掉。賈南風還在當太子妃時，曾經「以戟擲孕妾，子隨刃墮地」。司馬炎「聞之，大怒」，

第五章　呆子當皇帝　群奸搶大權

曾下決心把這個女人廢掉，而且已經派人去整修金墉城，打算讓她在裡面終老——這對司馬氏來說，應該是一件好事，可是賈充那一班死黨，硬是不停地勸司馬炎，看在賈充的面子上，而且賈南風也還年輕，不懂事，殺幾個宮女算什麼？本著「懲前毖後，治病救人」的原則，讓她改過自新，重新做人啊！後來楊芷也在枕邊勸他留下賈南風——這個楊芷當然想不到，她留下賈南風，其實是留下一個定時炸彈。司馬炎看到這麼多人勸自己，也就不再追究了。賈南風終於保住皇后的位子。

本來，楊駿現在有能力廢掉這個皇后，而且也是件大快人心的事。可是這傢伙卻沒有這個膽識，做事做得不徹底，只是以「其甥段廣為散騎常侍，管機密；張劭為中護軍，典禁兵」。想用這兩個外甥管住賈南風。這兩個外甥也是兩個蠢材——當初他叫張劭去殺掉司馬亮時，就誤過事，現在要讓他來對付比司馬亮厲害得多的賈南風，能對付得了嗎？

為了防止賈南風在詔書上做手腳，楊駿還特意制定了個措施：凡有詔命，帝省訖，入呈太后，然後行之。這個措施就是要讓自己對照書做最後的把關。

這傢伙很天真地以為，有了這幾個辦法，賈南風再怎麼厲害也插不進手腳來了。

在這段時期，還是有很多人勸楊駿做人要大度點。但楊駿不是司馬炎，哪能聽得進這些話。

楊駿掌了幾天權，感覺越來越良好，可是人家只覺得他越來越危險，危險到什麼地步？他提拔人家，居然也有人不願接受他的提拔。他想提拔王章做司馬，王章居然跑得路都看不見。王章的朋友看到王章這樣，以為這傢伙不是腦子進水，就是哪根神經短路了，問他被提拔了還跑做什麼？人家從銀行貸款去行賄都當不到這個官啊！你怎麼這麼不珍惜？

第一節　楊駿掌大權

　　王章卻說，歷史已經證明，一家出兩個皇后，都沒有好下場。何況楊駿這個人，天天玩小聰明，你雖看他現在得意得很，好像天下最威風的人，可是其實離全面崩潰已經不遠了。誰跟在他的屁股後面誰倒楣。現在我躲他都來不及呢，還接受他什麼提拔？

　　而楊駿的表兄弟蒯欽做得更絕。他也跟王章一樣，硬是把楊駿一眼看透，因此就天天當著楊駿的面前，只要有機會就炮轟這個大權在握的表兄弟。別人看到蒯欽這麼多次不給楊駿臉面，怕楊駿一不高興起來，蒯欽可就沒命了，勸他說雖然是楊駿的親戚，可是親戚的忍耐度也是有限的啊！你要當心點才好。

　　蒯欽卻笑著說，我認識楊駿比你們認識得早呢！我的這位表兄弟雖然人品不好，但也知道無罪的人是不該殺的。我得罪他多了，他最多不再見我而已。只有這樣，我才能跳出他的圈子，跟他劃清界限。要不，就會跟他一起享受滅族的苦果。這個果子可不好吃啊！你們哪個願意吃，現在去巴結他也還來得及的。

　　從這幾個例子就可以知道，楊駿的圈子裡還是有人才的，可是因為他自己的原因，這些人都不願團結在他的周圍，寧願丟下官職跟他保持距離。可見這傢伙做人做事的失敗程度，已到了極限。

　　楊駿當然不知道自己現在已經坐在火藥桶上面，他的每一個動作都在敲打著火藥桶的雷管。

　　這年八月二十六日，司馬衷決定立司馬遹為他的接班人。而且還為這個接班人配備了一個團隊：以中書監何劭為太子太師，衛尉裴楷為少師，吏部尚書王戎為太傅，前太常張華為少傅，衛將軍楊濟為太保，尚書和嶠為少保。這個團隊在當時來說，還算是厲害的，都是當時的菁英分子。裴楷是裴秀的兒子，那個王戎不但是涼州刺史王渾的兒子，也是竹林七賢裡

第五章　呆子當皇帝　群奸搶大權

的核心之一，雖然是七賢裡人品最不行的人，但這傢伙自小就聰明。有一次跟一群小孩在路邊看到一棵李子樹，樹上果實纍纍，其他的小孩都搶著爬到樹上摘果子。可是他卻一動不動。那些小傢伙摘到李子，才咬了一口，馬上就大叫苦得要命，然後紛紛跳下李樹，看到他之後，問他為什麼不上去？是不是早就知道了這個李子是苦的？他卻笑著說，你看看，這個李樹是長在什麼地方的？是路邊啊，哪個過路的人看不見？你們不要以為人家都是蠢材，不吃這樹上的李子，專門留定來給你們吃的。人家不吃，肯定是因為這李子很苦。要不，還能留到今天？這傢伙不但聰明，而且小氣得要命。家裡有一棵李樹，結的果子很甜，他居然拿到市場裡去賣──他家是不缺錢的，並不需要靠賣李子來買鹽或者湊學費──而且在賣李子的時候，王戎居然把李子裡的核全都挖出來。人家一看，王戎不愧是竹林七賢的核心分子，賣李子時連核都幫人挑走，這種服務態度實在太好了。可是後來朋友問他，為什麼這麼做，他卻說，要是把核讓人家帶回去，以後人家也會有這種李子啊！到時他能賣到好價錢嗎？

朋友一聽，當場暈倒！其實暈倒的不僅是他的朋友，連他的親家也是三條線。這傢伙不但是竹林七賢中最年輕的人，也是七條好漢中最吝嗇的人。他的腦子裡全是發財的念頭，沒有機會也要創造機會去發財，而且按照他當時的條件，要發財容易得很。很多人一發財，都要聲色犬馬一下，大錢從左手進來，也讓小錢從右手流過去一下，可是王戎的錢一進口袋，就不想讓錢出去了，只要神志清醒，他都手執牙籌計算自己的財產。他的女兒嫁裴頠時，因為剛剛成家，手頭有點緊，就跟他借了點錢。才借不了幾天，王戎的臉色就不好看了，女兒回家省親時，他就板著面孔對著女兒。女兒當然知道老爸臉黑並不是做日光浴曬的，而是因為自己沒還他錢。只得想辦法，先不買衣服，叫老公少上點酒家，盡快還了老爸的債務。直到女兒連本帶利地還了這個錢，王戎才和顏悅色起來。他的姪子結

第一節　楊駿掌大權

婚時，按道理，身為叔叔是要送點禮的，要不也太說不過去了。他沒辦法，就送了一件單衣。那個姪子一看，叔叔居然送來禮品，太陽打西邊出來了！這禮品雖然算不了什麼，可這麼一個小氣叔叔送的，也算得禮輕情義重了，要好好珍藏。可是婚禮一結束，王戎就跑過來，大碗喝酒之後，又跟他要回那件單衣，搞得姪子無言以對。無奈你就有這麼一個叔叔，而且這個叔叔居然是當時人氣最旺的竹林七賢中的一員呢！這個叔叔不但在民間人氣高，就是在官場上也混得不錯，雖在西陵之戰中，差點被羊祜「軍法從事」，但硬是活了過來，雖被免過官，但又把官當得更大，你有什麼辦法？王戎生了一個兒子叫王萬，是個大胖子，名氣也很大，他也很看重這個兒子。可是因為這個兒子的消化吸收系統超強，一日三餐也不比其他家庭成員多吃多喝什麼，卻硬是長得像日本的相撲選手一樣。他為了讓兒子減肥，就叫兒子吃糠過日子，可是這胖哥的消化系統還真了得，粗糠雖然吃了幾大籮，但還是肥頭大腦如故。他叫兒子堅持堅持再堅持，後來，堅持下去的結果是，肥沒有減一點，王萬卻掛掉了。那年，王萬十九歲，死時嘴裡都還含著粗糠的米糠。王戎能成為竹林七賢之一，是因為他的父親王渾跟阮籍是好朋友。阮籍常帶著他那對「青白眼」去王渾家喝酒，發現王渾的這個兒子王戎聰明可愛，覺得人才難得，就把他拉進來，成為竹林七賢中最年輕的成員。他也因此人氣大漲，比他的老爸還要出名得多。

現在讓他當太子的手下，估計是要藉助一下他的人氣。其他幾個像張華更是老一輩的大臣，以前司馬炎很看好他，還有楊濟既是楊駿的老弟，也是楊家名聲最好的一位。

可以說，楊駿在這方面的人事安排，還算是為太子著想的。

可是現在為太子著想有什麼用？現在為皇帝著想才是當前首要任務啊！要是眼前的事都做不成，還談什麼下一步？只怕還走不完這一步，你就玩完了。

第五章　呆子當皇帝　群奸搶大權

　　幫太子組織了這個團隊之後，還提拔了一下太子的母親，也就是以前司馬炎轉讓給司馬衷的那個宮女謝玖，讓謝玖當了個「淑妃」。可你是知道的，不管謝玖是什麼級別的人，只要她的編制還在宮中，她的上級就是皇后——當然如果皇帝不是司馬衷這樣的呆子，皇后也只是有職無權的家庭主婦而已。可是現在賈南風卻是有職又有權。她沒有辦法不讓謝玖當「淑妃」，但她卻有辦法讓謝淑妃不好過，常叫她到別的宮裡去住，硬是不讓她跟兒子見面，弄得謝玖鬱悶得很。

　　楊駿跟現在很多高層一樣，覺得進行人事調整最能體現自己手中的權力，你看，只要我一同意，你官就大了一級，我一不高興，你的職務就沒有了。在中國做官，大一級意味著什麼？有句老話可以回答：官大一級壓死人啊！

　　十月十六日，楊駿任命石鑑為太尉。從這個任命上看，就知道楊駿也越來越豬頭了——居然忘記石鑑曾經抗拒過他的命令，拒絕執行把司馬亮抓獲歸案的事。這傢伙太相信手中的權力了，以為自己多加人家一些薪資，人家就都拚掉老命團結到自己的周圍來，最後全國人民都變成自己的死黨。哪知現在很多人都在忙著跟他劃清界限呢！

　　他又任命隴西王司馬泰為司空。接著，他還提拔了一個後來大大有名的人物劉淵，讓他當建威將軍兼匈奴五部大都督。當然，這個建威將軍只是個虛名，但匈奴五部大都督卻實在得很，一下就讓他成為匈奴的第一把手，手中的資本突然狂漲，變得超級雄厚起來，最終得以向大晉王朝公開叫板。

第二節　劉淵的崛起

有必要說一下這個劉淵。

劉淵本來是南匈奴左賢王劉豹的兒子——早在曹操時代，就把匈奴分為五個部分，劉淵的老爸劉豹就是左部的第一把手。劉豹是欒提於羅夫的兒子，這傢伙覺得姓欒提不好，名字又長又臭，簽起字來麻煩得要命，就把自己的姓改成劉——這個姓的來源，主要是因為以前和劉邦以及他的子孫長期和親得來的，劉家在邊關吃緊的時候，就把一個美女嫁給匈奴的單于，說是皇帝的女兒。匈奴的單于大多都是沒有遠大理想的傢伙，一看到美女，而且是大漢皇帝的公主，高興得嘎嘎大笑，就撤軍了。所以，劉豹改姓劉還是有一點依據的，而且那時還是漢家天下，劉姓是天下第一威風的姓。就這樣，劉淵也跟著姓劉。只是到劉淵時，姓劉早就不威風了。但劉淵卻不悲觀，下決心有朝一日讓這個「劉」字再重振起來。這傢伙身上雖然流著匈奴人的血統，但從小就是個好好學習天天向上的好學生，曾經天天背著書包去跟上黨人崔遊學習。劉淵的志向很高，曾經對他的同學說，我鄙視隨何和陸賈，這兩個人只會寫文章，卻不會打仗，沒一點戰功，算什麼人才。我也鄙視周勃、灌嬰，這兩個人只會打仗，字不認識幾個，是個大老粗。隨何和陸賈身在劉邦時期——那時可是立功的好時期啊，可是這兩個傢伙卻一個屁也放不出。周勃和灌嬰在劉桓當第一把手時當政，那時是和平時期啊，這兩個傢伙卻不知道「百年大計，教育為本」的道理，也沒重視教育，提高國人的素質。劉淵於是就一邊學習經史之類的文科知識，一邊也學習軍事知識，希望做一個能文能武的接班人，從這點上看，劉淵是個有志青年——這在當時並不多見，因此，後來他取得事業的成功，是有道裡的。劉淵是匈奴的後代，力氣是天生的，騎馬

第五章　呆子當皇帝　群奸搶大權

射箭的本事,是從小就練好的,而且他長得既帥又酷,全身上下,朝氣蓬勃,在洛陽當人質時,就跟王渾的兒子,也就是司馬炎的女婿王濟混得很好。

王濟這傢伙做事並不圓滑,本來有個好好的出身,又是司馬炎的女婿,要當個大官,並不用去拚去殺,容易得很。可是因為老是愛耍個性,不但不會拍上司的馬屁,而且常講一些上級不愛聽的話,就是司馬炎的最高指示,王濟也勇於頂撞。司馬炎也想狠狠地教訓他一下。司馬炎先將他免職之後,對和嶠說:「我先把王濟狂罵一通之後,再給他官做,他就會服了吧?」和嶠說:「王濟要是肯委屈還叫王濟嗎?他很堅持自己的原則,哪肯退讓一點?」司馬炎不信,打了一個腹稿之後,馬上把這個女婿叫來,把他罵了個從頭到尾、從內到外,最後用這句話作結束:「頗知愧不?」司馬炎以為這小子該臉紅了吧?哪知,王濟的臉一點不紅,馬上回答:「『尺布』、『鬥粟』之謠,常為陛下愧之。他人能令親者疏,臣不能令親者親,以此愧陛下耳。」這幾句話,全戳中了司馬炎的痛處,司馬炎一時無話可說,最後臉紅的居然是有備而來的岳父大人。你想想,對司馬炎都敢這麼不客氣,你還想把這官做到多大?

不過,這傢伙雖然狂妄,但對有能力的人還是很佩服的。他就一直很佩服劉淵,每跟劉淵聊一次天,那佩服就更上一層。他不但自己佩服,而且還到處幫劉淵宣傳,希望別人也跟他一樣佩服劉淵。他常在司馬炎面前說劉淵人才難得。司馬炎一聽,連王濟這樣的人都說人才難得,到底這傢伙有多難得,就把劉淵叫來。一聊之下,覺得王濟別的話不像話,但這話很不錯。王濟看到岳父大人對劉淵也很欣賞,又對司馬炎說:「如果把消滅東吳的任務交給劉淵,劉淵肯定能夠順利完成。」

司馬炎一聽,覺得有點對,就再徵求一下孔恂和楊珧的意見。這兩個傢伙也知道劉淵的能力,但他們覺得,一個匈奴人,能讓他帶兵嗎?能讓

第二節　劉淵的崛起

他在漢人的天下立功受獎嗎？那我們漢族的臉還有地方擺嗎？這兩個傢伙自己不能滅吳，也沒提出什麼好的建議，倒是在回答這個問題時，說了一句大大有名的話「非我族類，其心必異」。他們的原話是：「臣觀元海之才，當今懼無其比，陛下若輕其眾，不足以成事；若假之威權，平吳之後，恐其不復北渡也。非我族類，其心必異。任之以本部，臣竊為陛下寒心。若舉天阻之固以資之，無乃不可乎！」這麼一個長篇大論說下來，司馬炎又覺得大有道理，睜著眼睛，在那裡「默然」。

劉淵認為自己完全可以重振大漢的雄風。他大概在當人質期間，看到晉朝的那些高官不是豬頭，就是菜鳥，就動了奪天下的雄心壯志。他老早就為自己以後的事業打下基礎，學著劉邦，把自己出生的經歷很好地創作一番，然後到處宣揚。

劉淵創作的這個故事，抄襲了劉邦的框架，填上自己創作的內容，主要情節如下：

劉淵的母親天天盼望自己生一個兒子，就跑到龍門——你一看這個地點，就知道劉淵的理想了，求老天送給她一個兒子。她才到那裡，就有一條大魚——這條魚長得很畸形，頭上居然生有兩隻角，你一聽到他的描述，就知道這是一條還沒有完全進化成龍的水生動物。如果光看到這魚也算不得什麼。偏偏這條魚還「軒鬐躍鱗而至祭所，久之乃去」，在那裡搖頭擺尾，好一陣子才離開。旁邊的「巫覡皆異之」，集體朗誦了一句話：「此嘉祥也。」那幾個「巫覡」可是人證啊！這傢伙編的故事比劉邦進步多了，以前劉邦的人證只有他的老爸，可信度打了一個折扣。而現在的目擊證人是局外人，而且不是單獨的證人，是幾雙雪亮的眼睛。

情節繼續發展。

到了半夜，劉淵的母親跟很多人一樣，做起夢來。不過她做的夢卻跟

第五章　呆子當皇帝　群奸搶大權

人家不同。她又夢見了那條魚。如果光夢見那條魚，這個夢也算不得什麼。可是她夢見那條魚像孫悟空一樣，從水生動物變成了人──這個進化過程，只是一眨眼之間。那個魚人老兄，「左手把一物，大如半雞子，光景非常，」然後把這個東西送給劉淵的母親，說：「此是日精，服之生貴子」。後來就真的懷了孕，而且這個孕期超長，居然有十三個月。這還不算，據說劉淵生出來的時候，左掌裡就印了劉淵的名字。現在你明白了吧？劉淵的老爸是天下最舒服的父親，不但有魚精代他做試管嬰兒，幫他生了個兒子，連名字都不用麻煩他去想了。

當時玄學正大行其道，劉淵這個玄而又玄的出生經歷一傳出去，很多人都覺得很奇妙。那些大名士其他事談得多了，一聽到這個傳說，覺得談起來會很精彩，就都充當劉淵的宣傳志工。這時太原最出名的名士就是王昶。王昶一聽到劉淵的很多故事，就說這小孩有出息。既然王昶都這樣說了，其他人更加不甘落後。後來，幾個據說精通相法的傢伙也出來露一手，睜著老眼對著劉淵很帥的臉看了幾遍，然後哇呀地做出大驚的樣子，半天才隆重地說出那兩句話來：「此人形貌非常，吾所未見也」。這兩句話空洞得無邊無際，可是人家就愛相信這些話。而且有事沒事就到處宣傳一下，硬是使得劉淵的人氣不斷地狂漲，弄得見過劉淵的人跟著說他「形貌非常」，沒見過他的人，更以為這傢伙是頭上長角身上長刺的角色呢！

後來，那個王渾又忍不住地跟他見面一次，一談之下，還真有能力，於是叫他的兒子王濟過來，說濟兒你以後交朋友就要交這樣的朋友。劉淵就這樣跟王濟成了好朋友，同時也透過這條線結識了司馬炎。劉淵以為，司馬炎都這樣對待自己，馬上就覺得前途大放光明起來了。哪知，在司馬炎要讓他發光發熱的時候，孔恂和楊珧這兩個人一句「非我族類，其心必異」，就讓他的前途渺茫起來。

後來，涼州被另一個北方少數民族鮮卑族的帶頭大哥禿髮樹機能攻陷

第二節　劉淵的崛起

了。這個禿髮樹機能自泰始六年開始，就在涼州一帶，帶著他的部屬，不斷地製造流血衝突事件，常把那一帶的官兵搞得很難看。這傢伙的勢力也沒有多大，但晉朝派出的那幾個太守硬是搞不定他，反而一個接一個地被他搞定，牽弘就是被他殺死的。這時這個禿髮先生居然把涼州也攻破了。司馬炎的屁股也有些坐不住了，他把李憙叫來，問：「你看誰可以把這個禿髮擺平？」

李憙說：「如果讓劉淵帶著匈奴五部的兵馬過去，不用幾天就可以把禿髮的頭砍下來。」

這時又是孔恂反對，說：「要是劉淵能砍掉禿髮樹機能的人頭，以後涼州的災難更加深重。」

司馬炎一聽，嘴巴一張，又不敢任用劉淵了。

劉淵的前途再一次在就要光明的時候黯淡下去了。李憙回來跟劉淵一說，劉淵的情緒馬上就跌到了谷底。後來，劉淵的好朋友王彌「從洛陽東歸」，劉淵在九曲為王彌擺桌送別。這傢伙雖然長得一身肌肉，一臉的男子漢，可這時卻一把鼻涕一把淚起來，向王彌訴起苦來，這個訴苦的內容主要是怕以後就這樣老死在這裡。說到激動的地方，竟然「慷慨歔欷，縱酒長嘯，聲調亮然，坐者為之流涕」。如果光是坐者流涕，也沒有什麼。可是那時，司馬攸正在那個地方視察，聽到這個聲音，覺得有點異常，馬上跑過去看看。

司馬攸一看，就知道劉淵不是一般人，知道留下這傢伙，對他們晉朝大大的不利，馬上就跑過去找他的哥哥，說：「要是現在不殺這個劉淵，以後并州可就不穩定了。」從這點上看，就知道司馬攸比司馬炎厲害得多了──對有能力的人，能用就放手去重用，不能重用的就毫不客氣地讓他徹底消失。

第五章　呆子當皇帝　群奸搶大權

　　幸虧司馬炎歷來不信任這個老弟，這時仍然堅持不信司馬攸，說，現在正是應該民族團結的時候。劉淵是少數民族的菁英代表，哪能說殺就殺？殺一個劉淵是小事，影響晉朝形象可是大事。因此沒有對劉淵採取什麼行動。

　　他不但沒有對劉淵採取什麼行動，反而還讓這個劉淵又有了出頭之日。正好在這個時候，劉淵的老爸死去了──別人父親死去是一件傷心的事。可劉淵的老爸一死，劉淵的運氣就來了。司馬炎馬上叫劉淵收拾行李，回去繼承父親的遺志。就這樣，劉淵成了匈奴左部帥。

　　這傢伙確實有能力，手中一有權，並不像晉朝那些名士一樣，一天到晚忙著享福，找一幫無可事事的人來耍嘴皮，喝喝酒、泡泡妞過日子，而是整治官場，到處徵才，弄得匈奴五部的人才都跳槽到他那裡當員工。後來，就連「幽冀名儒，後門秀士，不遠千里，亦皆遊焉」。你一看這氣象，就知道劉淵已經開創了匈奴的新局面。楊駿這時，也在做收買人心的事，看到劉淵這麼得人心，有人氣，也想從中賺點人心，提高點人氣，就大筆一揮，讓劉淵當了「建威將軍、五部大都督，封漢光鄉侯」，為劉淵以後的發跡打下了堅實的基礎。

　　原來曹操把匈奴一分為五，為的就是分化匈奴這個製造麻煩的部族，也收到了很好的效果。現在楊駿這個豬頭，讓劉淵又當了五部的頭，使匈奴五部又一次緊密團結在劉淵的周圍，力量得到重新整合，想要再收服他們，可就不容易了。可惜，楊駿那個腦袋一門心思地為自己著想，哪能考慮得這麼長遠？一道任命書發了出去，他只覺得當大官好棒啊，然後就計算自己的人氣又漲了幾個百分點，又有幾個民心倒向自己的一邊。

　　在他覺得民意不斷地倒向自己、地位一天比一天穩固時，已經有人開始向他發難了。

第三節　楊駿的敗亡

　　這個準備向他發難的不是別人，就是新科皇后賈南風。

　　現在大家都知道這個賈南風很厲害，而且前期命運很不錯，靠了那個敢把皇帝拉下馬的老爸，動員所有的政治資源，陰差陽錯地成為太子妃。按她那個長相，能嫁出去就不錯了，可是賈充及其一幫死黨，經過一翻密謀策劃，然後四處打通關節，竟然應了那句「只有想不到，沒有做不到」的話，這個被司馬炎下過「短、黑、醜」評語的女人，居然讓人跌破眼鏡地被立為太子妃，而且當了太子妃之後，因為表現太過惡劣，又差一點被司馬炎勒令退居二線，可是賈充的那些死黨一說話，司馬炎的心又軟下來。你想想，也只有司馬炎這樣的人才讓這麼醜的人當他的兒媳婦，別的皇帝早就讓人把她轟出去，估計連推薦的人也一起「依法辦事」了。可是碰上司馬炎，她算是生逢其時了，刷新歷史紀錄，成為史上最醜的皇后。

　　如果她只是「短醜黑」，屬於那種「我很醜，但我很溫柔」的女人，也沒什麼。可是她的內心跟外表沒什麼差別，也是個權力欲望比天還大的傢伙。一當上皇后，就覺得自己跟皇帝是一家人了，皇帝的事就是自己的事，自己已經是皇帝的家庭主婦，皇帝沒能力解決的事自己可以合法地去搞定。可是現在朝中的大事小事，都由楊駿說了算，自己就像個退休人員一樣，說不上一句話。這皇后當著有什麼意思？如果是別人，肯定日夜不停地在皇帝老公面前喋喋不休。可是她的老公是個豬頭，再怎麼喋喋不休，都等於對牛彈琴——當然，如果她的老公不是豬頭，估計現在早就把她原裝退貨，恐怕連說話的餘地都沒有。所以，枕邊「喋喋不休」的傳統辦法是行不通的。她只有靠自己的努力。

　　她知道，不管什麼人，只要在官場上混，都有政敵，都有反對黨。她

第五章　呆子當皇帝　群奸搶大權

　　決定找到楊駿的反對黨，把這些反對黨團結起來，形成一股反楊力量，成為「倒楊」戰線，把楊駿拉下臺。而且她相信，楊駿已不得人心，會有很多反對黨，只要努力去找，就一定能夠找到。

　　賈南風辦事的效率很高。沒幾天馬上就發現殿中中郎孟觀、李肇兩個人很恨楊駿。這兩個傢伙也不是一般人，當然也看得出賈南風正想解決掉楊駿。過幾天，幾個人一碰頭，馬上就把自己的想法說出來，當場就結成「倒楊」同盟的三人集團。從這個時候起，賈南風正式成為倒楊運動的核心人物。

　　楊駿做夢都沒有想到，這兩男一女正在密謀扳倒他。而那幾個傢伙卻是做夢也想搞定楊駿。從這一點上看，雙方的勝負就可以預料了。

　　後來，賈南風又拉攏了另一個核心成員。這個人叫董猛。你光看這個名字，千萬不要以為這個傢伙是個猛男。其實這傢伙只是個黃門，說得通俗點就是個太監，是賈南風身邊的人，一天到晚為賈南風的跑腿。久了，賈南風也就把他拉進自己的圈子。因為，孟觀、李肇這兩個大男人，總不能一天到晚老跑到皇后的臥室裡放下簾布，共商大計啊，得有個聯繫員來傳達消息。

　　三人小組的最高目標是殺掉楊駿，然後把皇太后楊芷也換掉。三人小組都知道，要是憑他們三個人的力量，就能夠殺掉楊駿，楊駿早就輪不到他們下手了。要搞定楊駿，需要強大的外援，而且這個外援不但要有強悍的實力，也要有足夠的資格。

　　三人進行了一次評估，一致認為，目前只有司馬氏家族的老前輩司馬亮同時具備這兩個條件。而且大家都知道，司馬亮已經是楊駿公開的敵人。司馬亮目前帶著他的部隊，正駐紮在許昌，離洛陽近得很，早上決定行動，晚上就可以完成任務。

第三節　楊駿的敗亡

他們只想到司馬亮的實力，卻沒有考慮到司馬亮的膽量和能耐。

司馬亮雖然天天恨不得楊駿死去，他現在上了年紀，晚上睡不著，也時時想著把楊駿砍幾刀才過癮。第二天繼續滿懷著仇恨在心裡罵楊駿。如果罵一次，楊駿就脫一塊皮，那現在楊駿全身就只剩下骨架了。可是當人家真的找上他，讓他帶領倒楊力量時，他卻睜著一雙老眼，手指不斷地捻著那幾根白鬍子，嘴裡不住地說，這是個大事，是重大的事，這個，這個，那個，那個得從長計議，得從長計議……你們知道這是在做什麼嗎？這可是政變啊，政變可不是那麼好玩的啊，遊戲玩不好，可以重來，這個玩不好，就會天下大亂，大家的腦袋一起飛啊！這傢伙向來被當作司馬氏家族的中流砥柱。哪知這個砥柱，卻是豆腐渣工程，沒一點承受能力。

人家一見他這麼從長計議了大半天，還在吞吞吐吐著，這也怕那也怕，好像除了怕字，什麼也不知道了，才發現這傢伙原來是個膽小鬼。等你從長計議還沒長到頭，人家就把你先解決了。

賈南風他們看到司馬亮不答應當帶頭大哥，知道這事更不能拖下去了，馬上叫李肇跑到荊州，動員楚王司馬瑋加入倒楊集團。這個司馬瑋是司馬衷的兄弟，司馬炎當時也是為了制衡楊駿而任命他為楚王、都督荊州諸軍事的，可以說是司馬炎留給楊駿的一顆定時炸彈。那時，司馬炎留下了兩顆定時炸彈。一顆是這個司馬瑋，另一顆是淮南王、都督揚州諸軍事的司馬允。

誰都知道這兩顆定時炸彈的作用。

當然，楊駿也知道，賈南風更知道。

楊駿也很想把這兩個人搞定，但他知道司馬瑋是司馬家少有的猛男，而且手裡又有部隊，要是搞不定，麻煩就不是一般的麻煩。他曾多次想把司馬瑋調到京城，然後把他的兵權奪了——手上沒有槍桿子了，你再怎

第五章　呆子當皇帝　群奸搶大權

麼猛，也是猛不起來的。可是楊駿卻不敢行動，只是等了又等，以為總會等到機會的。沒想到自己的機會還不知道逗留在哪個角落，人家卻已經找他算帳來了。

司馬瑋不用李肇怎麼說服，馬上就答應解決楊駿。這個天下是誰的天下？是司馬氏的天下啊，現在是誰做皇帝？是我大哥在做啊，我們司馬氏都說不上一句話，你這個老匹夫卻天天指手劃腳，當我們司馬氏都是大哥一樣的豬頭？今天老子就把你拉下馬。

他立刻上書給哥哥，說好久沒見面了，現在想念哥哥，要求到首都見一面，喝喝酒，談談心。

楊駿一看，你小子終於自己來了。好機會啊好機會。馬上叫司馬衷簽上「同意」兩個字。

司馬瑋又約了司馬允一起去首都，聯手解決楊駿。

二月二十日，兩人同時來到洛陽。

兩人跟另外三人商量好之後，決定向楊駿攤牌。

他們向楊駿攤牌的時間選在三月八號（呵呵，還是婦女節呢，難怪由賈南風當核心）。

這個政變跟其他政變很相似，也是選在見不得人的黑夜進行。過程是這樣的，由孟觀、李肇兩人去見皇帝，說楊駿現在要造反。

司馬衷雖然笨，但也知道造反的終極目標就是搞定他，嚇得張大嘴巴，口水直流，什麼話也說不出。這個反應早就在孟觀他們意料之中。

兩人馬上說：「皇上，現在只有先下詔把楊駿免官。」

司馬衷能有什麼主意？當然都聽他們的。兩人馬上按步驟行動，宣布「駿謀反，中外戒嚴」，然後「遣使奉詔廢駿，以侯就第」——你看，這口氣還不算硬，「以侯就第」的意思就是交出權力，保住待遇，退休回家，

第三節　楊駿的敗亡

在本家的槌球場上安度晚年。當然他們也知道，光有這道詔書還是不行的。玩這套把戲，楊駿比他們有經驗得多。皇帝在手，只是讓你披了一層合法的外衣。可是很多事，光合法是沒用的，最後有決定意義的還是手中的實力，也就是說，成不成功，還得靠槍桿子說話。

他們一邊發下這個詔書，一邊叫安東公司馬繇帶殿中四百個士兵去把楊駿捉拿歸案。然後叫司馬家中的那個猛男楚王司馬瑋帶兵駐紮在司馬門那裡，任命淮南相劉頌為三公、尚書，帶部隊負責保衛殿中。到了這個時候，就連楊駿的外甥段廣也知道，自己舅舅不但政治生命不能挽救了，就是物理生命也到了最危險的時候。你是知道的，這個外甥本來是楊駿用來監控賈南風的，可是現在這小子的表現，實在太菜了，居然一點辦法也沒有，只是跪著對皇帝說：「楊駿孤公無子，豈有反理？願陛下審之。」這個理由本來也不錯，可是豬頭皇帝能有這個辨識能力嗎？他有這個能力，他就不是傻子了。

在司馬瑋他們按部就班地對楊駿採取行動時，楊駿還以為天下一如既往地太平，只等天一亮，又可以到殿上作威作福呢！直到那份詔書送到他的手中，他這才知道，人家已經對他攤牌了。

這傢伙不是亂世英雄，而是政壇的暴發戶。他這個暴發戶挖到的第一桶金，又不是立了什麼大功，而是因為生了個成為皇后的女兒，然後以此為基礎，抓住司馬炎的弱點，不斷地搞點小動作，而當時其他人都忙著手執牛尾塵，到處耍嘴皮，有心跟他為敵的又都是沒能力沒實力的哥兒們，無法阻擋他在政壇上的高歌猛進，等司馬炎一掛，就成了國家實際領導人。這傢伙雖然小聰明不斷，可就是沒有大智慧，根本沒有想到司馬炎居然還留有一手——分封的那些親王，手中都有權有槍。而他雖然是名義上的最高領導人，可是手裡卻沒有幾桿槍。這傢伙很傻很天真地認為，自己掌控著皇帝的大印，還怕什麼？卻沒有想到，很多時候，皇帝的公章確

223

第五章　呆子當皇帝　群奸搶大權

實是權力，可是到了非常時期，還是靠實力說話的，皇帝公章是死的，只不過是個象徵物而已。

而在這個月黑風高的夜晚，本來好好地掌握在手裡的那顆皇帝的公章，也被人家拿到了。而本來被自己控制得好好的皇帝也成了人家的傀儡。楊駿突然之間，覺得自己一無所有起來。這才知道，政治不是那麼好玩的。玩政治原來是在玩腦袋。

楊駿是道地的小人得志，自己當權時，覺得自己是天下最有智慧的人，別人的話都是沒有水準的，都是沒有政治眼光的，只有自己的決定是全世界最正確的決定。一旦跌入谷底，就覺得腦袋不夠用，什麼辦法也想不出，於是馬上就民主起來。

他在半夜裡把很多人叫來，把詔書拿出來給大家瀏覽，說發生了緊急事件，要大家動腦筋，想個好辦法來度過難關。

這時，楊駿正在曹爽以前的豪宅裡住著──這傢伙也算衰到頭了，什麼地方不好住，硬是去霸占曹爽的豪宅。現在，他正重複著曹爽最後的時光。當時曹爽也有個桓範，向曹爽提出以武力跟司馬懿決鬥的建議，可是曹爽卻硬是不聽，最後被司馬懿押上歷史的審判臺，連同一幫死黨全都砍光。這時，楊駿也有個太傅朱振向他分析了當前的形勢，同時建議：「現在皇宮裡突然發生緊急情況，而且已動用到武裝力量，這夥人的目的就是要扳倒你。而且大家也知道這事不會是皇帝發起的，肯定是一小撮別有用心的人，替那個賈皇后密謀策劃，然後煽動一些不明真相的人起來鬧事的。我們現在可以派人到雲龍門那裡放火。皇宮裡的那些人從沒見過這麼大的火勢，一定會被火勢嚇到。我們接著威脅他們，如果不交出帶頭人，這火就會更加深入全面地燒下去。我們再開啟萬春門，帶領東宮的警衛團以及首都的衛戍部隊，打著擁護太子的旗號衝進宮中，搜捕奸黨。賈南風一定會怕得要命，到時主動權就全抓在我們的手裡，他們一定會乖乖

第三節　楊駿的敗亡

地交出帶頭人，你就可以繼續做你的老大。如果不這樣做，我看後果很嚴重。」

連楊駿也知道這是個好辦法，而且這個地方緊靠著武器庫，要組織戰鬥是很方便的。可是你也知道，有時光有好辦法，沒有實施好辦法的膽量和智慧，這個好辦法也沒用，跟沒有辦法一樣。如果楊駿是一個見識過大場面的人，聽到這個建議後，肯定會當場拍板：馬上放火！準備戰鬥。可是這傢伙是個沒經歷過大場面的人，身上別的什麼都不缺，唯獨缺少處理突發危機的魄力。一聽到這個建議，又是大火燎天啦，又是殺人如麻啦，心裡就先發毛了，一時不知說什麼好。他看到所有與會人員都盯著他，知道現在他必須表態了，這才知道老大有時真不好當。他嚥了幾口唾沫，很虛弱地說：「這個，這個雲龍門，是當年魏明帝花了很多錢打造的啊，現在已經是國家一級文物啊，那都是納稅人的血汗錢。要是，要是一把火就燒掉了，不但燒掉了文化，也對不起老百姓啊！這個，這個可是千古罪人啊！」

大家一聽，你當權時，作威作福，有錢花錢，有妞泡妞，哪天不是在亂花納稅人的錢？為什麼不怕成為千古罪人？現在居然拿這話來搪塞我們？你可以搪塞我們，你能搪塞賈南風嗎？這個傢伙蠢得不可救藥了，再跟這樣的人混下去，不到天亮通通都得死。

侍中傅祇首先揭開逃離現場的序幕。這傢伙找了個藉口，向楊駿報告，說現在皇宮的情況到底如何，我們都不知道。因此，請老大派我和武茂去了解一下情況。楊駿一聽，覺得這個報告比燒啊殺啊的和諧多了，馬上就同意了傅祇的請求。傅祇絕對是個機會主義者，一看到楊駿傻乎乎地同意了他的請求，馬上就對大家說：「皇宮不該成為沒人的空地。我是侍中，職責就是在皇帝的身邊，而不是在這個地方待著等飯吃，應該過去看看皇帝怎麼樣了。」然後走出去。其他人一見，就知道這傢伙因為怕楊駿

第五章　呆子當皇帝　群奸搶大權

事敗，要脫身而去，也都跟在他後面。倒是那個武茂還在那裡像在單相思著哪個美女一樣地發呆。

傅祗是他的朋友，本來已經叫他一起出去，可是跑了幾步，轉頭一看，沒見武茂跟上來，一看，這傢伙居然還站在原地不動。現在你不動，人家可就要來動你了。什麼時候不發呆，偏偏選在這個時候發呆？現在可不是發呆的黃金時間啊！這傢伙雖然是個機會主義者，但還是很夠朋友的，便又跑回去，對武茂說：「你還算是皇帝的手下吧？現在皇宮內外訊息斷絕，也不知道皇帝的消息。你難道一點都不為皇帝著想，還在這裡一副事不關己的模樣？」這傢伙說這個話還是有點水準的，好像都是在為皇帝著想，其實全是為了他們的前途做打算的。傅祗本來覺得楊駿有前途，所以就當了楊駿的手下，現在看到楊駿這棵大樹脆弱得很，馬上就找藉口溜走，而且還叫武茂跟他一起，當場帶動了這股跳槽熱潮，使得楊駿一下就變得孤單起來。武茂也不是菜鳥，一聽到傅祗的話，當場就清醒了過來，像受驚的青蛙一下跳了起來，跟著傅祗逃離現場。

楊駿的另一個手下左將軍劉豫正帶著部隊在門外，準備負隅頑抗一下。他看到裴頠，就問：「你看到老大了嗎？」

這劉豫一看就知道是個蠢材。

因為裴頠不但不是個老實人，更慘的還不是楊駿的同夥，心裡老早就想把楊駿殺了。這時他看到劉豫傻傻地向他問這件事，馬上就說：「我從西掖門那邊來的時候，就看到楊駿坐著小車從西門逃跑了啊！你還在這裡布防有什麼用啊！」

劉豫的腦子也早就進水，一聽到這話，原來老大早就跑了，我還在這裡負隅頑抗，那不是找死？不如棄暗投明，活下去才是天理。馬上問裴頠：「那我該怎麼辦？」

第三節　楊駿的敗亡

裴頠說：「只有去自首，請求寬大處理啊！」

劉豫一聽，馬上認為裴頠的話十分正確，便把部隊交給裴頠，跑得路都不見了。

裴頠一看，哈哈大笑！一句謊話就把你搞定，也太沒能力了吧？然後向倒楊集團的高層報告了這事。只一會兒功夫，司馬衷就下了一個詔書，任命裴頠代理劉豫的職務，讓裴頠更加高興得全身麻木了三秒鐘。一句謊話就提拔一級，這可是天大的好事啊！要是老碰到這種機會，這輩子可就幸福到頭了。

任何勇於向當權者發動政變的人，辦事效率都很高，而且很果斷。在楊駿的部下紛紛跳槽的時候，「倒楊戰線」的高層們已經組織好部隊，雄糾糾氣昂昂地向楊駿的老窩發起攻擊。這些部隊可不像楊駿那樣，怕放火會燒壞國家級重點文物保護單位，怕對不起納稅人的錢，而是一面放火焚燒楊駿的住宅，一面還向住宅裡交叉放箭，射得楊家衛隊的戰士們頭都不敢抬。這樣的戰鬥誰都知道，局勢已經一邊倒，連楊駿也知道自己這點兵，再怎麼勇敢也擋不住人家的攻擊了。他這時才想到要逃跑。可是現在他能逃到什麼地方去？他現在覺得只有馬廠那地方最安全了，就像田徑運動員一樣，先來個跨欄動作，跳進馬廠裡，再跑到馬的屁股後面躲起來。這種招數，用來捉迷藏，那是很有效的，可是用來躲兵荒馬亂，就太小兒科了。不一會兒，人家的兵大喊大叫著衝了進來，問也不問一聲，大刀向馬屁大砍（而不是大拍），楊駿叫都來不及叫一聲，就掛了，死得一點都不壯烈，史書上說是「就殺之」，很簡潔。四十三年前，曹爽就在這個地方被司馬懿玩了一把，然後被殺掉。那時桓範罵曹爽兄弟是一群豬狗，可是現在楊駿兄弟也跟曹爽差不多，如果桓範還在，估計下的評語也跟當時沒兩樣。

這時，倒楊陣線的前敵總指揮孟觀過來，下令：將駿弟珧、濟、張劭、李斌、段廣、劉豫、武茂及散騎常侍楊邈、中書令蔣俊、東夷校尉文

第五章　呆子當皇帝　群奸搶大權

鶩等都捉拿歸案。而且斷案迅速，只幾天功夫，就定下罪名，宣判：皆夷三族。據說，受牽連的有數千人。楊珧和楊濟比楊駿有能力得多，人氣也比楊駿高，如果楊駿沒有那個皇后女兒，這輩子的官是當不過這兩個老弟的。楊珧早就預料到楊駿會完蛋，曾經跟司馬炎打過賭，說楊駿以後一定沒有好下場，並要求把這個預言放在宗廟的石櫃裡。楊珧確實是個聰明人，先做了這個手腳，又捨不得跟哥哥劃清界限，而是跟這個敗家老兄分享權力，是腳踏兩條船的辦法。他一開始跟在他哥哥的屁股後面做事時，還很小心，怕這怕那，後來覺得這權力也太好玩了，膽子就越來越大，連算計司馬攸的事也大大方方地參與起來，終於徹底地成為楊駿的好幫手。這傢伙雖然聰明，以為自己留了一手，不管哥哥的後果如何，自己的這條命肯定會保住，說不定到時因為這一手，人家還會說他早就揭露了楊駿的陰謀，還替他記一等功呢！可是他卻想不到，現在處理他們的人是那個賈南風。賈南風醜得要命，但卻能成為皇后，本來就是賈充不按常理打出的一張牌。而這個皇后是一個變態狂，更是不會按常理出牌。本來，當初司馬炎好幾次想把她丟到金鏞城裡當城主，楊皇后硬是多嘴，當她的保護傘，終於讓她成功當上皇后。楊芷也知道賈南風品行不佳，經常把她叫來，婆婆媽媽地叮唸她。女人一婆婆媽媽起來，就越來越自我感覺良好了，嘴巴一開，沒完沒了，越講越高興。那個賈南風是什麼人？聽妳講一句，就已經煩了，天天聽妳叮唸，就天天恨不得把妳殺死，剁成肉醬當早餐吃。而且楊芷又是個做好事不留名的人，從不跟人家說自己多次救過賈南風。所以，賈南風並不知道楊芷是她的恩人，只把她當作仇人來看待。現在自己得勢，當然就只會把楊家的人當仇人來處理了。

　　楊珧在被押赴刑場的時候，對司馬繇說：「我早就用書面揭發過楊駿的陰謀，那個揭發報告就在宗廟的石櫃裡，不信你可以問一下張華。張華是個誠實的人啊！」

第三節　楊駿的敗亡

　　這事其實不僅張華知道，很多人也都知道，所以覺得應該像以前司馬昭寬大處理鍾毓的後代一樣，赦免楊珧。

　　負責處理這個大案的人是安東公司馬繇。

　　司馬繇想到司馬氏的天下被楊駿鬧成這個樣子，他們一群司馬家的子弟個個被弄得跟二等公民差不多，恨不得把天下姓楊的分次處理，全都拉出去砍掉，哪能讓這個楊珧留下活口？這時，賈南風集團的幾個手下也跟著起鬨，說不殺楊珧不能平民憤。司馬繇這就找到了藉口，一個楊駿一黨的二號人物，禍國殃民、罪大惡極，不殺哪能平民憤，如果你們覺得自己的憤平了，那是你的事，但人民的憤怒是難平的。殺！

　　楊珧這才知道，腳踏兩條船的辦法有時也不靈啊！他又是個十分怕死的傢伙，在刑場上既努力掙扎，又放聲大哭大叫，弄得執行死刑的劊子手竟然沒辦法把刀對準他的脖子砍下去，最後為了完成任務，只得用刀劈開他的腦袋。

　　就連那個楊芷，賈南風也不放過。

　　在事件發生的時候，楊芷知道他的老爸已經到了最危險的時刻，當然想把老爸從水深火熱中救出來。她沒有別的辦法，只是把「救太傅者有賞」幾個字寫在絹帛上，然後用箭射出宮外。她以為有她的親筆題詞，就會有很多人遵照她的指示去救人然後回來領賞。哪知，這幾個字非但救不了她的老爸，反而讓賈南風抓到了把柄。賈南風一看到這幾個皇太后的親筆題詞，冷笑一聲，當場宣布：「太后同反」。楊芷就這樣從全國一號寡婦變成楊駿一派的核心成員。

　　倒楊戰線在倒楊成功的當夜就加班處理楊駿一黨的首要分子，而主持這件事的就是司馬繇。本來那個三十三年前的猛男文鴦跟楊駿並沒有多少瓜葛，可因為司馬繇是諸葛誕的外孫——文鴦父子跟諸葛誕本來是一條

第五章　呆子當皇帝　群奸搶大權

戰壕裡的戰友,可是後來卻變成你殺我,我殺你的仇人。雖然司馬昭沒對文鴦怎麼樣,但司馬繇卻一心要為外公報仇,一直沒有機會。現在機會來了,他哪能放過?現在殺誰放誰是他說了算,而不是別人說了算。因此,他在楊駿一夥的名單上加上文鴦的大名,然後大喝一聲,拉出去砍了。

這個月黑風高的夜晚,司馬繇突然變成全國最有權勢的人。

他覺得好過癮。

人在這個時候,大多都是這個心情。

不過,聰明的人用屁股都能想得到,這種權勢是不宜硬吞下去的。因為,司馬繇的權勢是沒有基礎的,薄弱得不能再薄弱了。王戎知道司馬繇如果再這樣下去,不管是肉體生命,還是政治生命,通通都很危險。他就勸了一下司馬繇:「辦完這些事後,最好丟掉這個權力。」這話的言外之意就是,要是不丟掉的話,後果會很嚴重。

可是司馬繇跟很多暴發戶一樣,手中突然有了這個權勢,心情好得不得了,哪肯一下就丟掉?好不容易過一下癮,你一丟掉,可就要不回來了——離了婚,可以復婚,可是權力一丟掉,要再拿到手中,難得很啊!

楊家兄弟以及同黨的人都在一夜之間倒了大楣。可是很多人卻運勢大開。

第四節　換湯不換藥

先不說那些倒楊成功士人,就是全國那些犯人也沾了光。

因為第二天,賈南風就叫司馬衷下令大赦,接著改元。昨天是永平元年,一夜之間又變成了永康元年。這一年,有兩個元年。第一個元年其實

第四節　換湯不換藥

是楊氏元年，而第二個元年，應該是賈氏元年，這代表著賈南風這個「短醜黑」的女人登上了歷史的舞臺，成為中國歷史上一道很不亮麗的風景。而兩家的招牌都只有一個司馬衷。

賈南風接著著手處理楊太后。

本來，她以前的命運全掌握在楊氏手裡，現在倒了過來，楊芷的命運被她牢牢控制住。

賈南風不但是史上最醜的皇后，也是唯一當過殺手的皇后，當太子妃時，多次充當殺人犯。只是因為司馬炎多次吃錯藥，沒有把她退貨，才留到現在的。這時，她大權在握，第一個想到要懲罰的人就是她的婆婆楊芷。賈南風也知道現在這個社會是男權社會，下什麼命令還得讓男人來蓋公章，女人是不能站在檯面上喊打喊殺的。現在是她老公拿著全國最大的公章，她當然有辦法讓司馬衷幫她蓋公章的。司馬衷馬上下了一道詔書——大家都知道這道詔書是誰授意的：讓右將軍荀悝押送謀反嫌疑人太后楊芷離開原來的住所，到永寧宮暫住。說是暫住，其實誰都知道，是在等候處分。賈南風一開始時，大概膽子還不夠壯，在處理楊駿一黨時，還特意出了個「特全太后母高都君龐氏之命，聽就太后居」的命令，讓楊芷母女在永寧宮相依為命一下，沒事聊聊天，回憶一下剛剛過去的幸福時光。如果看到賈南風下了這個最高指示，就以為這傢伙也學會了寬大，也領會了一點玩政治的智慧，正在從一個潑婦向一個女政治家轉變著，那你絕對是錯了。

她本來是想學學那些政客，秀一下她的「寬大」，可是她到底不是個當政治家的料。她在把龐氏跟楊太后關在一起的同時，又在背後叫手下把她的真實意圖傳達出去，叫大臣們上書，要求處理這兩個女人。這風聲一傳出來，馬上有一批在政治上與賈皇后保持高度一致的大臣們，聯名上表：「皇太后陰漸奸謀，圖危社稷，飛箭繫書，要募將士，同惡相濟，自

第五章　呆子當皇帝　群奸搶大權

絕於天。魯侯絕文姜，《春秋》所許。蓋奉祖宗，任至公於天下，陛下雖懷無已之情，臣下不敢奉詔。」

你一看就知道，這些大臣都是當蛔蟲的料，一下就知道賈南風肚子裡的想法，只幾句話，就把楊芷的罪狀說得一清二楚，而且還在短短的幾行字裡，引經據典，說這種自絕於人民的女人，要殺要剮都不過分。皇后雖然胸懷寬廣，不想對她怎麼樣，但我們不答應，百姓也不同意啊！

賈南風一看，心裡就樂了，如果前幾天我說什麼話，這些人能這樣嗎？到底是大權在握好做事啊！但她還想秀一下，又叫司馬衷下了一道詔書：「此大事，更詳之。」

那些大臣當然知道，她是在作秀，因此也就陪著作秀到底——如果叫他們陪著去打仗，估計他們不會去，但陪作秀卻是他們的拿手好戲、看家本領，要是無秀可陪，那倒是無所事事，好不容易抓到這個機會，他們當然願意奉陪到底。他們看到這個詔書後，馬上在第一時間回應：「宜廢皇太后為峻陽庶人。」皇后不殺她，但也應該把她的「皇太后」稱號剝奪了啊，讓她的身分轉換為平民百姓算了。

張華有些看不過這些人的表演，想要上奏——而且現在朝廷所有的高官中，他屬於最資深的那一小撮，因此有資格說一下自己的想法。他說：「皇太后非得罪於先帝，今黨其所親，為不母於聖世，宜依漢廢趙太后為孝成後故事，貶皇太后之號，還稱武皇后，居異宮，以全始終之恩。」他同樣引用了漢代廢趙太后的故事來，想為楊芷保住一點臉面。可到了這時，大臣們都知道，現在的賈南風最恨的就是楊芷，而且知道賈南風是不會把張華的話當一回事的，現在按賈皇后的意思去做才是真理，因此也不管張華個是個老前輩，都理直氣壯地駁斥。領頭的是左僕射荀愷與太子少師下邳王司馬晃，幾個人在一起進行熱烈地討論之後，一起上奏：「皇太后謀危社稷，不可復配先帝，宜貶尊號，廢詣金墉城。」大家都同意

第四節　換湯不換藥

這個方案,把楊芷貶為平民。這一次,賈南風就同意了——你看,這麼多人都這麼認為,我有什麼理由不同意?這可是人民的意願啊!還記得這個金墉城吧?本來是曹魏時期的冷宮,已經長期不用,都變成危樓了。之前司馬炎曾經把金墉城重新修好,本來是想把賈南風關進去的,可是後來楊芷反對,賈南風才沒有被關。現在倒好,司馬炎就是打死也想不到,他修復的這個工程,居然成為他老婆的牢房。楊芷更沒有想到,她反對關進去的人,現在倒把她自己關進去了,這個社會實在太沒有道理了。

辦了楊芷之後,那些蛔蟲式的大臣又繼續上奏:「楊駿造亂,家屬應誅,詔原其妻龐命,以慰太后之心。今太后廢為庶人,請以龐付廷尉行刑。」這個龐氏既是楊駿的老婆,又生出楊芷,實在是罪該萬死。原來對她寬大,是因為她女兒還掛著太后的招牌,現在這個招牌沒有了,為什麼還要對她寬大?

賈南風又演了一次,來個「詔不許」。那些大臣當然知道這個「不許」的含義是什麼。如果你以為這是真的不許,那請你不要吃政治這碗飯,回家跟黃土打交道算了。這個「不許」是赤裸裸的要殺那個老女人的意思。於是在「詔不許」之後,大臣們來個「固請」。賈南風一看,呵呵,既然大家「固請」,我也沒有辦法了,「乃從之」。你一看這個「乃」,好像很勉強,其實心裡高興得很:老大真的好當,你有什麼心思,這些手下全幫你去實現。

楊芷一生中最為悲慘的日子終於來臨。

這一天,是她母親被押赴刑場的日子。她抱著母親痛哭,還割斷自己的頭髮,弄得現場黑髮飄飄,還跪下來,以頭觸地,上書給賈南風,要求去皇后那裡做牛做馬,用來換取母親的性命。可上書之後卻沒有得到答覆。龐氏被拉出去依法辦事。只留下無數悲痛陪伴著楊芷這個原太后。她這時肯定是一邊悲痛一邊後悔,自己當初能說話的時候,為什麼去幫這樣

第五章　呆子當皇帝　群奸搶大權

的人說情？難道當初不知道這個女人是個壞女人？她肯定知道這個女人不是什麼好東西。你想想，就連還是個太子妃的時候，手中什麼權力也沒有，隨時隨地都有被廢的可能，居然也敢動手殺人，如果這也算是好人，那天下還有壞人嗎？楊芷當初在司馬炎面前為賈南風求情，估計也是有自己的用意的。一來，她覺得賈充已死，賈家的勢力已走下坡，讓她將來當皇后，背後沒什麼靠山，自己的老爸可以當老大；二來，殺的是別人，別人死多少個都不關她的事。哪想到，自己的老爸居然這麼菜，權力拿在手裡還沒多久，就被人家徹底推翻，死得很狼狽，連自己也跟著倒大楣；以前覺得賈南風殺人家，關自己何事，現在看到她殺自己的親人，這才覺得天下還真有「痛如刀攪」的心情。可到了現在，還有什麼辦法？如果說現在她的心「痛如刀攪」，那麼這把攪心的刀也是她打造出來的。

那些辦案人員還在擴大打擊面，要把楊駿原來的手下全部捕獲歸案，把官場的潛規則痛快地體現一下。可是傅祇卻不同意，說：「昔魯芝為曹爽司馬，斬關赴爽，宣帝用為青州刺史。駿之僚佐，不可悉加罪。」你想想，要是全都加罪，在座的誰不在楊駿的手下做過事？那時，楊駿的官是什麼？是總百官啊，誰不在他的領導之下？你要是「悉加罪」，那大家都去死好了。

賈南風把楊芷折磨成這個樣子，心裡正開心，一看到傅祇這些話，覺得自己的目的已經達到，再跟這些小人物過不去，有點對不起「皇后」這個光榮稱號，就真正的寬大一下這些人，叫司馬衷下詔「赦之」，表示不再秋後算帳。

這些人的性命可以延長到自然死亡的那一天，可是楊芷的命運卻越來越悲慘。一開始，還派幾個宮女給她，為她掃掃地，燒燒開水，煮煮飯，可是後來這些人全都調走，就讓她一個人在他老公生前維修的金墉城裡享受著沒完沒了的「孤苦伶仃」的生活。楊芷生於世家，從小就過著幸福的

第四節　換湯不換藥

生活，後來成為皇后，那更不用說了。現在突然要過這種生活，她能受得了嗎？沒人煮飯，她也不煮，幾天過後，這個晉朝開國皇帝的老婆就餓死了。賈南風第一時間得到這個消息，高興得差點跳起舞來。不過，她也知道，楊芷才三十多歲，如果吃好喝好，這時肯定還漂亮地活著，現在她死去，是被她迫害的。賈南風雖然心狠手辣，害人不擇手段，但又不是個不信邪的唯物主義者，也跟很多人一樣，堅信另一個世界裡有鬼有神。因此，她怕楊芷死後會跑到司馬炎那裡告狀。司馬炎生前對她就沒什麼好感，只怕接到這個訴狀後，會對她來個「嚴厲處分」，就叫人在埋楊芷時，把她的臉面朝下，讓她永遠不得翻身，而且還加了很多陪葬的東西。不過這些陪葬品可不是什麼金銀財寶、甚至猛男帥哥，而是鎮鬼之類的符咒和藥物。她認為，只有這樣，才能讓楊芷在地下老老實實，動彈不得，徹底變成一個植物鬼。楊芷要當皇后時，很多人都認為，一門二后，沒有好下場，可是她老爸不信邪：如果當了皇后都沒有好下場，那當什麼才有好下場？現在居然應驗了那些人的話。如果她不去接她堂姊的班，憑她的條件，要嫁個好男人，估計也不是什麼難事，現在還在好好地當她的夫人。可是她的堂姊硬要她去當皇后，而且當皇后的目的居然是要當司馬衷的保護傘。現在皇帝保住了，可是保護傘卻被折磨而死。

　　賈南風過完這些癮後，在心情舒暢起來的同時，又覺得朝中的事好像不宜老是自己出面，而且一個女人出面揮舞大權，那麼多男人也受不了的，得找個人站在臺前，當她的代言人。她找來找去，最後決定還是讓司馬亮和衛瓘出來。司馬亮是楊駿的反對黨，這大家是有目共睹的，雖然表現得很軟弱，但他跟楊家黨羽的界限劃得很清楚，而且是司馬氏家族中最資深的前輩，連司馬炎對他都還很尊重，讓他出來，大家還是可以接受的；那個衛瓘也被楊駿弄得提前跑回家過退休生活，當然也是楊駿的死對頭。她這麼一決定，皇帝馬上就進行了一次人事大調整：徵汝南王司馬亮

第五章　呆子當皇帝　群奸搶大權

為太宰,與太保衛瓘皆錄尚書事,輔政。以秦王司馬柬為大將軍,東平王司馬楙為撫軍大將軍,楚王司馬瑋為衛將軍、領北軍中候,下邳王司馬晃為尚書令,東安公司馬繇為尚書左僕射,進爵為王。封董猛為武安侯,三兄皆為亭侯。在這次事件中立功的人都提拔了一下。

這次調整,使司馬氏家族重新掌握了大權,好像大大地鞏固了晉朝的政權。可是你一看這些王,都不是什麼好東西。那個司馬亮雖然是司馬懿的兒子,雖然司馬懿把這個兒子的名字取得跟諸葛亮一樣,可是名字跟能力實在是沒有一點關係,這傢伙腦袋中水的成分比腦汁還多,其他幾個人很會享樂,但執政能力卻不怎麼樣。尤其是司馬瑋,是司馬家的猛男,又是這次事件的主角之一,心裡現在得意得要命。而且這類四肢發達的人有個特點,就是頭腦簡單,最受不得刺激,唆使他去打架做蠢事算是找對人了,但根本不是什麼治國的好料。那個衛瓘還算是個人才,也是政壇老鳥,當年在鍾會和鄧艾你死我活的爭鬥中,還能夠全身而退,其能力大家是知道的。可是現在不是以前,他夾在這些人當中,又能有什麼作為?而且首席輔政大臣又是司馬亮這個老傢伙。

事實證明,司馬亮的能力也不比楊駿高明到哪裡去。

司馬亮跟所有的政客一樣,都知道要鞏固自己的地位,必須收買人心,讓自己的人氣旺起來。本來收買人心的辦法有千萬條,可是司馬亮卻只想到一條,而且這個辦法還是抄襲楊駿的創意。他一上臺,沒有發表任何富國強兵的政策,卻把評定「倒楊」功勞當成眼前最要緊的優先任務,大力表彰「倒楊」有功之人。他認為,這樣一來,人心就會像被風吹的草一樣,一股腦兒全倒向他這邊。司馬亮以及楊駿與其他政治家最大的區別就在於,大政治家眼裡的人心,是全國老百姓的人心,而這兩個菜鳥卻認為人心就是這一群靠揮霍國家財政過腐敗日子的大大小小的公務員。

其實,晉代的很多執政大臣大多是這樣認為的,因此,司馬氏只是在

第四節　換湯不換藥

開國那幾年中有點作為，之後就全走下坡。之所以造成這個現象，主要是清談之風盛行，掌握大權的國家高層，天天想著如何讓自己有名士風度，天天圍在某個地方，一邊喝酒，一邊吹牛，而且吹的全是跟國計民生無關的東西，口才、藝術和酒量都得到了空前的提升。可治國卻不是靠口才和玩藝術，更不是靠喝醉啊！

司馬亮一口氣把一千零八十一人封了侯爵，一下就刷新了歷史紀錄。

御史中丞傅咸這時多嘴起來，要求司馬亮停止這次表彰，很囉嗦地說了一大堆司馬亮不愛聽的話，意思是，這次封賞的規模太大了，以後大家會都希望國家發生動亂，好得到封賞啊！這可不是個好的開頭。之前司馬繇整肅異己時，很多人就反感，以為司馬亮會撥亂反正。哪想到，你比司馬繇還要瘋狂。司馬亮一聽，心裡說，你小子沒立什麼功，沒得什麼賞，就亂發謬論，你當我很傻很天真嗎？因此對他的話一個字也聽不進去。

司馬亮跟很多沒有能力的權臣一樣，平時做什麼決斷時，吞吞吐吐，就像他在跟楊駿決鬥時，扭扭捏捏，這也怕，那也怕，可是一旦大權在握，這個天下他說了算時，辦事風格完全走向另一個極端，獨斷得很，完全憑自己的心情辦事。你想想，在一切都不確定的時候，員工中最多的就是那些牆頭草，早上看到甲最有權，就跟在甲的屁股後大喊大叫，下午看到乙搶過了話語權，就又跑到乙後面當擁護者，雖說城頭變換大王旗，可這些人卻一個也沒換過。他們看到司馬亮現在最風光，當然都跑到他的門前，叫他老大，弄得他府前的停車場天天都在擴建，還是不夠停車。

傅咸上次多嘴無效之後，這次嘴巴又癢起來，對司馬亮說：「以前楊駿當權的時候，不把皇帝放在眼裡，只任命自己的親戚做官，大家都罵他罵得要死。現在你接過權力棒子，做法就應該跟他相反，平時不要張揚，碰到大事才親自出馬處理，那些小事，交給其他人去辦就成了。可是現在你什麼都管，大夥兒都開車到你的府上來巴結。這是什麼風氣？這就是投

第五章　呆子當皇帝　群奸搶大權

機鑽營的風氣，這種風氣一形成，這個社會還是個好社會嗎？再說說那個夏侯駿，什麼功勞也沒有，什麼不平也沒有，可是突然就被任命為少府，一下就成了高級官員。大家都在八卦這件事啊！說夏侯駿是你的親家，才這麼空降過來的。現在到處是這種八卦，對你來說，不是一件好事啊！」

司馬亮一看，你這個傅咸，到底煩完了沒有？反正老子就是不聽你的。掌了權，不提拔親信，難道要提拔反對黨？楊駿雖然做得不對，但也不能凡是楊駿擁護的我們就堅決反對、凡是楊駿反對的我們就堅決擁護啊！

在司馬亮忙著當執政大臣時，賈南風也沒有閒著。她身為「倒楊」運動的發起人，其最終目的並不是只殺掉楊駿、逼死楊芷，而是也想把大權抓在手中，過過癮。她這時也開始大規模地提拔她的親信，讓她的族兄車騎司馬賈模、從舅右衛將軍郭彰以及她妹妹跟韓壽生出的那個兒子賈謐與楚王司馬瑋、安東王司馬繇一起進入權力中心，分享最高權力。她透過這些人操縱權力，越來越覺得權力真是個好東西，加上她本來就是一個凶狠暴戾的人──這個特性在她當太子妃時就已精彩上演，現在拿著權力的刀柄，就更加天不怕地不怕了。

司馬家的人對她的作為，也有點不滿起來，最終形成反賈派。

第五節　亮瑋的垮臺

反賈派的頭號人物就是司馬繇。

這個司馬繇也是個頭腦簡單的人，以為賈南風一個女人，能有什麼作為，現在居然這麼囂張，所以就想把她廢掉。他認為廢這個賈皇后不需要

第五節　亮瓘的垮臺

什麼高難度動作，因此做得太不嚴密，自己還沒有把方案做好，風聲就已經傳了出去，弄得賈南風也有點怕起來——史書上說「賈氏憚之」，這說明司馬繇當時還是有能力把賈南風踢出皇宮的。而司馬繇最大的敗筆是出在他的老兄東武公司馬澹身上。這個司馬澹雖然是司馬繇的親哥哥，但兩兄弟關係不好，不知什麼時候從兄弟變成了敵人。司馬澹天天跑到司馬亮的面前，打老弟的小報告，對司馬亮說：「司馬繇現在想殺誰就殺誰，想賞誰就賞誰，簡直成了晉國的獨裁者。」這傢伙別的能力不怎麼樣，但打小報告的技巧還是不錯的，這麼簡單的幾句話，直接就觸動司馬亮的痛處。現在司馬亮是首席大臣，司馬繇要是成了獨裁者，那他司馬亮往哪裡擺？他不成了退居二線的首席大臣了？

司馬亮當場就生氣了。

司馬亮一生氣，司馬繇的後果就很嚴重。而歷史後來也證明，司馬亮的這一次生氣，不光司馬繇的後果很嚴重，而且晉朝的後果也很嚴重。如果這個老傢伙的頭腦稍微清醒一點，分析一下形勢，就應該明白，現在權力核心中有兩股力量，一股是賈家的力量，另一股就是司馬家的勢力，而司馬繇是司馬家勢力中賈家的反對黨。他正好利用兩股勢力互相對峙，然後從中掌握平衡，這個大權就會永遠抓在他的手中。可是這傢伙只有權力的占有欲，卻沒有掌握權力的智慧，覺得司馬繇很不順眼，對自己已經構成威脅，馬上就決定解決司馬繇。三月二十七日，皇帝下詔「免繇官」。接著，就有人跟著痛打落水狗，說司馬繇曾經口出惡言，對老大不滿，於是第二份處分詔書馬上下達，把司馬繇流放到朝鮮半島，沒事的時候，可以多吃點高麗參。

司馬繇這塊石頭一搬，笑得最響亮的不是司馬亮，而是賈氏集團的那幾個人。

朝中的大臣們一看，也看得出現在跟定賈家沒有錯，於是賈模、賈謐

第五章　呆子當皇帝　群奸搶大權

房子前面的停車場又不斷地擴建，增加容量。

那個賈謐雖然緊跟賈皇后，但卻是個愛讀書、勤學習的人，平時也愛跟有學問的人在一起喝酒，人氣還是很高的。經堂跟他在一起的有：郭彰、石崇、陸機、機弟雲、和鬱、潘岳、崔基、歐陽建、繆徵、杜斌、摯虞、諸葛詮、王粹、杜育、鄒捷、左思、劉瑰、周恢、牽秀、陳珍、許猛、劉訥、劉輿、劉輿的弟弟劉琨。你一看這些名單，就知道賈謐周圍確實都是有名的人，很多人都是歷史上有名的文學家。這些人加在一起，號稱二十四友──說是二十四友，其實是一個政治幫派，稱為二十四人幫可能更加切貼，而歷史多次證明，被稱為某幫某派的政治小團體，結局都不是很好的。賈謐的這些粉絲中，石崇與潘岳的表現最為到位或者說是肉麻，每次看到賈謐和他的外祖母廣城君郭槐出來，「皆降車路左，望塵而拜」。石崇是什麼人？是當時首富，同時也是個有學問的人，以前勇於跟皇帝的舅舅鬥富，連司馬炎也不怕，可是現在對賈謐卻這麼畢恭畢敬，人家的車早已加速，狂跑到什麼地方了，石崇還在路邊「望塵而拜」。我想，石崇之所以這麼做，一來，他知道司馬炎的心地還是比較善良的，不會因為晒一下財富而對他怎麼樣，而賈家的人就不同了，你要是得罪了他們，他們要你的腦袋，那是根本不用找理由的；二來，賈謐確實也有學問，是個值得尊重的青年，要不能有這麼多名人聚集在他的周圍嗎？

如果賈謐老老實實地做他的學問，當他的名士，每天跟二十四友吃喝賭嫖寫文章，不參與賈南風的黨爭，這輩子過得也許還不錯。

在賈氏集團控制權力越來越上手之際，司馬氏那邊卻不斷地出現裂痕。

司馬亮再次把一個弱智政治人物的眼光表現出來，就是不管怎麼樣，總覺得圈子裡面有人要害他。他在擺平司馬繇之後，又覺得司馬瑋這傢伙也是個礙手礙腳的麻煩人士。

第五節　亮瓘的垮臺

　　他跟衛瓘一說，衛瓘一聽，也覺得司馬瑋是個凶殘成性、喜歡當殺手的傢伙，實在令人討厭，就同意了司馬亮的看法。兩人決定，對這樣的人最有效的辦法就是剝奪他的軍權。於是「以臨海侯裴楷代瑋為北軍中候」。司馬瑋是什麼人？一看到這個決定，當場放開音量大罵。

　　本來，司馬瑋再怎麼大怒，司馬亮他們也不用管。可是他和衛瓘想不到的是，裴楷也是個懦夫，知道司馬瑋憤怒，就怕了起來，不敢接受這個委任狀，弄得司馬亮和衛瓘也被動起來。當然，兩人並不甘心這麼被動下去。他們經過一番密謀，又決定「遣瑋與諸王之國」。讓他到自己的封地去，愛怎麼著就怎麼著。可是司馬瑋能乖乖地聽他們的話嗎？這傢伙是「倒楊」運動的中堅分子，現在造反成功了，你們就想打發我？他越想越生氣。

　　司馬瑋手下也有幾個腦子不錯的跟班。

　　到了這個時候，他的兩個跟班長史孫宏、舍人岐盛就出來，勸他不要光會生氣啊！現在人家要搞定你，你生氣有什麼用，你以為生氣了人家就放過你了？不如投到賈皇后的陣營中，還怕司馬亮和衛瓘這兩個老頭子？

　　司馬瑋向來跟這兩個傢伙談得來，當場就採納了他們的意見，去找賈南風，表達了自己跟定皇后的意願。

　　現在賈南風正在網羅人才，打造賈氏集團，看到司馬瑋主動投奔過來，當然高興得睡著了臉上都還掛著笑容，馬上任命司馬瑋為太子太傅。這個職務是太子的老師，當然只能留在京城，要不，你難道要讓太子背著書包跑到外地去上學堂？兩個老傢伙白鬍子對白鬍子密謀了大半天，最後硬是被賈南風一句話破壞了。從這件事上可以看得出，司馬亮和衛瓘雖然頭頂第一號和第二號大臣的光環，其實也窩囊得很。

　　衛瓘這個老頭是個老江湖，當初處理鄧艾和鍾會的事時，顯得很有能

241

第五章　呆子當皇帝　群奸搶大權

力，本來以他現在的權力，要搞定賈南風也不算什麼難事──賈南風雖然又惡又毒，可是智商和鍾會鄧艾是沒法比的，但是現在衛瓘的那些思維和手段都不知跑到什麼地方去了。他搞不定司馬瑋，又想解決司馬瑋的死黨岐盛。他跟岐盛沒什麼直接的仇恨，只是因為看到這個岐盛以前跟著楊駿，現在楊駿一倒臺，馬上又變成楊駿敵人司馬瑋的死黨，認為這傢伙的人品有問題，就決定把他抓起來。如果要抓這個岐盛，說抓就抓，估計也沒什麼困難。可是這傢伙年紀一大，行動也緩慢起來，決定早就做出來了，行動卻沒有跟上。岐盛本來就是個最會見機行事的傢伙，一知道衛瓘要辦自己，就馬上跟他的老搭檔孫宏商量對策。這兩個傢伙的官職不大，膽子卻不小。兩人商量的結果，只有借用賈南風來對付司馬亮和衛瓘了。

　　兩人只是司馬瑋的跟班，跟賈南風沒直接的聯繫。如果按常理，他們肯定先找自己的老闆，磨破嘴皮，浪費大量的口水，說服老闆救一救他們。可他知道這是不行的。雖然他們知道司馬瑋比他們還恨這兩個老傢伙，但要叫他搞定那兩個老傢伙，司馬瑋是不會聽他們的。這兩個傢伙搞小動作還是有一套的。他們很快找到李肇。李肇是積弩將軍，同時也不是什麼聰明人，幾下就被他們唬住。岐盛和孫宏對他說，我們是來轉達司馬瑋的意思的。我們老大得到確切的消息，司馬亮和衛瓘正在密謀廢掉皇帝呢！可當他們說這話時，司馬瑋還不知道這個「情報」呢！

　　李肇一聽，得馬上向皇后報告，就免費當了那兩個傢伙的通訊員。

　　岐盛和孫宏的這個謀畫做得很成功，而且實施得也很到位，時機也把握得很好。

　　本來，賈家對衛瓘早就懷恨在心，而且這個「懷恨在心」的原因天下人都知道。當初，司馬炎本來是想讓衛瓘的女兒做他的兒媳婦的，而且很多人都知道他的這個意向，以至於誰是「太子妃」在一段時間裡，已沒什麼懸念了。哪知，賈充卻突然橫插一腳進來，而且賈家的競爭團隊也實在

第五節　亮瓘的垮臺

太強悍，只幾天時間，大夥上下一致，四處出擊，硬是說服司馬炎改變了那個早已成定局的決定，讓賈南風成為最後的贏家。反觀衛瓘在這場競爭中，居然毫無作為，最後老老實實地接受這個結局。這一場「太子妃」爭奪戰，其實跟司馬炎從他弟弟手裡搶走繼承人的方式簡直是同一個版本。衛瓘的心情肯定是超級鬱悶，但還有什麼辦法？這傢伙覺得自己輸得也太窩囊了——如果賈家的女兒長得標緻一點那倒沒話說，可是賈南風醜得只怕連恐龍見了都把她當作近親啊！於是，這傢伙忍無可忍，最後居然藉著酒醉對司馬炎說了那句「此座可惜」的話，差一點把太子廢了。

賈氏從此就把衛瓘視為敵人。賈充老早就告訴他的女兒，衛瓘這個傢伙差點壞了我們的事。

後來，賈充集團的幾個核心成員曾聯合楊駿對衛瓘進行報復。這幾個人打擊異己起來，確實做得很絕，居然能叫司馬炎讓自己的女兒跟衛瓘的兒子辦了離婚手續，然後讓衛瓘退居二線。一開始，在賈南風權力沒有抓牢的情況下，只得讓衛瓘重新出山。但賈南風是什麼人？她能讓她的敵人在她的面前揮舞著權力的大棒嗎？要是讓衛瓘和司馬亮這兩個老傢伙再當權下去，她還有什麼地位？

這時，她一聽到李肇的報告，機會來了。當場決定舉行第二次政變——很多人靠政變上臺，可一輩也只進行一次政變，賈南風才當皇后沒幾天，竟然連著主導了兩次政變。

賈南風相貌長得差，但心計卻一點不差，手段也從不含糊，找了個機會，叫皇帝寫了個詔書，交給司馬瑋：「太宰、太保欲為伊、霍之事，王宜宣詔，令淮南、長沙、成都王屯諸宮門，免亮及瓘官。」這個司馬衷雖然是個豬頭，可是又沒有腦殘到底，別的事什麼也不會，偏偏會寫幾個字。於是楊駿和賈南風就利用他的這個特長，讓他抄抄幾個字當詔書用。你想想就知道，這傢伙的字肯定不會好看到哪裡去，大臣們一看到那手

第五章　呆子當皇帝　群奸搶大權

字，誰還敢說不是皇上寫的？那手字雖然難看，但防偽效果卻很好。

當詔書送到司馬瑋手中時，證明岐盛和孫宏事先不找司馬瑋是對的。因為他在半夜接到這個詔書時，覺得這事好像也太嚴重了點吧？他知道他的哥哥不會有政變的想法——估計司馬衷連什麼叫「政變」都不知道呢，因此，他想去親自問一下他的大哥。賈南風大概早就料到他會這樣，因此派去送信的太監也是個得力的人，看到司馬瑋要去考核詔書，馬上就說：「這事本來是機密的事，皇上才叫我半夜送詔書過來啊！你要是再進宮一問，就洩密了。」司馬瑋本來就四肢發達，頭腦簡單，剛才能想到考核一下這個詔書，那還是智力超常發揮了一下，這時一聽到這話，馬上就覺得自己剛才吃錯了什麼藥，別的不去想，卻去懷疑自己的哥哥？而且他對司馬亮和衛瓘憤恨的程度，並不在賈南風之下。既然現在皇帝哥哥叫我搞定這兩個老傢伙，為什麼不搞定？

於是，一場更為火爆的政變導火線在這個夜裡被點燃。

司馬瑋知道，光靠自己的實力還不足以打倒那兩個傢伙，因此也學賈南風來個「矯詔」，命令自己的部隊做好戰鬥的準備，還向都城內外的三十六通報：「二公潛圖不軌，吾今受詔都督中外諸軍，諸在直衛者，皆嚴加警備；其在外營，便相帥徑詣行府，助順討逆。」而且還以皇帝的名義發表了個政策：「亮、瓘官屬，一無所問，皆罷遣之；若不奉詔，便軍法從事。」一下就瓦解了兩個老傢伙的部屬。然後派孫宏和岐盛帶兵去「圍亮府」，派侍中清河王司馬遐去逮捕衛瓘。

當然，如果他的對手不是司馬亮，而是司馬懿，那他的這些部署也沒什麼用。可是司馬亮跟他的老爸差得也太遠了。當孫宏和岐盛帶著部隊來到時，司馬亮的帳下督李龍向司馬亮報告：「外面發生緊急情況，請老大趕快調兵鎮壓。要不，就來不及了。」

第五節　亮瓘的垮臺

司馬亮不但不是楊駿的粉絲，而且是楊駿的敵人，可是這時候，他學楊駿學得很到位。明明聽到外邊喊殺連天——就連李龍也知道要調兵來對付人家了，可是老傢伙卻摸著白鬍子在那裡搖搖頭，說，不能亂調兵啊！你以為調兵是開玩笑的？

可是孫宏他們一點都不是開玩笑。這個事件本來就是由他們發起的，目的就是要搞定司馬亮和衛瓘，這時哪能不全力以赴？在司馬亮摸著鬍子說「你以為調兵是開玩笑的」的時候，他們已經叫士兵們爬上司馬亮家的圍牆了。這些士兵都是爬牆的高手，只一下就全站在圍牆上大喊大叫，這圍牆真高。呵呵，可以看見很遠的地方哦！

在這樣的情況下，司馬亮把他的軟弱表現得淋漓盡致，明明知道人家這麼一來，是來要他的性命的，卻只是說：「我忠心得很，你們為什麼這麼對付一個忠心耿耿的人？你們這麼做，有皇帝的詔書嗎？」

孫宏和岐盛當然知道他忠心得很，可他們並不是來考核他是不是忠心，而是來要他的老命。兩人對他的話一點也不關心，只是叫士兵們衝啊，誰抓住司馬亮，誰記一等功。

長史劉準對司馬亮說：「老大。政變，又見政變。這是典型的政變啊！現在府中力量還雄厚得很，老大要是下個命令，大家一齊上，拚掉老命，還可以挽回啊！」從劉準這話看，司馬亮家中的武裝力量還是不弱的，如果奮力抵抗拖時間，事情也許還有些轉機。因為，司馬亮衛瓘雖然不是什麼好人，當了這些天的權，也沒做出什麼好事來，但賈南風卻更加讓人噁心。所以，在人們的心中，雙方一比，司馬亮和衛瓘還是得分的。

可是司馬亮本來就是個沒有野心的傢伙，聽到「拚掉老命」這幾個字，身上的每一寸都在發毛，面對劉準的建議，同樣不聽。到了這個時候，越是怕死越是要死。

第五章　呆子當皇帝　群奸搶大權

　　李肇的部隊先衝了進來，一把抓住司馬亮。

　　司馬亮到了這時，居然還在表白他的忠心：「我之赤心，可破示天下也。」他的手下絕對想不到，他們的老闆竟然菜到這種程度，到了生死關頭，居然以為忠心可以救他的命。可是投靠了這樣的老闆，你還能說什麼？

　　司馬亮表白了他的忠心之後，他的境遇就往更悲慘的方向轉移。

　　李肇把司馬亮和他的兒子一起抓了起來，叫士兵們拉出去砍頭。

　　這次政變的時間正好是六月，天氣熱得要命。士兵們把司馬亮拖到一輛車子底下──他原來是坐在車子裡的，現在只能坐在車底了。這傢伙長期享福，生活條件很好，因此身體很胖，最受不了熱。很多人看到這麼一個老頭兒坐在車底，全身是汗，覺得很可憐，就發揚尊老愛幼的精神，跑過去替老人家搧風──如果在前幾天，這幾個做好事的人能這麼搧司馬亮幾下，肯定當場就發達了。這老傢伙被放到車子底下，一直到第二天，居然沒有人肯下手殺他。

　　司馬瑋一聽，這傢伙居然還得點民心，要是再等下去就不好辦了。馬上下令：「誰砍掉司馬亮的腦袋，就獎給誰一千匹布！」大家一聽，一千匹布？不光夠全家人做衣服好幾年，就是再替小妾做內衣內褲幾年也花不完啊！這一刀比做一輩子屠戶還強。老人家啊，對不起了。於是，大刀向司馬亮的頭上砍去。而且不止一把。司馬亮這輩子最大的特點就是怕死，可到頭來卻死得悲慘，死得難看。那些眼裡裝滿一千匹布的人砍完他的頭後，像拋皮球一樣把他的腦袋拋到宮門北牆外，五官全部被損壞。

　　衛瓘的情況也跟司馬亮差不多。

　　當司馬遹帶兵前來逮捕他時，他的手下也勸他不要做束手就擒的的傻子。如果一定要死，也要辨別一下這詔書的真假。如果是假詔書，那不是太冤枉了？如果是真的，那時再死也不遲啊──做別的事，遲了會吃

第五節　亮瓘的垮臺

虧，唯獨死得遲一點不是壞事啊！因此，當前的首要任務是先組織力量對抗一下，保住大家的性命，然後再顧別的。

可衛瓘這傢伙的腦子已經徹底退化。他聽了這個分析之後，卻搖搖頭，說，使不得啊，兄弟。

沒多久，人家舉著兵器衝了進來。帶兵進來的人叫榮晦。他原是衛瓘的帳下督，有一次做了違法亂紀的事，被衛瓘惡狠狠地罵了一頓，然後免職。這傢伙對衛瓘就這樣懷恨在心。本來，他認為以他的社會地位，要對衛瓘怎麼樣，機率趨近於零。哪知道這個世界真是「一切皆有可能」，現在他居然能帶著部隊去執行搜捕衛瓘這個全國第二把手。啊，老天爺真的不是瞎子，天下還真有「有仇報仇」這個定律。這傢伙一衝進衛家，就叫兄弟們殺啊。

司馬遐本來不想殺人，他得到的命令是來逮捕人的。可榮晦已經發瘋，他哪能禁止得了？榮晦一連殺了衛瓘一家老少九個，這才罷手。

至此，在楊駿倒臺之後形成的亮瓘體制也徹底玩完。司馬炎曾經想把大權交給他的叔叔司馬亮，想讓司馬亮來當他兒子的監護人，同時也是壓制楊駿的主要力量。可他的這個叔叔實在太菜，在他活著的時候，就無法完成權力的交接手續。後來雖然在楊駿掛掉之後成為最高領導人，哪知，權力在手僅僅四個月，又重複了一次楊駿人生的最後時光，死得更慘。從這件事上，足可證明司馬炎太缺乏政治眼光了。才登基第二年就定下了接班人，而且比誰都知道這個接班人是接不好班的，早就應該為他打造一個強而有力的輔佐團隊才是王道。可是三十多年的時間，司馬炎打造出的團隊居然是楊駿和司馬亮以及司馬瑋之流，天下不亂，那是沒有道理的。司馬亮當權只當了四個月，沒做出什麼豐功偉業來，更沒有帶領人民走向幸福的道路，但卻以他的生命為代價，開啟了一個歷史上著名的時代。

第五章　呆子當皇帝　群奸搶大權

第六節　接著政變

這個時代叫「八王之亂」。

而他是八王中的第一個大王。

殺了司馬亮之後，楚王司馬瑋又驕傲了起來，認為這一下該自己當老大了吧？皇帝是他的哥哥，而且他老爸讓他當楚王的目的就是帶兵保衛他的哥哥。現在他確實參與了殺楊駿事件，又主導了殺司馬亮，讓人家知道，誰敢跟他作對，就把誰消滅光。

這傢伙只顧得意，想著以後如何作威作福，但岐盛卻不這麼認為。這傢伙的官不大，但看問題的眼光比司馬瑋雪亮多了。這傢伙早就知道，這兩次動亂的策源地不是在司馬瑋的辦公室裡，而是在賈南風的椒房之中。司馬瑋只不過是那個女人利用的工具而已。而司馬瑋卻不知道自己是個工具。他對司馬瑋說：「老大，趁現在把賈謐、郭彰一起剷除。賈皇后就沒了助手，這天下以後就是老大說了算。機會難得啊，老大。」

哪知，司馬氏家族近來好像都感染了「猶豫症」，就連司馬瑋也逃不掉。他聽到岐盛的建議之後，只是瞪著很威猛的眼神看著岐盛，搖搖頭，沒有拍下板子。如果他這時果斷一點，連賈南風也一起搞定，然後把大權抓住，重用幾個得力的部下，把一切責任都往賈家的頭上倒過去，最後高叫「穩定壓倒一切」的口號，穩住局勢還是可以的。因為，賈氏那一夥人，其實是沒有什麼人心的，而他又是司馬炎封的楚王。因此，他痛扁幾個賈家的死黨推翻賈氏是一件得分之事。可這傢伙也不是政治家，只會跟他的叔祖作對，然後就只會做當家作主的美夢。

在他熱烈地幻想的時候，人家卻已經把手伸了過來，突然將他扳倒。

你知道，現在決定剷除他的主謀是誰嗎？

248

第六節　接著政變

如果你以為是賈南風，那就錯了。

提出搞定司馬瑋這個動議的是張華。

張華近來一直低調著，沉悶地站在旁邊看熱鬧，看到楊駿和司馬亮、衛瓘風光之後，又一個跟著一個玩完。而這些人玩完之後，他認為，他可以出場了。

但出場也要出得像樣，不能從某個角落裡慢吞吞地出來，而是應該有聲有色地閃亮登場。

這傢伙是政壇老鳥，政壇老鳥向來善於引人注目，因此他要來個閃亮登場還不是小菜一碟？

現在最能引起轟動效果的就是把風頭正盛的司馬瑋拉下去。

張華這時的官職是太子少傅，只是相當於太子的副班主任，手上沒什麼實權，當然沒什麼力量把又威又猛的司馬瑋搞定。但他知道，要搞定這個司馬瑋還是不難的，那個賈南風完全有能力擺平他。

張華找到董猛，讓他去告訴賈南風，說：「司馬瑋連殺兩個執政大臣，現在大權拿在手裡，成了老大，皇帝都不算什麼了。這種人當權，後果是很嚴重的。應該趁他的權力沒有得到鞏固時搞定他。否則，以後要收拾他就難了。」

賈南風是什麼人？她連續發動兩次政變，為的就是掌權。可每發動一次，政變成功之後，勝利的果實卻讓別人摘走，心裡鬱悶得很。眼看這一次又讓司馬瑋這傢伙成了最大贏家，心裡當然不高興。只是她還不敢亂來。這時，聽到張華的這個意見，覺得很對，連張華都這樣想，還怕什麼？

這時，首都亂成一鍋粥，誰也不知道現在到底誰是老大，更不知道明天天亮的時候會是什麼樣子。

賈南風知道，自己還沒有出面搞定司馬瑋的資格。但她知道張華有這

249

第五章　呆子當皇帝　群奸搶大權

個資格，因此就請張老前輩你出面吧！

張華要的就是這個結果，馬上進宮報告皇帝：現在是打倒司馬瑋的時候了。

皇帝早在半夜裡就被皇后拎著耳朵講清楚了，不管張華說什麼，你只要答個同意就行了。其他的都沒你的事，你儘管去吃辦公桌上的水果，不要老讓那口水流著。

張華聽到皇帝同意，便馬上行使剛剛到手的權力，叫殿中將軍王宮舉著「騶虞幡」出去，來到司馬瑋的軍中，向各級士兵宣布：「楚王矯詔，勿聽也！」現在宮中已經沒有幾個兵了，要用武力解決司馬瑋已完全沒有可能，所以張華只能用這個「騶虞幡」。什麼是「騶虞幡」呢？千萬不要以為這東西有什麼法力，可以讓司馬瑋一看到，就像被打敗了的妖怪一樣現出本尊，乖乖交槍。騶虞幡其實就跟街頭那些江湖騙子的旗子一樣──當然面料要比江湖騙子的錦旗好多了。但這個旗子是是皇帝的信物。晉皇帝的宮中有兩個信物，一個叫「白虎幡」，另一個就是「騶虞幡」，形式都是長條的旗幟，如果上面繡著白虎的就是「白虎幡」，這個錦旗不是用來表明能「醫治跌打損傷」的，而是用來督戰的。那面繡著騶虞的就是「「騶虞幡」。騶虞是什麼？這是一個傳說中的動物，又叫「騶牙」。據說，騶虞長得像老虎，看上去凶得要命，但牠性情慈祥得像個老媽媽，從不吃有生命的東西，是個和平代言人。所以，這面旗跟「白虎幡」是反義詞。它一出現，就表示皇帝現在不打仗了，要化干戈為玉帛了。誰再不放下武器，誰就是造反。

士兵們跟首都很多人一樣，現在正暈得很，不知道局勢將往哪個方向發展，一看到皇帝已經出面──雖然這個皇帝是個菜鳥，但菜鳥也是皇帝。因此都放下武器跑了。

第六節　接著政變

　　這時，司馬瑋這個傢伙居然也沒什麼反應。到了這個時候，跟楊駿和司馬亮居然沒什麼兩樣。如果他這時稍有點頭腦，馬上把王宮抓起來，逼他講出幕後主腦，然後帶兵殺過去，誰也擋不住他。因為，現在他是全軍最高統帥啊！哪知司馬瑋只是瞪著眼睛，看著大夥兵兵兵兵地丟下武器跑著離開了他，最後，現場只有他一個人站著發呆，連個路人都沒有。

　　司馬瑋想不到自己要權有權，要槍有槍，好像已是說話最算話的人了，哪知人家一面江湖術士的錦旗就可以把他搞定，腦子空前發暈，不知該怎麼辦才好。那個岐盛和孫宏到了這個時候也沒話說了──腦袋再好用，智商再高，再怎麼會搞小動作，但跟上了菜鳥老闆，你也跟菜鳥一個樣，一個菜鳥在你砍我殺的亂世之中混，下場可想而知。

　　在司馬瑋崩潰的時候，張華派出的士兵已經軍容整齊地來到。司馬氏家族的頭號猛男這時表現得萬分老實，乖乖地讓他們綁住。如果這傢伙稍微強悍一點，抵抗一下，結果完全不會這個樣子。因為城內的軍隊指揮權都穩穩地拿在他的手中，而那個壟西王司馬泰也是他的同黨，曾打算集合部隊過來支援他──幸虧司馬泰手下有個祭酒叫丁綏的提醒他，現在局勢不明朗，要是沒弄清楚就帶兵過去，後果會很嚴重的。司馬氏家族到了司馬炎之後，都已變得沒一點原則，在關鍵時刻拿不出果敢的氣魄，往往一聽到人家的分析之後就猶豫不決。司馬泰聽了丁綏的話，就又按兵不動。否則，他帶兵殺過去，首都又會大亂一場，「八王之亂」說不定就會變成九王甚至十王之亂了。

　　司馬瑋和他的兩個手下孫宏、岐盛同時被抓獲歸案，送交司法部門，過不了幾天就被宣判死刑，立即執行。司馬瑋打死也沒想到自己會落得今天這個下場，完全是由於這兩個大膽的手下背著他搞出來的。這兩個死黨當初信心滿滿，以為把事情鬧大之後，老闆會不得不聽他們的話，當上全國最高領導人──而且這個可能性很大。可他們卻沒有想到，他們的老

第五章　呆子當皇帝　群奸搶大權

鬧在關鍵時刻卻扭扭捏捏起來,最後弄了個人頭落地,還連累到三族的男女老少跟他們一起浩浩蕩蕩地開赴刑場,實在是太窩囊了。

其實最覺得冤枉的是司馬瑋。這傢伙到現在還帶著那張宦官在半夜雞叫時送到他手裡的詔書,而且一直帶到刑場上。到了刑場,他從懷裡摸出那張「青紙詔」,流著兩行男子漢的淚水對監斬官劉頌說:「我好歹也是先帝的親生兒子,想不到卻被人冤枉到這個地步。這個天下還有道理嗎?」這傢伙自己被殺時,就覺得自己比竇娥還冤,自己可是先帝的寶貝兒子啊!可他用一千匹布鼓勵人家殺司馬亮時,哪會想到,司馬亮是先帝的叔叔啊!

劉頌看到那張「青紙詔」,當然認得出那是皇帝的招牌字,可他又有什麼辦法?劉頌這時也還有點良心,覺得司馬瑋真的有點冤枉了,再想到堂堂皇帝的弟弟,就這樣被一刀砍死,心裡有點過意不去,頭也抬不起來。可今天他的任務是來監斬的,而不是來處理冤案的,你要是放過司馬瑋,皇后可不放過你啊!他揮揮手,叫開斬。司馬瑋有天大的冤枉也只有去跟老爸投訴了。估計他老爸接到他的投訴之後,也無話可說了。本來他老爸以為他的這個兒子,會對司馬衷來個「保障有力」,哪知司馬衷還傻傻地活著,而這個「保障有力」的猛男,卻先被人家砍下了腦袋。至此,司馬炎寄望的幾個大臣,全都丟了腦袋,話語權落到了賈南風手裡。

賈南風在接連發動兩次政變之後,終於把壓在她頭上的楊駿、司馬亮、司馬瑋三座大山徹底推翻。她像一條從水裡冒出頭的牛一樣,深深地吐了一口氣。中國歷史就在她吐出的這口氣中,走向了一個更加動盪的時代。

第六章
一個醜女人在玩權術
一群男子漢在吞苦果

第六章　一個醜女人在玩權術　一群男子漢在吞苦果

第一節　賈皇后的幸福時光

賈南風剛掌權的時候，似乎很想當個合格的政治家。在殺了司馬瑋之後，二話不說，先為衛瓘和司馬亮平反昭雪。這種平反昭雪，對被平反的人也沒什麼意義了——人死了你再怎麼平反他也是死了，所以歷代以來，替死人平反一般都沒什麼阻力，但替活人平反就不容易了，很多人都知道某人冤得跟竇娥差不多，但你就是跑得兩腿都斷了，相關部門也不理你。

衛瓘的女兒在司馬瑋死後，就上書給相關部門，要求公布他老爸的諡號——這個諡號是朝廷對高官的評定，是一件很嚴肅的事。雖然賈南風對衛家的人個個都恨，不管是做夢還是不做夢時都想把衛瓘開膛破肚，心裡罵榮晦做事也不做得絕一點，為什麼不把衛家的老少殺光？還留下這麼一個女兒在這裡囉囉嗦嗦，煩死人了。可她現在想到自己是政治家了，政治家要有政治的手段啊！政治家的手段是什麼？就是本來沒什麼立場，但必須在表面上做得立場堅定。現在既然宣布司馬瑋是個奪權的野心家，衛瓘和司馬亮兩位偉大的政治家、卓越的輔政大臣就是被這個野心家迫害致死的，你就得恢復他們的名譽，為他們平反昭雪。

於是，賈南風就叫皇帝下詔：族誅榮晦。先把這個傢伙的頭砍下來，連做壞事都做得不乾淨，也太沒用了，留在這個世界上毫無意義，殺了他還能說是為衛瓘報仇呢！這才是這傢伙的唯一價值。處理了榮晦之後，便馬上替兩個該死的老頭平反。這個平反實在是太容易了，只需下詔：追復亮爵位，諡曰文成。封瓘為蘭陵郡公。但這樣做卻有很大的社會意義，可以騙到很多民心，大家會以為，國家狀況就要好轉了，大家就要生活在一個清明的社會，日子會越來越好。

可惜社會並沒有真的好起來。

第一節　賈皇后的幸福時光

　　賈南風做完這幾個自以為很政治的動作之後，第二步就完全暴露了她的嘴臉。

　　她的政治嘴臉也跟她的相貌一樣，是個「短醜黑」。她馬上提拔她的親戚們，在很短的時間內組成了賈氏集團。其中賈模為散騎常侍，加侍中——這個官職你可能見過多次了，好像沒有大司馬之類的官顯赫，但這個侍中侍的就是皇帝，也就是天天都在皇帝的身邊轉。如果皇帝是個精明強悍的人，那這個侍中只不過是個參謀。可現在的皇帝是「精明強悍」的反義詞，這個侍中就完全可以把皇帝控制在手中。所以，這個官不是最大的，但卻是最有權有勢的。這時，賈謐也更加活躍，而賈南風對賈謐也很看重，什麼重要的事都是由他們先商量再做決議。賈謐認為，要是朝廷全是姓賈的當權，說不過去啊，還得找個「德高望重」、又有能力的老傢伙來做一下門面。

　　兩人挑選了大半天，最後一致認為，那個張華可以利用一下哦！張華出身貧下中家，不像那些世家，每個人都有一個你一眼看不到頭的背景和利益集團，一旦掌權，就會形成一股強大的力量，不好管啊！這個張華孤家寡人，而且他的能力是擺在那裡的，資歷也沒話說，人又沒什麼野心，完全符合執政的條件。兩人又把這個想法跟裴頠做了溝通。裴頠表示舉雙手贊成。於是，就進行了一次人事調整：以華為侍中、中書監，頠為侍中，又以安南將軍裴楷為中書令，加侍中，與右僕射王戎並管機要。這一次調整之後，還真的讓人們有所期待，而且這幾個人也真的照顧到張華的老臉，對他還是很尊重的。所以，這個以張華為核心的組合，還真的讓晉朝有了一個短暫的平靜期。

　　賈南風當然不是治國的好手，她只是一個歷史上數一數二的潑婦加悍婦。如果讓她操持國家大事，她會覺得煩得要命。因此，她只是拿著大權，而把治國的大事都交給別人操勞。

第六章　一個醜女人在玩權術　一群男子漢在吞苦果

　　她把治國的事情交給這些人之後，便利用手中的權力開始了她個人風流無比的生活。

　　這個晉朝的大姐大看到她公公司馬炎一個人居然擁有一萬多個美女，風流得死去活來，而她卻只有一個老公，而且這個老公還是個腦殘人士，哪能滿足她？而且皇后風流這件事又不是她開的先河，那個漢朝的開國皇后呂雉早就做了榜樣。你想想，呂雉的老公劉邦是個什麼樣的角色？是個殺人如麻的傢伙，她居然也敢做頂綠帽子給他戴上，而且做得平安無事。現在這個司馬衷是什麼樣的人？估計問他綠帽子是什麼東西，他都不知道呢！所以，她覺得自己有這樣的機會，還不風流，那這輩子不是枉為女人了？更是白做了這個皇后。

　　其實當上皇后，想風流還真不容易，宮中的男人除了皇帝之外，就是一群太監，總不能走出宮門，衝出首都，裸著身體直接衝向全國的帥哥啊！畢竟這事只能做，不能張揚啊！不過，她還是發現宮中有幾個男人的。這幾個男人就是太醫。於是這個皇家醫療保健小組的成員就成了她的首選目標。

　　不用想就知道，以賈南風的作風和手段，要泡這幾個靠她吃飯的太醫，實在算不上什麼難事，只要她願意，這幾個太醫都得當政治任務來完成，你要是想保持操守，就保不住那顆腦袋——何況現在的太醫令就是程據。這傢伙有著豐富的行賄經驗，當年就勇於送那件「雉頭裘」給司馬炎，被司馬炎當場燒掉，後來就老實多了。他知道，現在宮中最有權的人是賈皇后，正想著如何巴結一下這個女人，找個什麼東西向她行一下賄，哪知她卻找上門來，高興得差點淚流滿面起來。

　　不過，過不了多久，她就對以太醫令程據為首的這幾個太醫不感興趣了。這幾個傢伙的醫術還算高明，可是功夫就是不行，而且相貌跟自己也算同一個等級。皇后的後宮水準哪能這麼差？要泡就泡青蔥粉嫩的帥哥，

第一節　賈皇后的幸福時光

這才對得起「皇后」這個稱號。

當然，宮裡找不到青蔥粉嫩的小白臉，但宮外有嘛！她馬上就發表了個人才引進的政策，跟幾個資深宮女說從今天起，妳們不用做端尿盆、掃地板的事了，妳們現在的工作是到宮外微服私訪，專門為我物色大帥哥。記住，這是皇后的囑託，也是國家的機密，希望妳們要認真做到，不要辜負我對妳們的期望。這幾個宮女十幾歲就進宮，但因為相貌不出色，所以職位比較低，除了端尿倒屎時見到皇帝之外，從沒跟皇帝有過接觸，而且也從來沒能出宮一步，眼看年紀都到了這個分上，恐怕就要老死宮中了，哪想得到，現在居然能夠出宮去微服私訪，幫皇后挑選帥哥？而且看樣子，這個業務有長期開展下去的趨勢，於是都愉快地接受任務，表示一定努力，用實際行動來報答皇后對她們的厚愛。

這幾個老宮女果然做得不錯，每天都能替賈南風帶進一個帥哥。

賈南風一到晚上，就跟帥哥泡在一起，覺得這輩子還真過得不錯啊！賈南風享受完帥哥之後，並不像其他富婆那樣，讓帥哥夾著尾巴離開，而是認為帥哥已經完成了他的歷史使命，不能再活在這個世界上浪費社會資源了，因此叫人把這些帥哥們通通殺掉──皇后用過的，哪能讓別的女性再沾邊？

不過，有一個帥哥卻是意外地活了下來。

這個帥哥平時沒什麼事可做，靠打零工養家餬口，連條內被也捨不得買，更沒有錢去髮廊、紅燈區消費，只是每天走在大街上，很自卑地看著別人摟著美女泡妞。一天又一天就這麼打發時光，誰也不把他放在眼裡──很多同事還笑他，老兄，長得這麼帥，還沒泡過妞，也太不像男人了吧？

再一次驗證了那句「是金子就一定會發光」的名言，小帥哥的相貌終

第六章　一個醜女人在玩權術　一群男子漢在吞苦果

於在埋沒了這麼久後,被那幾個眼光老到的宮女發現了。

這天黃昏的天氣跟往常沒什麼差別,風該吹的時候就吹,該停的時候就停,誰也不在意。小帥哥在時而有風時而沒風的大街上走著,一個老太太(據後來帥哥回憶,這個老太太面容慈祥,跟鄰居的老婆婆一樣親切)來到他的面前,對他說,帥哥,有一件事想請你幫個忙。

小帥哥那時當然不知道,他跟這個老太太的見面,是一次歷史性的見面——因為這次見面,讓他成為皇后傳裡的一個人物而被歷史記住。他本來也不太熱於助人,但看到老太太的面相很和善,而且那時他也無聊,覺得有點事做也好,就對老太太說,能幫忙的,我盡量幫。

老太太說,我家有人生病了,請來師父。師父說,必須到城南邊請人來幫忙才能搞定啊!當然,任務完成後,會給你報酬的。

小帥哥聽到報酬兩個字,眼裡就光芒萬丈起來,馬上把一股急人之難的表情展現出來,對老太太說,救人要緊,馬上出發,跟老太太上了車。可才一上車,人家就把車簾放下來——後來他回憶時才發現,那車的車簾很厚很重——然後他發現車裡還有人,那幾個人在他上車後,就像舞臺上的鋸人體魔術一樣把他裝進一個箱子裡。他這時才知道,自己受騙上當了。不知道這些人要把自己帶到什麼地方?要是碰上恐怖分子要劫持他做人質,那可不好辦了。但到了這個時候,他還能下來嗎?他在箱裡懷念著他在大街上行走的生活,覺得原來也不錯啊,比死了好千倍萬倍。

車還在走著,他覺得路程漫長得很。

後來,箱子開啟,他被帶下車來。

他一下車,很好奇這是什麼地方?全是好房子,跟書裡說的「雕梁畫棟、朱欄玉砌」沒一點差別,看來恐怖分子的生活是全世界最好的,難怪這麼多人願意從事這個行業。他壯著膽子問,這是什麼地方?

第一節　賈皇后的幸福時光

那個老太婆很和藹可親地告訴他，這是天堂啊！

他一聽，難道已經被恐怖分子殺了？現在靈魂已經上到天堂來了？

那些人叫他過去，到屋子裡面洗澡，清理一下全身，而且這水也是香噴噴的，看來用的全是進口香水。洗過之後，他覺得不用照鏡子也知道自己現在已經容光煥發、神采奕奕、從小帥哥成為大帥哥了。對方又讓他換上新衣服——哇，全是名牌。然後又好酒好菜地招待他，叫他一定要吃飽，才能好好做事。他想這群恐怖分子真是好人啊！

你一看到這裡，就知道小帥哥已經來到皇宮了，現在正被送到賈南風的寢室裡，準備開工。這小帥哥長得可愛，功夫又好，賈南風覺得不錯，一連用了他幾天，感覺非常滿意，居然發了平生第一次慈悲，沒有叫人拉下去砍頭，讓他永遠成為失蹤人口，而是送給他幾套名牌衣服，叫人把他送回家去。

這傢伙想不到泡完妞還得到名牌服裝，高興得睡不著覺，第二天就穿著名牌服裝去上班。

剛巧賈南風有個遠房親戚夜裡被偷了東西，這可是賈皇后的親戚啊——雖然是遠親，可你怎麼知道有多遠？所以上級部門要求全力切查此案。有人舉報小帥哥身上穿有名牌，這個小帥哥家裡窮得要命，恐怕全家的財產的折合起來，還不夠買那條褲子呢！他剛剛失蹤了幾天，現在突然出現，就有了這麼好的衣服。結論是：不是偷就是搶來的。於是小帥哥被叫去問訊。那個賈后的遠房親戚也要求旁聽。

小帥哥把他的遭遇說了出來。

官員再問他：那個女人長得什麼樣？

小帥哥說：年可三十五六，短形青黑色，眉後有疵。

大家一聽，這不是傳說中的賈皇后嗎？而且賈皇后這些日子來，拐帥

第六章　一個醜女人在玩權術　一群男子漢在吞苦果

哥進宮的八卦已經滿天飛，成為百姓茶餘飯後的共同話題。大家更知道，現在的八卦比頭版頭條的新聞還真實，馬上就推斷得出，這個小帥哥就是傳說中的面首。這些人平時斷案的能力如何，不得而知，但這次他們的推斷卻精確得很，那個遠房親戚也不再要求追回被盜之物了，小帥哥最後被客客氣氣地禮送出門。

賈南風雖然在皇宮中鬧得不亦樂乎，天天開心，按人們的說法是，已經荒淫無度到無可救藥的地步了，但因為大政方針有張華把關，政局還算穩定。國內大致沒有什麼事件發生，大臣之間也還暫時相安無事。

不過，這些平靜只不過是表象。

第二節　庸才輪流上位

趙王司馬倫對張華很不滿。

這個趙王是司馬亮的同父異母兄弟，也是現在司馬氏家族中最有資格的老前輩，心裡認為，司馬亮掛了之後，應當由他來統領大局，代表司馬氏帶領國家在幸福的大道上高歌猛進，哪知現在大權卻落入張華的手上？張華這個人沒一點貴族血統，配當什麼輔政大臣？這傢伙越想越鬱悶，越鬱悶就越生氣，恨不得把張華一刀砍死，然後拿肉去餵那一群寵物吃。可是生氣歸生氣，現在大權在人家手中，你能怎麼樣？

司馬倫雖然是司馬氏的老前輩，跟司馬懿那一代的距離最近，但他的智商卻離他的父輩很遠。如果是他的父輩們，生氣了也絕對不會顯露出來。這個司馬倫一生氣，雖然極力忍住，不想讓別人知道，但忍功太差，跟包火的紙一樣，沒幾天，就弄得所有的人都知道。

第二節　庸才輪流上位

　　張華是政壇老鳥，當然知道司馬倫恨他，所以就特別提防這傢伙，而且提防得有點過分。有一次，軍械庫失火，張華第一時間想到的是司馬倫要趁火災發動政變，因此，他居然下令部隊先布防，再救火，弄得可以裝備二百萬部隊的武器全部銷毀。從這一點上看，張華雖然是當時最有聲望的大臣，但因為周圍全是權貴勢力，他雖然是權力圈子裡的帶頭大哥，但卻時時擔心被別人拉下去，不得不時時提防——如果是司馬懿之類的人物，老早就把司馬倫之流擺平，要不就讓你在家裡吃喝嫖賭，要不就讓你到一個邊遠山區當第一把手，平時有事沒事可以貪點汙，但絕對不能讓你威脅到老子的地位。可是張華永遠也做不到這一點，而且這傢伙年紀也大了，內心只想著如何平安度過這一輩子才是王道。

　　張華雖然想「穩定壓倒一切」，可這個想法就是個苟安的想法，如果有這個想法就能「穩定壓倒一切」，那治理這個國家也就太容易了，也就不用說什麼「治大國而烹小鮮」了。因為現在張華面對的不是一般人，而是這些手握重兵的皇家親戚，由於司馬炎的安排，這些親王已經變成放置在神州大地上的火藥桶，正在不斷地醞釀著準備裂變。

　　張華想把問題擱置下來，可是司馬倫卻不斷地謀求鞏固自己的勢力。司馬倫是司馬懿的第九個兒子，但也跟那個司馬亮一樣，一點都沒有繼承司馬懿的智慧，在司馬氏衝上權力巔峰時，沒一點作為，只是因為掛了司馬氏的名，才當上了貴族。而這傢伙居然還當過小偷，差點被押赴刑場，執行死刑了。當時他還在當琅琊王。卻「坐使散騎將劉緝買工所將盜御裘，廷尉杜友正緝棄市，倫當與緝同罪。」相關部門堅決要求對他進行嚴懲。司馬炎也認為相關部門的判決是對的，但想到這傢伙是自己的叔叔，就下詔免了他的罪。現在你知道了吧，有強硬的後臺真好。而司馬倫後來更春風得意。

　　司馬炎放過他一馬之後，還不斷地提拔他，先是讓他改封趙王，遷延

第六章　一個醜女人在玩權術　一群男子漢在吞苦果

平將軍，督鄴城守事，接著又提為安北將軍。司馬炎死後，司馬衷又提拔他當征西大將軍，而且還有個特別的待遇，就是可以「開府儀同三司」，享受國家領導人的待遇，任務是鎮守關中。

本來，這些年來，西北一帶那些少數民族就年年鬧月月鬧天天鬧，只要有時間有精力，他們就鬧，都殺了幾任太守了，因此，鎮守關中是當前一項最重要的任務。坐鎮關中的首要任務，就是讓那地區保持安定團結的穩定局面。可是司馬倫坐鎮關中之後，因為人品問題，愛賞就賞，愛罰就罰，跟當地官員的關係鬧得很僵，群體事件的規模比以前更大，尤其是羌族和氐族這兩個少數民族，在匈奴人赦度元的帶動下，都拿起武器，高叫「哪裡有壓迫，哪裡就有反抗」，專門跟政府對抗，這些群體事件鬧多了，肢體衝突的次數也增加了，這些民族經驗豐富，立場堅定，已經很有戰鬥力，而且人數眾多，一湧而上，是要氣勢有氣勢，而司馬倫這些人雖然魚肉人民的手段高超，很會鬥爭，但打仗卻是百分之百的外行。如果他自己外行，放手讓人家去打，也還算是個好上級，可這傢伙外行充內行的事卻做得很到位，經常以否定人家意見來表示自己高人一籌，人家打上來了，他卻還在那裡瞎指揮。結果是，在與「暴民」對抗的過程中，完全不得要領，弄得北地郡的第一把手張損在戰鬥中光榮犧牲，馮翊郡太守歐陽建也給扁得四處亂跑，好不容易才找到安全地帶。歐陽建一氣之下，也不管司馬倫是趙王爺，是當今皇帝的叔祖，是連死罪都可以免掉的角色，硬是寫了一封長信，向中央告狀，要求司馬倫下臺。而此前，雍州刺史解系早就對他不滿，多次向中央告他的狀。

大家一看，這個司馬倫只能在那裡製造麻煩，還是把他調回來才對。於是作出決定：免去司馬倫征西大將軍的職務，重新任命他為車騎將軍，回權力中心做事。任梁王司馬肜為征西大將軍，都督雍涼二州諸軍事。其實換來換去，都沒有換到一個得力的帶頭大哥。

第二節　庸才輪流上位

　　解系和他的弟弟一看，終於把這個老傢伙拉下臺了，以為是自己的告狀發揮了作用，就決定繼續深入地告下去。

　　不過他們也知道，想扳倒司馬倫是做不到的，但解決他的主要謀士估計沒有問題。因此，他們就上書要求把司馬倫的得力助手孫秀殺了，說司馬倫之所以如此，完全是因為孫秀在其中搞鬼，現在那些少數民族最恨的就是這傢伙，只有殺了這個人，才能平息那些人心中的怨氣，否則，別的措施都是治標不治本。殺一個孫秀，就能把西北之亂從源頭搞定，效益遠遠大於成本。

　　原來，司馬倫手下有一個顧問叫孫秀。

　　這個孫秀後來大大的有名。他之所以大大有名，是因為他搭上司馬倫這駕戰車，在後來的亂世中大出風頭。

　　這個孫秀是個標準的小人，可這個社會就是這樣，小人往往容易得志。這傢伙是五斗米教的信徒，先在司馬倫的手下當差，是個從基層做起的主管。不過孫秀能夠一步一步地爬上來，並不是靠別的本事，而是靠吹牛拍馬屁，硬是把司馬倫拍得舒舒服服，然後不斷地提拔他，一直讓他當上自己的首席顧問。司馬倫對別的人的話從來不理，但孫秀的話，他卻連一個標點符號都不修改一下就聽進去了。

　　解系他們知道，司馬倫那個腦子是廢得很，只要把孫秀搞定，司馬倫就只是一個貴州驢，一個紙老虎。

　　張華對司馬倫早就不放心，老早就把這個傢伙當成自己的政敵，當然他也知道司馬倫的心腹謀士就是孫秀，覺得解家兄弟的這一封信來得很及時，也就決定把這個孫秀處理了。不過，張華是個老滑頭，自己想殺孫秀想得要命，卻硬是不想出面做壞人。他把剛提拔的司馬肜叫來，說，給你一個任務。

第六章　一個醜女人在玩權術　一群男子漢在吞苦果

司馬肜說，什麼任務？還要你老人家親自指派？

張華說，就是把那個孫秀殺了。現在西北一帶亂成這個樣子，都是他弄出來的。這種人不殺不足以平民憤。現在那些暴民的主要訴求就是要殺這個人。殺了他對你只有好處沒有壞處。

司馬肜也是個頭腦簡單的傢伙，聽到張華這麼一說，不就是那個孫秀？好像是趙王手下一個跑腿的，跟趙王也沒什麼親戚關係，殺就殺啊！而且殺了這個傢伙對自己也有利啊！於是馬上拍著胸脯答應。

張華很滿意地笑著等司馬肜的消息。

那個孫秀還真不簡單。這傢伙跟很多小人一樣，都有一個自己的圈子，而且這種圈子裡的人，個個都講義氣。孫秀就有一個朋友辛冉。辛冉正巧在司馬肜手下當差，而且這傢伙也跟孫秀一樣，跟司馬肜的關係很不錯。當司馬肜要派人去把孫秀抓起來，就地正法時，辛冉對司馬肜說，老大，孫秀殺不得啊！

司馬肜說，為什麼殺不得？難道他的脖子不是肉做的？刀砍不進去？我堂堂征西大將軍，殺人如麻都做得，為什麼殺一個狗腿子就不得了？

辛冉說，老大啊，你以為殺了孫秀，氐人就不造反了？西北年年都在亂，那時孫秀並不在這個地方啊！現在是張華要殺孫秀，他自己不想動手，卻來讓你背黑鍋。你想想，如果趙王派人來你這裡抓一個身邊的人去殺了，你會是什麼感覺？別上了張華的當啊！他要殺，讓他去殺好了。

司馬肜一聽，分析得真有道理。不殺就不殺了。得罪趙王也不是什麼好事。

司馬肜放過了孫秀，他以為自己只不過是放過了一個趙王府的狗腿子。當然，他不會因為這件事受到處分，但孫秀後來的作為，對他們司馬氏造成了極大的傷害。

第二節　庸才輪流上位

　　司馬倫就這樣，帶著他的軍師孫秀回到長安上班。

　　張華他們天真地認為，讓司馬倫回到長安，就不用怕了。

　　哪知，孫秀跟其他小人一樣，不管在什麼地方，只要覺得有利可圖，總是不斷地動著腦子，要做出一點什麼事來，覺得生活才有意思。他這時眼珠子一轉，馬上就把當前的形勢進行了一次全面評估，認為，現在全國最威風的人不是張華，更不是皇帝，而是賈南風。然後他馬上對司馬倫進行了一次當前政治形勢的情況分析，得出結論，誰抓住賈皇后的心誰就掌握了權力。因此，當前重中之重的首要任務，是要聚精會神防備張華，一心一意巴結皇后。只有這樣，老大你才有出頭之日。

　　司馬倫打仗不行，但現在他覺得孫秀講得太有道理了，馬上按計畫行動，透過賈謐和郭彰，跟賈南風接上了頭。

　　賈南風看到司馬倫居然也向她伸出橄欖枝，自覺地靠攏到自己的周圍，讓自己又多了一層力量，而且這個力量不是一般的力量，是司馬氏裡現在輩分最高的人。這個司馬倫雖然人氣不怎麼樣，但他的身分卻太值錢了，把這個老頭抓在手裡，比抓一個帥哥還要好得多──帥哥到處有，可是司馬倫卻只有一個啊！她高興得滿臉都是笑。她只顧往好處想，卻沒有想到，司馬倫為什麼要投靠過來？為什麼以前他從不表態，現在才表態？她更想不到為司馬倫出這個點子的人是孫秀，是歷史上有名的小人。把一個天天聽小人之言的人拉到身邊，結果如何？不用猜也能猜得出。

　　司馬倫看到自己巴結成功，心裡很有成就感。孫秀卻不滿足，說如果只巴結，沒有得到實惠，這種巴結有什麼用，不如不巴結。

　　司馬倫說，那還要怎麼樣？

　　孫秀說，伸手要官啊！難道車騎將軍就夠大了？老大現在是什麼人物，是司馬家的老前輩啊，就當個車騎將軍？也太沒有志氣了。

第六章　一個醜女人在玩權術　一群男子漢在吞苦果

司馬倫說，有理。

於是，就上書要求錄尚書事。這個錄尚書事，就是主管政府機要部門，也就是處理政府日常事務的職位，得了這個位子，就等於一腳踏進了權力中心。賈南風還沒有決定，司馬倫第二個要求又上來，要當尚書令，那是政府最高行政長官的職務。

大家討論司馬倫這個要求時，張華、裴頠表示堅決反對，說這傢伙剛剛把西北地區搞得一團亂，對國家造成了巨大的損失，不處分他已經對不起全國人民了，還要提拔？那以後誰想被提拔誰都把地方搞亂一下？亂得越大，就爬得越高？

這麼一來，其他人也沒話說了。

司馬倫原以為，自己這兩個要求肯定能得到滿足，正在家裡一邊喝茶一邊讓美女捶著肥胖的大腿等著委任狀的到來。哪知，到頭來卻什麼也得不到。因此，司馬倫對張華和裴頠恨之入骨。但權力在人家手裡，除了鬱悶生氣，也沒別的辦法。

再說西北這邊，雖然換了征西大將軍，形勢還是亂糟糟，而且比以前亂得更加嚴重。

郝元度接連痛扁了幾個太守之後，突然發現自己原來是個打仗的料，於是就繼續深入地把動亂擴大，直接就跟雍州刺史槓上了。這個解系原來老罵司馬倫不會打仗，現在輪到他自己上陣，才知道這仗真不好打，幾個回合下來，就被郝元度打得變成縮頭烏龜。

郝元度連續取得幾場勝利，使得那一帶的氐、羌部族們大為振奮。大家一看，原來政府軍就這個樣子？郝元度可以做到，我們為什麼做不到？當了這麼久的觀眾，也下場來表演一下。成功了，那這輩子就什麼也不用愁了，不成功，也算是重在參與。於是秦、雍一帶的氐羌民眾都起來造

反。晉朝的政府軍是堂堂國家隊，就是打不過人家臨時組合的的業餘隊。晉國的政府軍，個個都是吃糧當兵的正規軍，貌似不可戰勝。可是人家赦元度的軍隊是什麼隊伍？全是民工放下農具，臨時拿起武器出來戰鬥的，按道理，這種勝負根本沒什麼懸念。可到頭來，就是讓你跌破眼鏡。幾次對抗，政府軍硬是被打得沒脾氣。氐、羌部族見政府軍這麼容易欺負，這一次更下定決心打出一番局面，居然推舉齊萬年來做皇帝。

齊萬年當了皇帝之後，馬上派自己的「政府軍」包圍涇陽。

晉國接到情報，知道得派得力的高手過去對付這個齊萬年了。

他們決定派周處過去。這個周處就是除三害那位人物，是歷史上浪子回頭的典型。他現在是御史中丞，主要工作是督察各級官員。這傢伙做事只講原則，不顧情面。你是知道的，這種人雖然對得起國家，對得起老百姓，也對得起自己的良心，可就是對不起那些有權有勢的人，而且這些有權有勢的人常常掌握你的命運。周處卻一點也不管，只要你做了違法亂紀的事情，他就按相關規定彈劾你，就連司馬肜他也彈劾過。這時，大家都覺得周處可以對付齊萬年，就決定改派他「建威將軍，與振威將軍盧播俱隸安西將軍夏侯駿」。本來重用周處是沒有錯的，可卻讓周處去當夏侯駿的部下，一切行動聽他的指揮，是最大的錯誤。要是夏侯駿能指揮打仗，還用周處做什麼？而司馬肜又是什麼人？把周處安排到他的手下，他能讓周處好過嗎？

中書令陳准就看得出問題的嚴重性，當場提出：「駿及梁王皆貴戚，非將帥之才，進不求名，退不畏罪。周處吳人，忠直勇果，有仇無援。宜詔積弩將軍孟觀，以精兵萬人為處前鋒，必能殄寇；不然，梁王當使處先驅，以不救陷而之，其敗必也。」

陳准這一大堆話，可以說是一針見血地指出了這個任命的弱點，而且

第六章　一個醜女人在玩權術　一群男子漢在吞苦果

　　提出的辦法也是很可行的。他讓孟觀當先鋒是很有眼光的。還記得這個孟觀吧？就是那個打倒楊駿的得力幹將。這傢伙是賈南風的親信，也是個會打仗的好手。如果他當先鋒，司馬肜和夏侯駿肯定不會對他怎麼樣，一定會聽他的話。可周處能做到這一點嗎？司馬肜和夏侯駿正恨不得把周處送給齊萬年，要殺要砍全憑人家的心情，哪還會當周處的堅強後盾？他們要是能跟周處成功合作，他們還叫司馬肜和夏侯駿嗎？西北的局面還會這麼難看嗎？

　　可是高層卻固執得很，說這也怕那也怕，還能做出什麼大事來？不就一個齊萬年，有什麼了不起？

　　齊萬年聽到這個情報，高興得差點請全國文筆最好的作家來寫一封感謝信給晉朝皇帝了。他對部下說：「這個周處當過新郡太守，是個文武全才的人，要是放權讓他過來，我就得提前跑了。現在可好，讓他當那兩個蠢材的手下，他再怎麼厲害也得死。」

　　從這點上看，這個齊萬年也是不簡單的。

　　這個人事安排，齊萬年高興，但司馬肜更高興：你這個周處想不到也有今天？哈哈，敢彈劾我，現在你死定了。我打不過齊萬年，但整死你卻容易得很。

　　你想想，臨陣跟敵人決戰的時候，主帥是這個心態，這仗還用打嗎？

　　而且敵我雙方的主帥都有一個共同的願望，那就是要周處死。

　　決戰是在元康七年的正月開打的。

　　齊萬年現在已經沒什麼顧忌，帶著部隊一路逼進，覺得勝利已經在望，只要一伸手就可以抓得住。

　　他現在帶著七萬部隊，駐紮在梁山，威風凜凜地等著周處前來送死。

　　司馬肜和夏侯駿一看，好啊，收拾周處的時機已到。兩人這次很知彼

知己，知道對方的部隊有七萬人，也知道周處是個能打仗的人。如果周處是在敵方的陣營裡，他們肯定落跑。可是現在周處就在他們的手下，正在等他們的作戰命令呢！所以，你再厲害，再會打仗，老子也可以收拾你。

兩人馬上召開軍事會議，當然這個會議只是司馬肜的一言堂，根本不給其他人發言的機會。他一來就進行軍事部署，命令先鋒周處帶部隊向齊萬年的部隊進攻，在進攻中發揚艱苦奮鬥、不怕犧牲的精神，前赴後繼，務必把敵軍全部殺光，活捉齊萬年。

周處剛聽到這一番話，覺得這個司馬肜原來是個好人，雖然恨自己，可在關鍵時刻，在大是大非問題上，還是顧全大局的，看來傳言是不可信的。他這麼認為之後，跟所有的軍人一樣，熱血馬上沸騰起來，說，請老大放心，我保證完成任務。

他表示決心之後，突然看到司馬肜和夏侯駿相視笑了一下，他覺得這笑容不懷好意，是傳說中的奸笑，馬上警覺起來，問，給多少部隊？

司馬肜說，五千，絕對不少半個士兵。

周處一聽，氣得當場要抓狂，說，才五千？敵人可是七萬啊？

司馬肜笑著說，我也知道敵人有七萬。可是那七萬全是業餘部隊啊，還用拿鋤頭的姿勢拿刀呢！人家不是說以一當十嗎？

周處說，這不是開玩笑，要是讓我帶五千部隊孤軍深入，跟人家七萬人對抗，連小孩子也知道，肯定全軍覆沒，一個也回不來了。我並不怕死，可這個死太不值得了。何況，我們現在有的是部隊，以我們的力量，完全可以把齊萬年打得找不到方向。我不明白，為什麼要讓五千弟兄先去送死？

司馬肜說，你不明白的事多得很。這是軍令，沒什麼好解釋的，你去也得去，不去也得去。

第六章　一個醜女人在玩權術　一群男子漢在吞苦果

周處知道，這傢伙下決心要他去送死了，也不說什麼。要是依照他以前的脾氣，恐怕會當場殺死司馬彤，可是現在的周處不是以前的周處。現在的周處完全是好人一個，他寧願丟掉性命，也不做違法亂紀的事。如果晉朝重用提拔這樣的人當權，天下一定會太平。可是晉朝的當權者別的本事沒有，殘害忠良的事卻做得很到位，偶然有一個周處，也要把他往死裡逼。

周處沒有辦法，跟盧播及剛被扁得抬不起頭的解系，帶著五千部隊挺進到六陌。

他正準備讓士兵們吃完飯，再發起戰鬥。

可是司馬彤卻派人來催他們趕快進攻，說兵貴神速，不要耽誤戰機，耽誤戰機就等於丟掉勝利──飯什麼時候都可以吃，但戰機只有一次。周處沒有辦法，只好叫兄弟們拿起武器，向敵人進攻。

齊萬年一看，司馬彤真是個好人，做得比想像的還要好，也命令全軍向周處的部隊進攻。

雙方大戰的過程證明，齊萬年對周處的看法是正確的。周處指揮的五千部隊在齊萬年數萬兵力的圍攻之下，居然從早打到晚，而且「斬獲甚眾」。如果這時，司馬彤顧全一下大局，突然派出援兵，估計齊萬年就撐不住，帶頭跑得除了性命，什麼都可以丟掉了。可是，司馬彤卻只在後方等候消息，從早等到晚，居然還沒有聽到周處光榮犧牲，心裡大罵害個人居然也那麼不容易，說不定周處這個傢伙真能把齊萬年打敗了。當初應該只給他三千兵才對。

周處的部隊越打越少，越打越艱難，後來，弄得「弦絕矢盡」。那些全身是血的戰士問周處：老大啊，都打到現在了，我們的救兵怎麼還不來？好像大部隊離這裡也不遠啊，就是蝸牛的速度也該到了。

周處說，他們現在的速度是死人的速度。

士兵們一聽，死人的速度，那不就死定了。現在只剩下這幾個士兵，遲早都要死光光的。老大，退回去吧。打到現在，也對得起朝廷了。

周處知道，就是能活著回去也會被司馬肜軍法處置，不如在這裡戰死，還能當個烈士──自己死了，家屬還能享有烈士待遇，馬上說：「現在是我報效國家的時候，就是死也不退。」說著，揮劍衝向敵人。

結果周處成了烈士。

於是，齊萬年高興，司馬肜更高興。

可是司馬肜高興之後，卻沒有對付齊萬年的辦法，只是帶著大部隊高掛免戰牌，被動地守在那裡，看齊萬年作威作福，力量不斷壯大。

朝廷接到這個報告後，派人對司馬肜進行了一次誡勉談話，其他的就什麼也沒有，對周處的死完全不追究。

第三節　二王的榜樣

正在這時，司徒王渾掛掉，王戎就當上了司徒。王戎是竹林七賢裡年紀最小的老弟，又是七賢裡官位最大的人。七賢裡他和山濤都當了大官。山濤雖然也是名士出身，平時也常參與名士們的聚會，表演一下名士風度。可他還知道做點實事才是為官之本，舉薦的很多人還與人才兩個字沾點邊，還講究一下德才兼備，有點能力。可是王戎卻完全不是這樣。這傢伙對自己的錢財現實得很，像做日記一樣，天天計算家裡的收支，可是對國家的事卻一點也不關心，好像跟他無關。開什麼會，他雖然坐在主席臺

第六章　一個醜女人在玩權術　一群男子漢在吞苦果

上，但卻跟來旁聽的代表一樣，要表決什麼，他就跟大夥一起，人家鼓掌他鼓掌，人家舉手他舉手，完全一副局外人的模樣。當然，他領全國最高薪資，位列三公，要處理的日常事務肯定很多，如果認真起來，還真的要日理萬機。可是王戎卻全不管，對下屬表現得無比信任，什麼都讓手下去處理，自己卻發揚竹林七賢的精神，到處去玩，遇妞泡妞，有酒喝酒，只做自己高興做的事。

如果是在別的朝代，這樣的三公老早就被開除公職，踢出政府辦公大樓，捲舖蓋回家。可是晉朝重用的就是這樣的人。

如果光他一個人這麼做，其他人都努力工作，晉朝也不會是以後那個模樣。偏偏這傢伙又是主管人事的。他跟山濤完全不同。他考核人才的標準是看名氣以及清談的能力。名氣越大，他就覺得你越有能力，就提拔你。你會清談，他也不會遺漏你這個「人才」。

人家知道他的這個標準，個個都把嘴皮子練得好好的，隨時隨地都能對答如流，然後去找他要官。有一個例子是，有一次，阮咸的姪子阮瞻去找王戎要個官來玩玩。王戎二話不說，當場按程序辦事，馬上出題考他：「聖人貴名教，老、莊明自然，其旨同異。」

阮瞻答：「將無同。」

如果是別人，估計還會問一下，為什麼相同？可是王戎一聽，當場讚嘆得像劉備見到諸葛亮一樣，覺得這是不可多得的人才。是人才就不能浪費，就不能埋沒。他馬上任命阮瞻為司馬徒府的祕書。阮瞻只用了三個字，就當上了主管，因此很多人就把阮瞻叫做「三字掾」。

這時，他的堂弟王衍也做到尚書令了。這傢伙愛好清談的程度比王戎更高一個等級。他也像王戎一樣，當了這麼多年的官，從不知道當官的職責是什麼，好像當官就是為了占公務員編制、領薪資，然後天天去聊天。

第三節　二王的榜樣

王衍的主要聊友是河南尹樂廣。王衍是個公認的大帥哥——當初山濤第一次見到他的時候，就說：「居然有這麼帥的人。」因此，他除了聊天之外，就是想辦法提高自己的人氣，王戎天天計算自己的財產，而他天天關心自己的人氣漲了幾個百分點。所以不久他就迅速走紅，成為全民的超級偶像，大家都覺得做人就要像王衍這樣。因此，在他的影響下，全國又欣起一場學名士、尚清談的風潮。這傢伙還有一個愛好，就是跟他的弟弟王澄公開評論他人。不過，很多人都認為，這兩個人的評論還算客觀公正。

王衍因為愛惜相貌，喜歡瀟灑，因此很注重形象，不學竹林七賢那一套，但他的老弟王澄卻不一樣。他跟阮咸、阮修、胡毋輔之、謝鯤、王夷、畢卓這幾個傢伙都全盤繼承七賢的傳統，一天二十四小時，都想泡在酒裡，而且喝醉了，就先跳脫衣舞，再醉下去，就表演集體裸奔，覺得好玩得很。胡毋輔之有一次在家裡狂喝，喝得他的兒子都忍不住了，大聲叫他的名字：「彥國，都老成這個樣子了還喝這麼多？你難道真的不要命了？」如果是別人聽到兒子直呼自己的名字，這時候肯定會藉著酒意，不把這個兒子痛扁一頓，也要狠狠教訓他一場。可是胡毋輔之聽到兒子敢叫自己的名字，心裡就認為，兒子已經長大了啊，也可以喝酒了，呵呵，從此家裡也有酒友了，不用跑那麼遠去找人喝了。他馬上叫兒子：「你想喝就進來喝，在門外大喊大叫做什麼？」

畢卓就更加狼狽。這傢伙的官是吏部郎，負責主管文官，也算是不錯的職位。可是畢卓有天晚上喝得差不多了，回到家中，突然聞到濃濃的酒香，馬上精神一振，順著香氣去找。原來是鄰居剛釀出新酒，這酒肯定是好酒啊！心裡一有這個想法，就恨不得跑到那個酒罈裡泡個半死不活才過癮。但他知道，都大半夜了，誰還會進門讓他進去喝酒？如果一喝多在人家的客廳裡裸奔幾圈，那才丟臉，估計平時這個鄰居最怕的是畢卓到他們家來喝酒，因此，鄰里之間的關係可能不很和諧。後來他忍不住了，就在

第六章　一個醜女人在玩權術　一群男子漢在吞苦果

半夜時，當小偷跑到人家的地窖裡偷酒來喝。誰知，人家早有防備，他才喝上幾口，連「好酒」兩個字都來不及吐出嘴巴，人家就大叫抓小偷，跑了過來，一把將他抓住，捆在那裡等天亮了扭送衙門。可是第二天天亮的時候，一看，原來捆的人是吏部郎兼老鄰居畢卓。弄得人家都有點不好意思起來，可是畢卓神色如常，只是說，我還沒有喝夠呢！

按道理來說，這事無論怎麼說，也是醜聞一件，傳出去會被人鄙視到死的那一天。可他居然像沒事一樣。連那個大名士樂廣聽說這件事後，也是笑呵呵地下了一個評語：「名教內自有樂地，何必乃爾。」你看看「何必乃爾」這句話，就知道，樂廣對畢卓的這種行徑採取的是完全寬容的態度。

人家看到權威人士都這樣認為了，也就算了。人家是名士，當當小偷，那是體驗生活，是名士風度，這種小偷不是一般的小偷啊！

不過，還是有人對這種社會風氣看不過去。

這個人就是裴頠。裴頠的老丈人就是大名鼎鼎的王戎，估計平時受夠了王戎的性格，對名士已經很厭惡，覺得社會風氣已經被這些人帶動得徹底墮落，得好好地扭轉一下才行，因此寫了一篇文章對這種風氣大力批評了一番。這篇文章就是〈崇有論〉，嚴厲批判了社會上流行的崇尚虛無的風氣，認為這種虛無的風氣繼續流行下去，那就要國將不國了。但這種風氣由來已久，一篇文章哪能改變得了？文章發表之後，討論度少得可憐。

晉朝的國運已越來越衰弱，而清談之風卻越吹越大。

齊萬年鬧事，晉朝還沒有辦法搞定，四川又發生了難民潮事件，這個難民潮本身並沒有產生什麼嚴重的後果，但卻導致了後來的李特事件，李特就是靠著這些難民起家的，就像當年陳勝靠那幾百壯丁揭竿而起一樣。這些難民們後來在李特的煽動下，從難民變成不明真相的群眾，再發展成

第三節　二王的榜樣

為反政府武裝。

　　李特的老祖先原是張魯的手下，後來曹操搞定了張魯，李特的老祖先帶了本部落五百戶人又投靠曹操。曹操讓他當了將軍，並要他帶自己那五百戶人家全部異地安置到略陽。這些人到略陽後，就成了那裡的少數民族──巴氐人。李特的這個老祖先叫什麼名字，歷史並沒有記載。倒是他的孫子後來大大出名。

　　李特一開始也是一般的公務員。不過因為這傢伙長得「身長八尺」，「雄武善騎射」，不但具有猛男的外表，也有猛男的本事，而且還「沉毅有大度」，這幾個條件一配合，就是個成大事的人才，而且很多人也預測到這傢伙以後不一般。

　　按現在晉朝的人才觀，像他這樣不善於到王戎、王衍那裡攀附，不會說「將無同」這幾個字，估計這輩子只能把基層公務員當到臨終的那一天。

　　他命運的轉捩點是齊萬年**轟轟烈烈**的時期。

　　齊萬年不斷地和朝庭對抗，而晉朝卻老搞不定齊萬年，這就使得關中一帶老是處於戰爭狀態。在這個狀態下，到處都炮火連天，殺人如麻，而且又碰上災年，天災人禍併發，老百姓還能好活嗎？大夥沒辦法，只得帶著一家老少，跑到沒有戰爭的地方去。逃跑的人一多，就形成了一股強大的難民潮。據相關部門統計，這時期的難民有數萬家，而且都餓著肚子朝四川方向浩浩蕩蕩地開進。

　　李特這時也變成了難民，隨著難民潮向四川盆地狂奔。

　　這一天，他們來到劍閣。

　　歷史上沒有記載這天的天氣如何，但卻記載了李特在劍閣說的一句話。

　　這時的李特已經是完全的難民裝扮，他這時已經很累，盤腿坐在劍閣

第六章　一個醜女人在玩權術　一群男子漢在吞苦果

的地上，而且他坐的那個地方，也是劍閣海拔很高的地方，可以看清四面的地形。這傢伙看著看著，想像力突然暴發，用乾澀的嘴巴說了一句：「劉禪有如此之地而面縛於人，豈非庸才耶？」你肯定知道，在這種情況下，能說出這樣的話的人，肯定會做出一番事業來，而且這個時候也是強人出頭的最佳時機。李特的腦子在這個時候已開始轉動，觀察完地形之後，他開始打量身邊數不清的難民。

他知道，如果放任這些人去逃難，這些人都是離死不遠的難民，如果組織起來，便是一支強大的力量。而且難民是最容易被組織起來的，只要編點小故事，就可以完全拉攏他們，個個把你當成他們的大救星。

當然，李特不是頭腦一發熱馬上就號召大家。他知道，這還是要看機會的。因此，他跟他的兄弟開始在難民當中出意見，提高一下人氣。

這些難民還是很文明的，也很遵守法紀。

他們到達四川地界後，並沒有到處打劫，從難民變成暴民，而是上呈一份報告，請上級相關部門考慮到他們困難的情況，安排他們在這個地方安居樂業。可你是知道這些「相關部門」的，如果你在上呈報告的同時，還加上幾個大禮包，他們會很快簽上同意兩個字。可是難民們哪來的禮包？他們現在除了「飢腸轆轆」四個字外，什麼也沒有。他們拿什麼去送禮？結果當然就是「不許」。

你想想，這麼多人拚命跑了這麼多天，好不容易才到這個地方，現在最大的理想就是在這地方住下來，哪怕給個暫住證，合法地度過這個困難時期。可是政府卻不給，不給之後那不是又叫他們回去？他們還能回去嗎？他們現在有回去的力氣嗎？只怕路程還沒有走到一半，幾萬人就會死光光了。當然，晉朝的高層也不全是豬頭，也知道數萬戶人流離失所可不是一件小事，弄不好還會鬧出更大的群體事件。一個齊萬年鬧事，現在這

第三節　二王的榜樣

麼多個腦袋想了這麼多天，都還沒有想出一個辦法來，要是這幾萬人又受誰挑撥鬧起事來，那可就不好玩了。因此，他們還是派了侍御史「李苾持節慰勞」，就是讓李苾帶著政府的關懷來看望大家，告訴大家，政府是不會忘記百姓的，希望大家在困難面前要堅定信心，戰勝困難。只要有決心有信心，什麼困難也不怕。可是這傢伙卻只帶來這些話，別的卻什麼也沒有。不過，李苾還帶有一個任務，就是監控這些難民，不要讓他們進入劍閣。

難民們也知道社會的潛規則，馬上派代表半夜去賄賂李苾。

這個李苾也不是什麼好人，一看，這些難民原來也有錢有古董。他當場眼睛發亮，問道，你們有什麼要求？

難民們說，沒別的要求，就是想辦法讓我們到四川盆地去當農工啊！

李苾說，這好辦。

他來到漢中後，馬上向中央政府報告，難民太多，漢中一個地方根本養不活這麼多人啊！最好的辦法就是讓他們進入四川，自謀職業，再養不活他們，那也是他們自己倒楣。

晉朝的中央政府也跟其他朝代的中央政府一樣，對老百姓的報告一般都不當回事，但對政府官員的報告還是很重視的，一接到李苾的報告，馬上同意李苾的建議。這些難民就這樣得以到處流竄。有的人自謀職業，當農工，有的人乾脆去做強盜，靠打劫維持生活，比當農工好多了。李特看到這個情況，覺得形勢對自己越來越有利，覺得這是在為自己創造機會。

第六章　一個醜女人在玩權術　一群男子漢在吞苦果

第四節　一次流產的政變

這時晉朝高層也調整了對齊萬年的部署。

張華和陳准認為，司馬肜和司馬倫一樣，在西北地區這麼久，公款吃喝、用納稅人的錢用得很上手，可非但不能把齊萬年怎麼樣，反而讓他越來越強大，用這樣的人守關中，估計沒過多久，齊萬年就可以宣布定都長安了——因為，梁山一帶離長安並不很遠，而周處戰死的地方，只不過跟長安隔了一條渭水，要是一不小心被攻破，這個國家就會一分為二。齊萬年要是把關中地區當成根據地，資本就會越來越雄厚，那時到底是他搞定我們，還是我們搞定他，那還是未知數啊！

兩人這麼一分析，大家也是越聽越緊張，那該怎麼辦啊？總不能讓關中變成他的勢力範圍吧？

張華說，現在只有派得力的人過去，把齊萬年痛扁一次。要是讓他繼續囂張下去，可就不好辦了。

現在這裡居然還有得力的人？誰是得力的人？

大家四處張望，看到的這幾張臉，都是特長於清談的臉，沒誰可以打仗啊！大家都緊張地看著張華和陳准，怕他們點到自己的名字。

張華說，這個人就是孟觀。孟觀「沉毅有文武材用」，他的本事，在打倒楊駿時，已經表演過了，讓他過去，保證能把齊萬年扁得沒有脾氣。大家沒什麼異議了吧？以前，陳准就推薦過他。

大家一聽，都鬆了口氣，臉面恢復原來的神色，大家的雙手在王戎的帶領下，鼓掌通過。

孟觀就這樣掛帥出征。

第四節　一次流產的政變

這傢伙不但有魄力，而且也不怕死。

齊萬年只怕周處，以為周處被他殺了，晉朝就沒有誰是他的對手了，不管派誰來，都是前來送死的。這時看到孟觀帶兵前來，心想，又一個不想活命的傢伙來了。你在那邊活不下去，可以投靠到我這邊來啊，為什麼一定要來打我？一定要我殺死你？你既然有這個想法，我就讓它實現吧！於是下令殺死孟觀。

哪知道這個孟觀卻強悍得很，不但有著不怕死的精神，而且也有不怕死的本事。他在喊殺連天的戰場上，居然是真正的衝鋒在前，冒著敵人的箭頭向前衝。

有了這樣的帶頭人，別的士兵也就跟著英勇起來，而且他的部隊人數也不是周處當時可比。

雙方打了大半天，齊萬年這才覺得有點不對勁了。覺得自己太低估了孟觀的實力。看來回去後得把晉朝所有文武官員的資料全部收集，建立檔案，沒事的時候認真翻閱，真正做到知彼知己，打起仗來才有勝算。

這傢伙的想法沒有錯，可錯就錯在他知道得太晚了。

因為現在戰場的主動權已完全掌握在孟觀的手裡，齊萬年想逃到安全地帶已不可能做到了。他已經被孟觀緊緊地包圍。

齊萬年終於徹底崩潰。

經過差不多一個月的激戰，孟觀取得十多場連勝，最後終於把齊萬年的部隊徹底打垮。

曾經威風了一年多的齊萬年也被孟觀的部隊抓住。

關中地區暫時又進入穩定的局面。

如果是別的朝代，在取得這樣的成就之後，都會來一個總結經驗教訓，對下一步的策略進行一些調整，號召大家珍惜一下來之不易的安定局

第六章　一個醜女人在玩權術　一群男子漢在吞苦果

面。可是晉朝的高層卻不是這樣。暴民被搞定了，天下一太平，管理階層卻又亂起來。

事情的起因其實很簡單。還記得那個賈謐吧？

他現在是權力中心裡的風雲人物，跟他的那個大姨又合得來，覺得自己現在是天下第二了──第一當然是賈南風。因此他誰也看不起。看不起別人也就算了，可是這傢伙連司馬炎疼愛的太子都看不順眼。賈謐還有一個職責，就是陪太子讀書。原來賈南風的母親郭槐年紀大了，突然也像周處那樣「浪子回頭」起來──雖然回得有點晚，但也算是回了。她覺得女兒做得有點過分，認為女兒如果頑固地把這個性格堅持到底，賈家會很危險的。她雖然多次勸賈南風，可是賈南風能聽她的話嗎？總以為老媽年紀大了，思維已經反常，跟現在潮流早已脫節，全面落伍，這些話可以聽，但不能當一回事。

郭槐知道女兒不會聽自己的話，就叫她安排賈謐去當太子的陪讀先生。她以為這個安排，可以修補一下賈家和司馬家的關係。

這個老寡婦的出發點是不錯的。

可是賈謐的做法完全背離了郭槐的本意。

這傢伙跟太子讀書了幾天，就覺得太子也是個呆頭鵝。

你是知道的，本來這個太子也是個聰明的人，而且他的這個聰明竟然惠及豬頭老爸。可他也跟那個〈傷仲永〉裡的仲永一樣，完全地實踐了那句「小時了了，大未必佳」的名言。司馬遹現在貪玩又不努力學習。賈謐雖然不是什麼好人，但在學習方面，還是做得不錯的，而且天天跟一群有學問的人在一起，所以一看到太子這個模樣，心裡就發火。當然，如果他是一般的陪讀先生，這個火他是不敢發的，如果一定要發，估計也是只能到廁所裡見不得人地發一下。可現在賈謐是什麼人？連那些大文人都在猛

第四節　一次流產的政變

拍他的馬屁啊——天下最讓人舒服的馬屁，就是文人們拍出來的啊！而且朝中的大小事他基本都能說了算，是個說話最算話的人之一，因此，他的生氣是不用跑到無人的地方去發洩的，隨時隨地都可以表現出來。所以他跟太子在一起時，態度很不好，常常當著太子的面大發脾氣，甚至大聲教訓。有一次他跟太子下棋，下到一半，兩人因為悔棋爭吵起來。賈謐也不管自己對面的是皇位繼承人，直接指著太子就大罵起來。

當時在現在場當觀眾的還有成都王司馬穎。這個司馬穎是太子的叔叔，估計平時對賈家的所作所為就很不滿，這時看到這個賈謐居然對太子表現出這個態度，當時也發起火來，站起來，指著賈謐也罵了一頓。賈謐對這個司馬穎就懷恨在心，馬上就跑到賈南風面前，說，不把這個司馬穎趕出京城，我沒辦法活下去了。

賈南風一聽到賈謐的話，還以為碰到什麼大不了的問題。不就是一個司馬穎嗎？一句話就把他擺平了。

她確實是一句話就把司馬穎從首都調走。當然，她還是講一點策略的，她讓司馬穎掛了個「平北將軍」的職務，並指定平北將軍的辦公地點在鄴城而不是在首都。這個成都王先前很得意，後來也很威風，但這時看到詔書，再也威風不起來，老老實實地帶著滿腹怨言去新單位報到。

賈南風這時也知道司馬肜除了報復周處做得很出色外，別的事都做得很糟。現在齊萬年已被搞定，關中地區迎來了穩定的局面，如果還讓這傢伙在那裡當第一把手，估計又會像他的堂兄弟司馬倫一樣，鬧出什麼事件來，因此，就決定把他調回中央工作。不過，這傢伙回來的時候，比司馬倫好多了，是大大地提拔了一下：當上大將軍，而且還錄尚書事——司馬倫不知道花了多少現金，賄賂賈謐和郭彰，然後順著這條線再深入下去，賄賂到賈南風，就是想要個「錄尚書事」，可因為阻力太大，居然錄不成尚書事。這個司馬肜在西北的名聲並不比司馬倫好，全國都知道他

第六章　一個醜女人在玩權術　一群男子漢在吞苦果

害了周處，可是他居然還得到提拔。司馬倫無話可說，別的人也無話可說——現在重用誰，不重用誰，不是按能力來區分的，更不是按功勞來定的，而是誰跟賈家的關係好，誰的名氣大，誰的官職就可以狂升。司馬肜原先的職務由司馬顒接替。

你一定會奇怪，關中是當時最富裕發達的地區，又是首都的西北屏障，穩定與否直接關係到首都的穩定，為什麼不選拔一個有能力的人當第一把手，而硬是讓司馬氏這些花花公子去當？這是有原因的。原來司馬炎認為這個地方重要，就定了個規矩，而且這個規定還當作永久性條例，放在宗廟的石櫃裡存檔，誰也不能改動。這個規定就是：非至親不得鎮關中。張華那一幫人，固然不敢對司馬炎的遺囑進行修正，賈南風現在雖然威風，但也不敢違背司馬炎的話，因此大家都死守這一條底線，換來換去，只能換司馬氏的人去擔當這個重任。在討論這個人事的時候，大家把司馬氏家族的人都擺到桌面上來進行挑選，比較來比較去，最後認為還是讓司馬顒去最合適。

司馬顒合適的原因是，這傢伙很慷慨，不把錢當錢，只要他認為你是個好漢，他就跟你結交朋友，吃他穿他住他都沒有問題，根本不像司馬氏的其他人那樣，只知道收受人家的錢財，從不想拔一根汗毛送給人家。大家覺得這傢伙不錯，就鼓掌通過他當鎮西將軍的決定。從這件事來看，就可以知道，司馬氏現在雖然人丁旺盛，但全是一群垃圾，連一個稍微像樣點的人都找不到了。

賈南風跟很多國家領導人一樣，風流事做多了，傳聞也就越來越多，而她好像也適應了在緋聞中生活一樣，做得更加大膽。就連賈模也看不順眼。賈模雖然生在賈家，賈南風也把這個堂哥當自己人，但他卻是賈家唯一有良心的人，並不像賈謐那樣，仗著自己是全國第二家庭（第一家庭當然是司馬氏家族）的核心人士，到處仗勢欺人，雖然大權在握，但別的事

第四節　一次流產的政變

做得很少,唯獨打擊報復的事做得最徹底。賈模預料到,如果賈家再這樣下去,遲早有一天會垮臺。他是賈家的人,要是賈家被人來個秋後算帳,這個帳裡肯定有他的一份,而且這一份占的比例不輕啊,因此天天憂心忡忡。

賈模鬱悶,裴頠更加鬱悶。不過,賈模現在只停留在擔憂的層面上,沒有想到其他辦法。裴頠就不一樣了,他找賈模和張華出來喝茶,然後提出解決賈南風的動議,讓這個醜女人去金墉城當第一把手算了,然後讓謝玖來當皇后。現在雖然賈南風把持朝政,什麼事都是她說了算,但是她雖然權力欲望很強,可是卻事事不經手。她把權力交給她指定的決策小組來執行,然後透過賈謐來控制這個小組,然後她就像司馬炎那樣,把全部精力放到泡帥哥的事業上,因此,她手中的權,真正算起來,也是虛的。而且現在兵權全掌握在司馬氏的手中,司馬氏家族的那些大佬早就對她不滿,要真正行動起來,把她趕到金墉城也不是什麼難事。

可是張華和賈模卻不同意。張華不同意大概是因為這傢伙越來越保守,不想在有生之年出什麼亂子,而且現在他是權力中心的人,講的話賈家還是會聽的,如果換了別人,估計他連現在的地位也沒有。政變的目的就是想得到更大的政治好處,現在他覺得自己已經站在政治生涯中的最高點了,為什麼還要去冒這個險?而賈模的心情很複雜,這個賈南風和賈謐雖然可惡,可這兩個傢伙是自己的親人,自己就是靠著他們才有今天這個地位啊,因此,他也不同意扳倒賈南風。

他們不同意搞定賈南風的理由,並不是賈南風的勢力太大,動不了,而是說:「主上自無廢黜之意,而吾等專行之,倘上心不以為然,將若之何!且諸王方強,朋黨各異,恐一旦禍起,身死國危,無益社稷。」主要是皇帝都沒有這個意思,我們為什麼去做?這可是人家的老婆啊,人家不願離婚,我們為什麼要強迫人家離婚?

第六章　一個醜女人在玩權術　一群男子漢在吞苦果

　　從兩人的這段話中，大家也知道，廢掉賈南風並不是一件難事，至於後面那段「諸王方強」的話，則純屬藉口，諸王雖然很強，但這些諸王大多都是豬頭，而且這些諸王對賈南風也恨不能生吃她的肉，都覺得扳倒她是一件大快人心的事。

　　裴頠說：「誠如公言。然中宮逞其昏虐，亂可立待也。」你一看這話，也會覺得很正確。你們怕搞定賈南風，天下會大亂，可留下她在宮中亂來，天下會亂得更快，而且亂的規模更大。

　　張華說：「卿二人於中宮皆親戚，言或見信，宜數為陳禍福之戒，庶無大悖，則天下尚未至於亂，吾曹得以悠遊卒歲而已。」你一看這話，就知道張華這個老滑頭先是努力撇開自己的責任，然後也說出了自己的心裡話──反正現在動亂不會馬上爆發，我們努力維持現狀，安然度過晚年就行了，以後發生動亂，那是以後的事，跟我們無關。

　　裴頠沒有辦法，只得和賈模遵照張華的指示，一個天天跑到姨媽郭槐面前訴苦，要求親愛的姨媽勸說一下賈南風。而賈模則動不動就到賈南風面前，由淺入深，深入淺出地說大道理，說皇后專權的下場並不好看啊！開始時，賈南風還不說什麼，可說了幾次，她就不耐煩了，說你這個賈模怎麼老說這些話？你這不是在唱衰我是什麼？如果你只有這些話要講，請你以後就不要來了。賈模一聽，知道自己是說不動她了，只得鬱悶地回到家裡。這一鬱悶，就跟很多失意大臣的鬱悶一樣，一天一天加重下去，最後「憂憤而卒。」

　　郭槐當然也還在勸自己的女兒，叫她好好教導太子，對待太子要像親生骨肉一樣──這個老傢伙估計現在對當初逼死自己兒子的事覺得過意不去，心情越來越沉重，所以就不斷地把自己受到的教訓告訴賈南風。

　　可賈南風卻一點也聽不進去。不過，聽不進去歸聽不進去，她還是清

第四節 一次流產的政變

醒地知道，自己沒有兒子，等豬頭老公掛掉之後，可就不好過了，說不定下場就跟楊芷差不多——如果司馬衷是楊芷的親生兒子，誰也動不得她一根汗毛的。

因此，她最大的願望也跟現在很多人一樣，就是生出一個兒子來。可是別的願望還好實現，這個願望不是你想實現就能實現的。她雖然也懷孕了幾次，但都是女兒。

她的老公還像以前那樣很傻很天真地當著皇帝。他傻的程度遠遠超乎想像。有一次，他跟身邊的人到華林園裡春遊順便燒烤玩樂，突然聽到蛤蟆在水裡叫起來。這傢伙的智商遠低於人類智商的平均值，但聽力還是不錯的，一聽到那個聲音，就知道是蛤蟆的叫聲。他轉頭看看大家，個個都在一心一意燒烤，聚精會神遊戲，沒誰對這個聲音有什麼反應，馬上就高興起來，因為自己第一個發現蛤蟆的聲音。他得意地問人家：「你們說說，牠們這麼叫，那聲音是代表官方喉舌，還是人民的呼聲？或者是在反映牠們自己的心願？」你一看這個問話，就知道，如果這傢伙的智商高一點，參加清談活動，肯定是一個好手。可是誰都知道他這話是標準的蠢材語言。如果是別的皇帝這麼問，估計旁邊的人都不敢回答，都在猜測皇帝這話是什麼意思。可是現在他身邊的人都知道，這個皇帝從裡到外，每一個細胞都是傻細胞，因此想都不想，就這樣回答：「如果牠們在官方的地盤裡，牠們的叫聲就是官方喉舌；如果牠們在自己的地盤裡亂叫，那就是在表達牠們自己的心願。」

這幾年，關中地區不但到處鬧事，而且發生天災的頻率也高，算是天災人禍加在一起，共同折騰著這個國家的老百姓。身為皇帝，人家只得把這些情況向他彙報，說，現在天下到處鬧饑荒，老百姓沒有飯吃天天都在餓死。司馬衷一聽，馬上說，這些人也太蠢了，沒有飯吃，為什麼不吃肉？不吃飯只吃肉，也不會餓死人啊！天下竟然有這麼蠢的人，餓死是活

第六章　一個醜女人在玩權術　一群男子漢在吞苦果

該。大家一聽，那神態只能用四個字表達了──哭笑不得，都在心裡罵司馬炎，怎麼會生出這樣的蠢材來？生了這樣的蠢材也罷了，居然還讓他當皇帝？

不過，有這樣的皇帝，對很多人來說是求之不得的。因為這樣的白痴皇帝什麼也不會管。皇帝什麼都不管，權力就自然而然地落在相關部門那些人的手中。而且這些人大多都是腐敗分子中的菁英，一旦有權在手，時時刻刻都在利用手中的權力，能發財時盡量發財，弄得整個官場都變成權力的交易市場，明碼標價，做得公開透明。就連那個稍微得點民心、偶爾會發出幾句憂國憂民之語的裴頠也是個貪財的傢伙。

可以說，晉朝到了現在，整個官場已沒有一塊淨土了。

第五節　太子終於墮落下去

這個現狀，司馬衷不知道，就是知道了，也根本沒有辦法管。

這個現狀，賈南風也知道，但她卻一點不願去管。因為現在最腐敗的家族就是賈家。她現在只關心自己的前途命運，關心著如何生出個兒子來，然後想辦法把這個太子變成廢太子，然後再把廢太子解決。她本來還想等自己生了個兒子之後，再搞定這個太子。

可賈謐卻等不得了。

前面已經說過，賈謐跟太子的關係越來越僵，雙方的矛盾已到了不可調和的地步。賈謐對賈南風說，現在太子跟我們關係很差。他當了皇帝，一定會像我們搞定楊駿那樣扳倒我們。到時候，我大概會被殺死，妳就會到金墉城裡當那裡的公民。我看，不如想辦法先把他搞定算了。

第五節　太子終於墮落下去

這個消息傳到郭槐那裡，郭槐就多次把賈謐叫過去責備，可賈謐卻一點也不接受。郭槐為了協調賈家和太子之間的矛盾，就想了個辦法，要讓太子娶賈午的女兒。這個郭槐雖然是個老太婆，但玩政治還算有一套的，如果賈南風、賈午、賈謐這幾個傢伙不那麼囂張，聽她的話，努力經營跟太子的關係，然後團結一切力量，也許賈家還不會崩盤得那麼快。可是這幾個傢伙太得意了，完全不把老媽放在眼裡，堅決不同意這門婚事，弄得郭槐也鬱悶不已。

賈南風怕郭槐還為這事囉嗦下去，就決定讓她對這件事再也沒話說。

她馬上要太子娶王衍的女兒做老婆。

大家都知道，王衍是當時的頭號帥哥，生下的女兒肯定不會差到哪裡去。而太子老早就知道王衍的大女兒長得花容月貌，簡直可以叫她「神仙姐姐」，平時一想到這個「神仙姐姐」，口水就源源不斷。司馬遹也和很多男人一樣，是個好色的傢伙，一聽說賈皇后要讓他娶王衍的女兒做老婆，高興得幾晚睡不著覺。這傢伙只顧高興，哪知賈南風卻不讓他好過，硬是不讓他娶那個長女，而把那個幼女接進宮。這也還罷了，為他討了這個王家的小女兒之後，馬上就幫賈謐討那個「神仙姐姐」，使得太子差點氣暈：我一個堂堂太子，居然被這幾個男女戲弄成這個樣子。

但這幾個人要戲弄的就是你，你有辦法，就也戲弄他們一下啊！

可他知道，他現在玩不了賈謐。而賈謐他們玩弄了他一次之後，又在密謀第二次。就連郭槐都知道她的這幾個後輩在耍太子，而且她也知道，玩太子不是玩寵物，而是在玩火。她在臨終的時候，還告誡女兒：「趙粲、賈午，必亂汝家事；我死後，勿復聽入。深記吾言。」趙粲是司馬炎的一個才人，現在也加入賈南風一黨。從郭槐的這一番話上看，她對賈南風的作為，了解得很清楚。

第六章　一個醜女人在玩權術　一群男子漢在吞苦果

可賈南風她們還是不聽，這幾個傢伙根本不相信什麼「人之將死，其言也善」。他們在郭槐死後，更加快了扳倒太子的腳步。

本來，這個太子還算聰明，可是長大了以後愛玩得要命。賈南風他們當然知道他這個弱點。他們知道，以前司馬炎曾經為這個孫子大造輿論，為他樹立了一個光輝的形象。他們在決定扳倒太子時，開了一次討論會，討論著從哪個地方下手比較有效率。最後一致認為，必須先把太子的形象搞垮。具體的做法是：勾結那幾個太子身邊的宦官，叫他們不管用什麼手段，一定要讓太子徹底墮落下去，墮落得越到位就越有功勞。

你想想，如果讓他們負責把太子教好，成為一個得民心能力又強的接班人，恐怕要他們的命，他們也做不到。現在要他們讓太子墮落，那是小意思了，比倒夜壺還簡單啊！

這幾個太監接受任務後，馬上召開了個專題研討會，研究從什麼地方下手，可以讓太子更好更快地墮落下去。研究的結果是，一、先讓他揮金如土，在金錢面前，人是最容易墮落的；二，培養他一個愛好，這個愛好一定要低俗，低俗得離皇家身分越遠越好。這個愛好就是讓他學學他的外公去當屠戶──原來他母親謝玖的老爸就是殺豬的，由此推斷他身上除了龍的基因，還會遺傳一點殺豬的基因吧？這個想法一出，這幾個無良的太監笑得臉都歪了，真是神來之筆啊！

太子在這幾個宦官的引導下，果然很快就玩得上癮了。這傢伙確實是個天才的商人，身上全是做生意的細胞。為了實現他成為大老闆的偉大理想，居然在宮中開闢商場，做起生意來。司馬遹別的本事，史書上沒有記載，但當屠戶卻能精益求精。最後做到人家一割肉，他用手一拈，就能拈出那塊肉有多重，而且可以精確到兩。這個業務一展開，他馬上就忘記了自己是個太子，是未來皇位的接班人，而是完全進入商人的角色，從太子變成了司馬老闆。

第五節　太子終於墮落下去

　　司馬遹除了做生意之外，就是狂花錢，揮金如土。本來東宮業務經費不少，每月有五十萬錢，過高檔生活是沒有問題的，但他一擺老闆的架子，錢就花得飛快，一個月用兩個月的經費都不夠。他看到財政吃緊，就決定把東宮全面推向市場，擴大經營範圍，把御花園裡的葵菜、藍子、雞、麵等東西都都貼上皇家專用物品，拿去賣，從中獲利，解決一下經濟困難。這傢伙也跟其他老闆一樣，愛玩算命卜卦、陰陽誣術這類東西，滿腦子認為自己的前途是由命運和上天擺布的，這也禁忌那也講究，公司包裡什麼檔案也沒有，但一定有那本老黃曆，除了上廁所外，就連泡妞都要看個時辰。他以為自己學會了這一套，就能夠趨吉避凶了，哪知一切都在賈南風他們的監控之中。

　　在他過老闆癮的時候，賈南風他們大肆宣傳，曝光太子近來活動的每個細節，使得他的形象每天都在打折扣，精通陰陽學說的司馬遹自己卻一點也預測不出來。就連太子洗馬江統和中舍人杜錫都已經感覺出他的太子地位有點保不住了，多次勸他好好做人，保持聲譽，重新樹立形象，可他卻一點也不聽，繼續玩他覺得好玩的東西。杜錫是杜預的兒子，也是個頑固的性格，看到太子聽不進去，就來月月講、天天講，最後太子也煩起來，就在杜錫的座位上埋下鐵針。杜錫只顧叨唸太子，哪知座位下還有這麼一根針，一屁股坐下去，馬上就深刻體驗到「如坐針氈」的滋味。杜錫的屁股一出血，太子的耳朵果然清靜了很多——從這一點上看，如果司馬遹後來真的像司馬炎安排的那樣當上皇帝，估計也不是什麼好皇帝。而且這傢伙腦袋靈光，又自以為是天下最聰明的人，誰的話都聽不進去，以這個人品坐上皇位，恐怕也不比後來的楊廣好到哪裡去。

　　在司馬遹當老闆越當越有感覺的時候，賈家也越來越加快「倒遹步伐」。

　　賈南風甚至已把想像力向前擴展得很遠，已經計劃到下一個太子的人選問題。當然，她不會把其他妃子的兒子當人選，而是選了另外一個與司

第六章　一個醜女人在玩權術　一群男子漢在吞苦果

馬氏無關的人。這個人雖然與司馬氏無關，但卻與她有關，然後她又想了個辦法，要讓這個人跟司馬氏有關聯起來。

她首先宣布自己已經懷孕，而且百分之百地確定，這一次懷的與前幾次有著本質的不同——前幾次懷的是女孩子，這一次懷的是男孩——以前她生孩子，從來沒有這麼張揚過，但現在她覺得張揚的力度還不夠。為了證明自己已經懷孕並即將生產，她命令相關部門緊急向她供應生產時用來墊床用的稻草和其他生產用具。她的目的是想讓全國都知道她已經差不多要生產了。其實她的肚子平得可以充當機場跑道，子宮裡幾乎處於真空狀態，什麼也沒有。不過，她造這個輿論並不是因為頭腦發熱，而是為了讓另一個人成為她的兒子所做的輔墊。這個人是大帥哥韓壽的兒子，也就是賈謐的小弟弟。如果這個策畫一舉成功，那個韓壽的運氣實在太好了——先是大兒子成為賈充的繼承人，現在這個小兒子竟然又成為司馬衷的接班人。只等這個豬頭皇帝死翹翹之後，他的小兒子就會成為全國第一把手，而他可就是太上皇。而且按照賈南風的做事風格，為了不夜長夢多，立了太子之後，讓司馬衷意外死亡的可能性也是大得很。

韓壽這個小兒子的名字叫韓慰祖，早已被偷偷抱進宮裡準備接替太子。

賈南風雖然做了這幾件事，而且以為自己做得很隱密，誰也不知道。

但朝中很多人還是知道她在做什麼，都知道司馬遹已經到了最危險的時候了。

可是司馬遹卻覺得自己老闆當得好好的，宮中正繁榮昌盛，他的藝術修養和算命功夫也接近大師級水準，哪知道人家的刀子已經壓到他的脖子邊了？

中護軍趙俊對賈家歷來沒有好感，就「請太子廢后」。可是司馬遹覺得自己沒時間去理其他事。左衛率東平劉卞也跟趙俊有著同樣的心情，覺

第五節　太子終於墮落下去

得如果不擺平賈南風，這個天下就會大亂。當然，他知道，如果跟司馬遹商量，是沒有用的，要談必須找一個實力派人物談。

現在的實力派人物就是張華。

他跑過去找張華，誰知話題才開個頭，張華這個老滑頭就說：「你說什麼，我一個字也沒有聽到。」

劉卞一聽，原來老傢伙是這樣的人。

但劉卞還不死心，還是對他的老上司說：「我本來不過是一個小官員，是你提拔我做到今天這個位子。我一直感激你，覺得你永遠是我的上司，所以有什麼想法就來跟你說，難道你還不相信我？」

張華轉過他那張老奸巨滑的臉，對這個老部下說：「如果真的發生此事，你準備怎麼辦？」

劉卞一聽，以為張華贊同他的建議，很興奮地說：「現在太子宮中的死黨很多，而且東宮的四衛隊有四萬人，大家都願意跟太子走到底。現在你老人家處在最關鍵的位子，大家都伸長脖子看著你，只要你一號召，下個命令，叫大家團結在太子周圍，讓太子進入中央決策層，誰敢不聽？這時，把賈南風關進金墉城，只需要兩個太監就可以完成了。」

劉卞的這個建議，過程倒很乾脆俐落。可是張華在這方面是最不乾脆的人，哪能聽從他的話？馬上就說：「老弟啊！你的頭腦太簡單了。現在是什麼形勢？皇帝還在位坐得好好的，離駕崩還遠得很。太子是什麼人？是皇帝的兒子啊！你叫兒子叛亂，人家會怎麼說？何況我又沒有得到誰授權許可，讓我號召下命令做這件事。這可是一件大罪啊！而且現在朝中賈氏的力量這麼大，你要是弄不好，被搞定的是誰還不知道呢！」

劉卞被老上司的這一番話徹底打敗，這才知道張華原來超乎他想像的保守，他無話可說，然後夾著尾巴走人。

第六章　一個醜女人在玩權術　一群男子漢在吞苦果

　　他很相信張華，以為張華這麼大力提拔過他，一定會保護他，不會把他的話宣揚出去。可他前腳一走，他敬愛的上司就把經過從頭到尾，一個標點符號都不遺漏地告訴賈南風。

　　劉卞回到家裡沒幾天，馬上就接到一份任免公文，免去他現在的職務，降了一個級別，讓他去雍州當刺史。他一看到這個公文，就知道他的話，賈南風全知道了。他更知道，賈南風知道了這件事，他以後會過得越來越慘。劉卞越想越怕，最後怕得沒有辦法了，就拿起毒藥狠狠地喝了幾大口，馬上就死了。雖然史書上說是「賈后常使親黨微服聽察於外，頗聞卞言，乃遷卞為雍州刺史」，好像是賈氏的情報部門竊聽到劉卞的這些談話，報告給賈南風之後，劉卞才被處分的。可如果賈南風真的知道，這些反對黨一有想法就去找張華商量，而張華居然從不檢舉揭發，她對張華還能客氣嗎？所以只有一種解釋，就是張華出賣了他的這個老部下，換取自己能夠繼續在這個位子上待下去的資本。

　　賈南風看到這麼多人都站在司馬遹的一邊要跟她作對，怕再拖下去，會有更多的人集結起來，那可不好辦。現在劉卞這樣的人動員不了張華，如果司馬氏家中的某個有實權的人出面，採取威脅和利誘的手段，難保這個老滑頭不倒向人家那邊去。她跟賈謐一商量，決定在近期內解決這件事。

　　不久，司馬遹的兒子司馬虨有病。司馬遹這時已徹底相信鬼神不信醫。根據他測算的結果是，兒子只有封到王爵，這病才好，因此就向老爸上奏，請老爸封這個小孫子一個王爵。如果他跟老爸關係好，而且又有這個理由，這個要求是很容易被滿足的。可現在，這個審批權不在他老爸，而是在賈南風那裡。現在他就是上奏要進某個廁所，賈南風都不會簽上同意兩個字，何況代子求封王？奏章送上去，回覆倒很快，只有「不准」兩個字。

第五節　太子終於墮落下去

　　司馬遹沒有辦法，老爸不幫忙，他只有請高手過來，請老天幫這個忙，燒金紙燒香，唸一遍只有鬼才明白的咒語，要求老天發發慈悲，讓他兒子的病好起來。

　　他兒子的病還沒有好，他又接到一個通知。這個通知是宮裡發給他的，說是司馬衷身體狀況有些不好，請趕快進宮看一看，給老爸請個安。

　　如果是別人，肯定會問一下這消息的來源是否準確，然後再做決定。可是司馬遹不是個政治鬥爭的高手，接到通知後，二話不說，馬上跟人家進宮。

　　來到宮中，卻不見皇上，也見不到賈南風，而是被帶進另一間房子裡。到了這個時候，司馬遹居然還不警覺，還在那裡很傻很天真地等著。

　　不一會兒，有個宮女進來。本來一個宮女，在歷史上根本不會留下名字，可這個宮女卻讓歷史狠狠地記住了。

　　這個宮女是賈南風的親信，叫陳舞。

　　陳舞來的時候，是帶了一壺酒過來。她現在要執行賈南風交給她的任務。這個任務一完成，那麼賈南風的計畫也算完成了一半。其實她的任務很簡單，就是要司馬遹喝下她帶來的三升酒。理由是這酒是皇上要求你喝的。

　　這一看就是個荒唐透頂的理由，皇帝雖然豬頭，但也不會做出這個事來啊，自己病了卻叫兒子來這裡，一點菜也沒有卻要喝這麼多酒？

　　司馬遹一看，這麼多酒哪能喝得下？這酒應該叫竹林七賢他們中的幾個人來喝才對啊！他當場對陳舞說，我的酒量不行，喝點意思意思可以，不能喝完。

　　可是這個陳舞卻突然強勢起來，對他說：「不孝邪！天賜汝酒而不飲，酒中有惡物邪！」司馬遹如果稍微聰明一點，就絕對不會喝這個酒。你想

293

第六章　一個醜女人在玩權術　一群男子漢在吞苦果

想，這個陳舞在宮中算什麼角色？放在平時，見到他連臉都不敢抬的一個宮女而已，是一個不管在哪個地方都沒有發言權的奴才。可現在居然敢對一個已被確定為未來接班人的太子說這樣的話。這話是什麼話？是找死的話。平時你就是打死她她也不敢說出來，可現在她卻說得底氣十足。她的背後沒有強大的靠山，她敢這麼放肆嗎？這個靠山是誰？不用分析就知道是賈南風。因為這個陳舞是皇后的宮女。

司馬遹如果這麼一想，他完全有理由把這個陳舞猛批一頓。可這傢伙這時軟弱得很，聽到這話之後，一點脾氣也沒有，就捧起酒來，空腹猛喝，只幾下就醉得好像全世界都已經暗無天日了。

賈南風要的就是這個效果。

她馬上實施第二個步驟，讓那個史上最有名的大帥哥兼大才子潘安登場。

潘安長得很帥，可在很多事上做得一點都不漂亮，其中最被詬病的就是這件事。這傢伙在文學上很有造詣，文章寫得不錯，而且因為長得帥，女粉絲多得要命。不管他到什麼地方，美女們一聽說潘帥哥來了，就都放下其他事，跑過來看看帥哥，雖不能來一腿，但養一下眼也大大的值得。他年輕時，愛「挾彈出洛陽道」，美女們看到他，居然結成「圍潘」同盟，來個手拉手、心連心，硬是把潘帥堵在路上讓她們「一次看個夠」。那些年紀大的，入不了圍，就向帥哥的車裡拋果，不一會兒就把帥哥的車變成了拉梨車。其在婦女界的人氣跟小馬哥有得比。潘安長得帥呆，人氣在美女群裡始終保持第一，但在政治上卻跟「二十四友」一樣，硬是跟賈家保持高度一致。

估計賈南風對他也很有好感（如果沒有好感才是怪事），在這個關鍵的時候，交給他一個重要任務。這個重要任務就是當太子的槍手，寫出一篇很簡單的稿子。這篇稿子不需要什麼文采，只幾句話就行了。可是潘帥

第五節　太子終於墮落下去

哥一看主題，臉色立刻從小白臉變成大白臉。

原來這個主題竟是對皇帝說，老爸你去死吧。天下有很多自殺的方式，你任選一個吧，你要不選，我就幫你選了。

潘安雖然不是政治家，卻也知道，這篇文章可以招來死罪。他不想寫，但他知道，如果不寫，他馬上就死定了，他剛才是兩腳走進來，等他出去時，就會被人家抬著出去。

潘安沒有辦法，只好滿臉汗水的拿起筆來，寫下這段文字：

陛下宜自了，不自了，吾當入了之。中宮又宜速自了，不自了，吾當手了之。並與謝妃共要，刻期兩發，勿疑猶豫，以致後患。茹毛飲血於三辰之下，皇天許當掃除患害，立道文為王，蔣氏為內主。願成，當三牲祠北君。

這段文字算不得文采飛揚，跟潘安的其他文章根本不在一個等級上。可這篇文章最後卻跟他其他作品一樣，流傳下來。

潘安寫完之後，無力地坐在那裡發呆，連臉上的汗都忘記抹一下。

賈南風一看，這就寫成了？大才子就是大才子，寫得比預期的好千倍。就這樣定稿了。她把這個稿子交給另一個宮女，叫她拿過去，讓司馬遹照抄一遍。

司馬遹已經醉得什麼也不知道，那個叫承福的宮女說，太子，你能抄一下這幾個字嗎？

他一看，這有什麼了不起？妳以為我不會寫字啊？我練書法時，妳還沒有出生呢！什麼？妳說我醉了？這點酒算什麼？我抄給妳看，保證一個字也不漏掉。他說著，拿起筆來就照抄了一遍。

這傢伙在那裡得意得一塌糊塗，自言自語地為自己大放讚歌，人家早已把他的「書法」作品當作證據拿走了。

第六章　一個醜女人在玩權術　一群男子漢在吞苦果

賈南風拿到這個證據，激動得全身發抖。她在這方面做事很細心，看了那幾行字，寫得也太潦草了，就叫人順著筆畫把那些難以認出的字補好——她不是怕自己認不出那幾個字，而是怕司馬衷認不出。

然後她把那張「書法作品」拿給司馬衷看，而且還在旁邊一個字一個字地解釋，使司馬衷對整篇文章的每個字都有深刻的領會。

你想想，就是腦袋正常的人看到兒子寫下這樣的字，都會當場暴跳如雷，而司馬衷這種智商的人還能往其他方面想嗎？

司馬衷一氣之下，馬上按賈南風安排的步驟，把所有在京的高級官員集中起來，在式乾殿召開了一次緊急會議，宣布太子要造反，證據就在這裡。他叫董猛拿出那張司馬遹的作品過來，讓大家看一看，表示證據確鑿、鐵證如山，然後宣布：「遹書如此，今賜死。」

大家一看，這幾天我們天天飲酒清談，哪想到宮中居然發生這麼大的事了。皇上要賜死他的接班人就賜死吧，跟我們無關——只要不賜死我們就行了。於是大家互相對望，閉緊嘴巴，表示不會跟皇帝唱反調。

最後，只有張華出來說了不同的意見：「此國之大禍，自古以來，常因廢黜正嫡以致喪亂。且國家有天下日淺，願陛下詳之。」

裴頠也懷疑這個證據有古怪，認為應該先查明傳遞這幅作品的人是誰，他是在什麼時間、什麼情況下拿到這個證據的。然後把這份證據跟太子的字比較一下，檢驗一下筆跡。否則，這個證明也可能是個假證據。裴頠要求查明送證據的人，確實切中了賈南風的要害——如果把那兩個宮女抓來，不用刑訊逼供，她們也會一字不漏地供出來，那賈南風這翻努力不但是白費了，而且連皇后的位子都有可能丟掉。

於是她硬是沒有交出那個傳遞的人，而是只把太子平時的字拿出來讓大家對照著檢驗筆跡。她這麼一揚長避短，還真的度過難關。

第五節　太子終於墮落下去

大家一看都說，是真的啊，這是太子的筆跡。你看看這一橫，也只有太子才會這麼下筆的，這個筆畫，你就是讓我學，也沒辦法學得這麼像啊！

到了這個時候，連裴頠也被矇騙過去了，一句話也說不出來。

董猛又對皇帝說：「長廣公主要我轉達她的話，說，這種事應該快速處理。可大家卻在這裡爭吵，因此皇帝應該堅持原則，誰反對這個命令，就得軍法處置。」

到了這時，居然藉長廣公主的名義宣布要快速處理，這些大臣也知道，太子是冤枉的了。因此，大家就繼續討論，誰也不表態，一直討論到太陽下山，還沒討論出結果來。

賈南風看到張華和裴頠都不服，知道再拖下去，情況會有變化，這才改變主意，決定暫時妥協一下，同意讓太子活命，但要「免太子為庶人」，結果是「詔許之」。賈南風雖然達不到預期目的，但也算取得了輝煌成績。

這個決議一發表，賈南風馬上就派尚書和鬱去見司馬遹，宣布這個決定。司馬遹雖然精通陰陽術，天天對自己的前途命運進行推算，卻從沒有預料到今天這個結果。這時，他只好按照程序，脫下太子的制服，改穿平民的服裝，叩拜詔書，然後走出東宮。

他腦子一片空白地出了大門，一眼就看到門外停了輛破車。如果是在平時，他肯定會派人把這破車拉走，然後狠狠地把車主罰了個傾家蕩產。可現在他一句話也說不出來。他知道，現在這輛車的車主就是他。

他帶著三個兒子以及老婆登上這輛破車，由東武公司馬澹武裝押送，到金墉城中當永久公民。

司馬炎永遠也想不到，他修復了這個金墉城，自己從沒用過，倒是為賈南風提供了極大的便利——賈南風連用了幾次，而且關押的都是他最

第六章　一個醜女人在玩權術　一群男子漢在吞苦果

愛的親人。他更想不到，他最看好並指定的隔代接班人就這樣被他多次原諒過的女人一把廢掉，也關進這個地方。

在司馬遹一家垮臺的時候，大帥哥王衍在第一時間上書，要求同意他的女兒跟原太子司馬遹離婚，以便跟司馬遹徹底劃清界限，在政治上與中央保持高度一致。皇上很快批覆「許之。」賈南風的主要目的是要司馬遹的小命，現在這個目的無法達到，那麼讓他越孤立越好，這時王衍這麼做，她當然舉雙手贊成。

不過，王衍的行為很噁心，但他的女兒還算不錯。當皇宮派人拿著離婚證書給她看的時候，她跟司馬遹在一起哭得很傷心，哭了很久，才帶著眼淚離開。

賈南風接著把她一直恨得牙癢癢的謝玖拉出去殺了，連帶著把司馬遹的另一個老婆，也就是司馬班的母親蔣俊也一起殺死。

賈南風把太子基本搞定之後，心裡當然又鬆了一口氣。

可還是有人覺得這樣對待太子，有點不公平。

西戎校尉司馬閻纘不但內心不服，而且還帶著棺材來到皇宮前，向皇帝上書：「漢戾太子稱兵拒命，言者猶曰罪當笞耳。今遹受罪之日，不敢失道，猶為輕於戾太子。宜重選師傅，先加嚴誨，若不悛改，棄之未晚也。」強烈要求給司馬遹一次改過自新的機會，不要一棍子打死人啊！可天下人都知道，賈南風就是要一棍子打死這個司馬遹。司馬閻纘上書之後，在宮門外等了好久也沒有回覆，沒有辦法，只得又把棺材帶回去，白白浪費了拉棺材的運費，什麼事也辦不成。

但賈南風知道很多人不服太子被廢，覺得不能讓這個傢伙留在京城了，不能要他的命，也要讓他多受點罪，馬上又著手做了個冤假錯案，叫一個太監出來向相關部門自首，說是曾經跟太子合謀，打算害死皇帝。這

第五節　太子終於墮落下去

個太監一自首，大家不用腦袋想，也知道這個自首的內容是假得不能再假了，太子案大家都審了這麼久了，從沒有哪條線索跟這個太監有關聯，現在他居然自動跳出來自首。誰都知道，參與過謀殺皇帝的行動，就是自首也沒什麼好果子吃，對於人家都不知情的事，還自動暴露，那是只有蠢材才這麼做的。可是這個太監一點都不蠢，他知道他要是不這麼「自首」一下，他的腦袋就落地了。雖然大多數人都知道這個自首的內容是假的，但誰也不會說出來。

賈南風一看，沒意見了，好，請東武公司馬澹再辛苦一趟，把謀害皇帝的司馬遹帶到許昌關押。劉振你以後就負責看守這個傢伙，不要讓他跑了，更不能讓他跟外界的人接觸。而且還特別下了個命令：在司馬遹出京的時候，不准任何人過去送別。

可是在司馬遹離開首都的時候，他那些手下洗馬江統、潘滔、舍人王敦、杜蕤、魯瑤等幾個哥兒們還是違背命令，硬是跑到伊水邊，等司馬遹的那駕破車到來時，跑過去見他們的老上司，一幫人在破車旁邊痛哭了大半天，這才「哭終人散」。特別提一下這個王敦，他的老爸叫王覽，是大名士王祥的弟弟。王敦和他的弟弟王導，後來都做出一番事業來，大大有名。

司隸校尉滿奮一看，這麼多人來送別，我要立功了。馬上簽發逮捕令，把以上這幾個現行犯抓起來，然後送到河南監獄和洛陽監獄裡關押，等候處理。

哪知，他前腳一走，監獄的門還沒有鎖上，河南尹樂廣就過來，說把這幾個人都放了。樂廣也是竹林七賢一類的人物，平時喜歡清談，也愛做點與眾不同的事來吸引目光，增加點人氣。這時覺得這幾人勇於這麼做，估計人氣肯定也跟著旺起來，眼睛一轉，為什麼不好好地利用一下？也不管這個案件是賈皇后一手操辦的，硬是把那幾個人放走——你們勇於違

第六章　一個醜女人在玩權術　一群男子漢在吞苦果

背命令，我比你們更敢抗旨。

都官從事孫琰覺得那幾個人也太冤枉了，就對賈謐說：「現在把太子驅逐出京，是因為他犯了大罪。可他犯罪不等於他手下那幾個人也犯了罪。他們去跟太子告別，是人之常情，我們如果從嚴處置，這種八卦一流傳，恐怕更突出了太子德行的深厚，結果是反作用啊！我建議不如放過他們算了。」

賈謐一聽，覺得也有道理，既然太子已經搞定了，還跟那幾個小人物過不去，也太不像樣了，就下令通通放了，也展示一下自己的寬容。

當然，誰都知道，一個人的心胸並不因為某一件事就能體現出來的。賈謐雖然在這件事上表現得心胸寬大，可除了他那個圈子裡的人外，大家還是把他當作小人看待。

司馬遹雖然娶不到王衍的大女兒，沒能跟「神仙姐姐」成親，可是他跟小女兒的感情也還不錯。到了這個時候，他的老爸不把他當兒子，母親已死，在他的心裡也只有王家這個小女兒是他最親的人了。他到了許昌之後，就寫了一封信給她，把事情的經過複述了一遍，為自己作了一次全面的辯解。他把信寄出之後，在黑暗的房子裡還天真地認為，王家的小女兒肯定會把這封信給王衍看，王衍看到之後，說不定會幫他申訴一下，事情出現轉機也未可知。哪知，他太不了解他這個前岳父了。

王衍是什麼人？他跟他的堂兄王戎的智商高得很，連人家都知道他是冤大頭了，他們哪能不知道？王衍一看到這封信後，馬上就收了起來，不讓別人知道——要是讓賈南風知道了，肯定會覺得自己和太子還有往來，除了這些內容外，一定還有其他不可告人的事。那時自己的口才再厲害也講不清楚了。

從這些事上看，司馬遹雖然後期表現得很人渣，但比起賈南風這一夥

第五節　太子終於墮落下去

來說，他還是得點人心的。只是這傢伙也太菜了，人家早已把刀子壓到他的脖子上了，他的手下都看出風向來了，紛紛勸他先發制人，可他卻對這些沒一點興趣，天天當他的老闆，最後鬧到這個地步才到處喊冤。可是喊冤有什麼用？人家就是要你冤下去，一直冤到死為止。

這件事，從元康九年的下半年，一直鬧到永康元年的年初。

賈南風動用自己全部的力量和精力，把司馬遹徹底打倒。

不少人都以為，司馬遹被廢掉之後，司馬家族中的權力之爭應該告一個段落了吧？

哪知，到了永康元年的三月，尉氏的上空突然像老天爺大出血一樣，下起紅雨來。那幾個靠吃星象學吃飯的傢伙，馬上舉目照遙空，然後說，透過他們的慧眼（比哈伯望遠鏡還厲害），清楚地看到了這麼一個天象——妖星見南方，太白晝見，中臺星拆。大家一聽，參照過往發生過這樣的天象一解讀，所謂的妖星，就是慧星，這個星星一出現，地面上的人們就會發生衝突，到處製造流血事件；太白金星本來應該是在夜晚出來才對，可現在這傢伙提前上班，跟太陽搶鏡頭，這個意思就是皇后要出來控制皇帝了；那個中臺星得了過動症，搖擺不止，就意味著朝廷高層跟下級發生衝突，將走向不和諧。大家把這個解讀跟現實一對照，估計這回天象的表現錯不了。

當然，那幾個天天領薪水全心全意投入清談事業的人倒沒什麼擔憂。但那些大權在握，又天天日理萬機的大佬們可就不一樣了。

張華的小兒子張韙也覺得有點不妙，就把他的擔憂告訴父親，勸張華不如辭職算了。現在這個社會不確定的因素太多了。張韙知道他的老爸年紀越大，辦事就越想前想後，老想穩定壓倒一切，既想講點良心，又要做老好人，幾面和稀泥，把政壇不倒翁當到兩腿一挺的那一天。你想想，在

第六章　一個醜女人在玩權術　一群男子漢在吞苦果

這個你死我活的政治環境裡，你這一套行得通嗎？能撐到現在已經不錯了，還要賴下去，估計就沒有好果子吃了。可張華卻不聽，對他的兒子說：「急什麼，那個天象幽遠得很，誰也說不清。不如看看形勢再說。」這傢伙長期以來，就是耍這個「靜觀其變」的策略，而且玩得很成功，因此想繼續玩下去，現在鬍子全白了，頭髮也所剩無幾，估計這命也活不了多久了，只要再堅持一下，也許就可以安全度過危險期。而且現在宮中不就是賈南風在作威作福嗎？這個女人雖然心狠手辣，殺人不用商量，但她現在只是把司馬遹當作她的死對頭，對自己倒是很尊重。而且在處理太子的事上，自己也講了幾句良心話――如果沒有自己的那幾句話，太子不當場被砍掉才怪。因此，即使是太子那一派上臺，他們仍然會感激自己啊！

這傢伙的腦袋瓜這麼轉動了幾圈，覺得現在朝中的形勢雖然不妙，但自己的前途命運卻「形勢一片大好」。而且在亂的過程中，自己把握好政治槓桿，說不定又被誰掛個「德高望重」的老一輩，使得政治聲望更上一層樓呢！

如果按他的這個分析，他的堅持絕對沒有錯。

可是情節的發展並不照他的預測來走。

他本來只以為賈南風的后黨和太子黨這二派鬥得你死我活，卻沒有想到還有第三股更暴力的勢力已經形成，並且即將殺進這個權力中心，搞出規模更大的亂子。

說來還真不敢相信，這一次更隆重的政變導火線又是由幾個本來人氣不旺，實力也很單薄的小人物點燃的。

第五節　太子終於墮落下去

晉朝權謀錄——亂世中的司馬氏三代霸業：

曹魏託孤 × 高平陵政變 × 渡江滅吳 × 賈后亂政……在亂世中崛起的司馬家，從權臣登上帝位的政治謀略！

作　　　者：譚自安
發 行 人：黃振庭
出 版 者：崧燁文化事業有限公司
發 行 者：崧燁文化事業有限公司
E - m a i l：sonbookservice@gmail.com
粉 絲 頁：https://www.facebook.com/sonbookss/
網　　　址：https://sonbook.net/
地　　　址：台北市中正區重慶南路一段 61 號 8 樓
8F., No.61, Sec. 1, Chongqing S. Rd., Zhongzheng Dist., Taipei City 100, Taiwan
電　　　話：(02)2370-3310
傳　　　真：(02)2388-1990
印　　　刷：京峯數位服務有限公司
律師顧問：廣華律師事務所 張珮琦律師

-版權聲明-
本書版權為淞博數字科技所有授權崧燁文化事業有限公司獨家發行電子書及紙本書。若有其他相關權利及授權需求請與本公司聯繫。
未經書面許可，不得複製、發行。

定　　　價：420 元
發行日期：2024 年 10 月第一版
◎本書以 POD 印製
Design Assets from Freepik.com

國家圖書館出版品預行編目資料

晉朝權謀錄——亂世中的司馬氏三代霸業：曹魏託孤 × 高平陵政變 × 渡江滅吳 × 賈后亂政……在亂世中崛起的司馬家，從權臣登上帝位的政治謀略！ / 譚自安 著 . -- 第一版 . -- 臺北市：崧燁文化事業有限公司 , 2024.10
面； 公分
POD 版
ISBN 978-626-394-920-1(平裝)
1.CST: 魏晉南北朝史 2.CST: 通俗史話
623　　113014734

電子書購買

爽讀 APP　　臉書